财政部规划教材

全国中等职业学校财经类教材

财税代理服务

中联集团教育科技有限公司 组 编
曹小红 主 编
王 香 陈 钰 副主编

中国财经出版传媒集团
中国财政经济出版社

图书在版编目（CIP）数据

财税代理服务／曹小红主编；王香，陈钰副主编
. --北京：中国财政经济出版社，2022.12(2024.12 重印)
财政部规划教材　全国中等职业学校财经类教材
ISBN 978-7-5223-1805-9

Ⅰ.①财…　Ⅱ.①曹…②王…③陈…　Ⅲ.①税务代理-中等专业学校-教材　Ⅳ.①F810.423

中国版本图书馆 CIP 数据核字（2022）第 248596 号

责任编辑：樊　闽　　　　责任校对：胡永立
封面设计：卜建辰　　　　责任印制：张　健

中国财政经济出版社 出版
URL：http：//www.cfeph.cn
E-mail：cfeph@cfeph.cn
（版权所有　翻印必究）
社址：北京市海淀区阜成路甲 28 号　邮政编码：100142
营销中心电话：010-88191522
天猫网店：中国财政经济出版社旗舰店
网址：https：//zgczjjcbs.tmall.com
北京中兴印刷有限公司印刷　各地新华书店经销
成品尺寸：185mm×260mm　16 开　15.75 印张　363 000 字
2022 年 12 月第 1 版　2024 年 12 月北京第 2 次印刷
定价：46.00 元
ISBN 978-7-5223-1805-9
（图书出现印装问题，本社负责调换，电话：010-88190548）
本社质量投诉电话：010-88190744
打击盗版举报热线：010-88191661　QQ：2242791300

前　言

本书是财政部规划教材，是基于会计商务服务业升级需要，对接新产业、新业态、新模式下中职会计职业和岗位的新要求，根据新专业目录会计事务专业教学标准、“1+x”智能财税职业技能、按照有关法律法规等而设计的一门理实一体综合性实训课程。

本书通过以项目为单元的教学活动，以模拟操作平台为载体，使学生能够熟悉业务流程操作；能够熟悉记账事务代理、税务事务代理、商事主体登记事务代理、其他申办事务代理等所涉及的法律法规和经济管理知识，理解业务涉及的法律法规的内涵及目的，能利用法律法规知识解决企业设立、变更和信息公示、人力资源与五险一金管理、资质证照申办、工商税务登记、纳税申报、发票管理过程中的实际问题，完成本专业相关岗位的工作任务；养成诚实、守信、吃苦耐劳的品德，具有守法的意识，严谨细致、自律的工作态度，养成良好的服务意识，善于沟通合作的团队精神，具有良好的职业道德。

本课程的教学内容，定位于代理记账类企业人才的需要和岗位技能与素质的要求，本课程的特色和创新体现在以下几个方面：

1. 标准引领，职业指导。本课程以新专业目录下国家职业标准为准绳，以岗位职业能力分析为指导，以项目活动为载体，以业务处理流程为主线，强化学生职业素养养成和专业技术积累，在预设的工作情境里，突出线上操作全过程的演示。在演示过程中，在传授基础知识的同时，能够将财经法规与会计职业道德和职业精神，特别是岗位工作规范融入教学内容，凸显课程思政和课程育人。

2. 学用相长，知行合一。课程设计体现鲜明的职业性，本课程定位于工商服务（工商服务、资质服务、工商年检）、代理记账（代理记账、财务咨询）、票据管理（扫描客户票据）、纳税服务等具体岗位职责和权限，通过业务活动规范岗位责任；在进行业务操作演示过程中，将法律法规等相关知识融入教学内容，有利于学生理解代理记账工作规范，增强职业适应能力和可持续发展能力。通过架构仿真的数据案例，内容由易到难，梯度明显，符合学生认知规律，能够满足分层学习的需求。

3. 资源配套，教学创新。丰富的配套数字化教学资源，如配套案例数据、实操录屏、微课视频等，呈现形式符合教学要求。本课程配有多个二维码，有网络的环境下通过扫一扫可以进行视频学习、测验考试、互动讨论，实现线上线下有机融合，有利于改进传统教学，进行翻转课堂或混合式教学等教学改革实践，适应“互联网+职业教育”新需求，助力学生的自主化学习、个性化学习，使学生由“被动学习”转为“主动学习”。

4. 校企融合，行业对接。本课程在编写的过程中得到了海南诚德代理记账有限公司、海南海捞集团财务总监等企业专家、毕业生、专业委员会论证，进而确定课程内容、业务流程和岗位技能以及职业素养。本课程形成了三条主线：以小型代理记账企业真实业务为案例的知识主线；以业务平台为操作的技术主线；以岗位技能为规范的职业素养能力主线，对行业的新知识、新技术和新方法加以提炼，并且对相关的内容进行动态调整，使本课程更具有针对性、实用性和前瞻性。

本课程建议72学时。各模块学时分配见下表（仅供参考）：

序号	项目	任务	计划学时			
			讲授	操作	机动	合计
1	客户拓展与维护	1.1 拓展客户	2	1		3
		1.2 维护客户	2	1		3
2	记账事务代理	2.1 账务处理	2	4		6
		2.2 财税咨询	2	4		6
3	税务事务代理	3.1 发票代理	2	4		6
		3.2 纳税（费）申报	2	2		4
		3.3 其他涉税事项	2	4		6
4	商事主体登记事务代理	4.1 注册商事主体	2	2		4
		4.2 变更商事主体	2	2		4
		4.3 年检商事主体	2	2		4
		4.4 注销商事主体	2	2		4
5	其他申办事务代理	5.1 代办社会保险	2	4		6
		5.2 代办住房公积金	2	4		6
		5.3 代办相关资质证书	2	4		6
合计	5	14	28	40	4	72

本书由海南省商业学校曹小红担任主编，由海南省商业学校王香、海南省技师学院陈钰担任副主编。参加编写的人员有：海南省商业学校杨婷、海南省技师学院王瑶、海南省财税学校王小捷、武汉财政学校黄亚琴、海南诚德代理记账有限公司财务经理云小苗。全书由曹小红总纂和定稿。

本书在编写过程中，海南诚德代理记账有限公司符程、海南企友财务咨询有限公司欧阳勤等人员参与了教材编写讨论并提供企业素材，在此一并表示感谢。

如需要获取相关教材配套资源，请以电子邮件形式联系中国财政经济出版社，Email：caijingjiaocai@163.com，也可访问如下网址下载：http：//jiaocai.cfeph.cn。

限于编者的水平，书中难免有疏漏和不妥之处，敬请读者批评指正。书中各模块的企业名称、人员姓名如有雷同，纯属巧合。

编者

2022年11月7日

目 录

项目 1
1 客户拓展与维护

思政导入：

传说中，人类的祖先最初讲的是同一种语言，他们在底格里斯河和幼发拉底河之间，发现了一块肥沃的土地，于是就在那里定居下来，建起了繁华的巴比伦城。后来，他们的日子越来越好，人们都为自己的业绩感到骄傲，他们决定在巴比伦修一座通天的高塔，作为集合全天下人的标记，以免分散。

因为大家语言相通，沟通畅捷，能够同心协力，阶梯式的通天塔修建得非常顺利，很快就高耸入云。上帝得知此事，立即视察，看完后，又惊又怒，因为上帝不允许凡人达到自己的高度。他看到人们这样统一强大，心想，人们讲同样的语言并高效地进行沟通，就能建立起这样的巨塔，日后还有什么办不成的事呢？

于是，上帝决定让世间的语言发生混乱，使人们互相言语不能。人们各自讲起不同的语言，感情无法交流，思想很难统一，最终导致沟通不畅，出现互相猜疑、争吵斗殴，最终，通天塔的建造半途而废。

思政启示：

沟通的力量是强大的，我们要懂得沟通，善于沟通。沟通成事则成，沟通败事则败。

名人名言：

如果你是对的，就要试着温和地、技巧地让对方同意你；如果你错了，就要迅速而热诚地承认。这要比为自己争辩有效和有趣得多。

——（美）卡耐基

知识目标：

1. 能够表述客户沟通应具备的基本素养
2. 能够了解客户培育、维护的技巧

技能目标：

1. 会进行简单的客户沟通

思政目标：

1. 培养良好的服务、责任意识
2. 培养良好的沟通能力
3. 培养耐心细致的工作态度

思维导图：

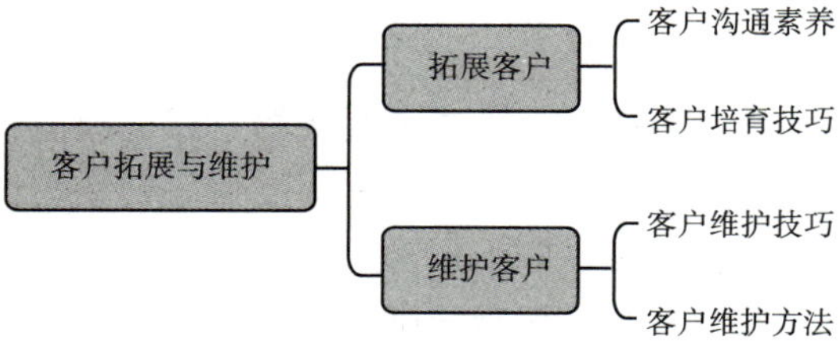

任务 1.1 拓展客户

1.1 拓展客户动画

任务情境：

海口博亿代理记账有限公司业务不断壮大，最近，公司招聘了一批新的外勤人员。他们能否通过考核，顺利入职？人事部门即将对他们的业务能力进行考察。

活动 1.1.1 客户沟通素养

活动要求：

“您好。请问是海口凤宇有限公司的张总吗？”

“是的。你是？”

“张总，您好。我是海口博亿代理记账公司的业务员章莉，您可以叫我小章。我们是一家全方位为企业提供服务的代理记账公司，专门为中小微企业提供代理记账报税、税务筹划、工商注册年检等服务。今天给您打电话主要是想问一下您，贵公司是否有专职会计，是否需要代理记账服务？”

"电话里说不方便，你明天到我公司来吧。"

章莉事先已对海口凤宇公司的情况有了解，知道这是一家刚成立的公司，还没有专职会计，明天将是章莉首次上门拜访客户。如果是你，你会怎么样完成这次拜访？

活动准备：

一、搜集信息

搜集客户资料，了解客户的经营范围、经营规模、工艺流程、内控制度和岗位设置情况等基本信息。

二、了解意图

了解客户的意图，即合作的意向；了解客户的态度；根据客户的需求，制定客户方案。

活动实施：

拜访客户之前，应做好充分的准备工作，保证沟通的顺利进行。

一、客户拜访流程要点

1. 拜访准备

拜访前，先对客户的信息进行搜集，了解客户的基本信息；了解客户的意图，即合作的意向；了解客户的态度；根据客户的需求，制定客户方案。

2. 拜访客户

展示自己的服务，说服客户接受方案。

3. 处理客户的疑虑

及时处理客户的各类疑惑、疑虑。

思政小贴士：

拥有良好的服务意识，沟通会更高效哦！

二、客户沟通素养

沟通首先一定要有一个明确的目标，只有大家有了明确的目标才叫沟通。沟通过程包括五个要素，即：沟通主体、沟通客体、沟通介体、沟通环境、沟通渠道。沟通主体是指有目的地对沟通客体施加影响的个人和团体；沟通客体即沟通对象，包括个体沟通对象和团体沟通对象；沟通介体即沟通主体用以影响、作用于沟通客体的中介；沟通环境既包括与个体间接联系的社会整体环境，又包括与个体直接联系的区域环境，对个体直接施加影响的社会情境及小型的人际群落；沟通渠道即沟通介体从沟通主体传达给沟通客体的途径。

在进行沟通的过程中，有一个明确的目标，最终达成共同的协议，这才能形成一次有效沟通。

活动评价：

结合自己在操作过程中的实际完成情况评分，如表 1－1 所示。

表 1－1 活动评价表

评分项目（10 分）		得分
知识评价	1. 是否能够表述客户拜访流程（2 分）	
	2. 是否能够表述沟通的五个要素（2 分）	
技能评价	1. 是否会编写客户拜访流程和交流提纲（2 分）	
素养评价	1. 是否具有良好的服务意识（2 分）	
	2. 是否具有良好的沟通能力（2 分）	
小　计		

活动拓展：

两人一组。假设其中一人为海口凤宇有限公司的创始人，另一人通过各种途径，搜集该公司的基本信息。

活动升华：

根据搜集到的公司基本信息，设计拜访环节。

活动 1.1.2　客户培育技巧

活动要求：

“能为您服务是我们公司的荣幸，我们的业务范围除涉及公司注册、变更、注销外，还涉及代理记账、税务疑难、工商疑难、资质、商标注册、银行开户、收转公司、企业活动策划、宣传推广等。本公司具备信誉度高、透明度高、服务便捷等优势，为您提供最专业、最高效的服务，永久负责到底，是我们的职责所在，相信我们，我们期待您的加入。”

这是一家经营了近 20 年的代理记账公司的宣传广告。通过公司介绍，请分析如何做到与客户建立牢固的关系？

活动准备：

小组合作查找资料，了解如何做到与客户建立牢固的关系。

活动实施：

客户是企业生存和发展的基础，如何与客户保持沟通，为客户创造价值，满足客户的需求，与客户建立牢固的关系，应注意以下几点：

（1）提升产品质量：产品质量是企业开展优质服务、提高顾客忠诚度的基础。客户对品牌的忠诚在一定意义上也可以说是对其产品质量的忠诚。

（2）提高服务质量：公司每位员工都应该致力于为顾客创造愉快的购买经历，并时刻努力做得更好，超越顾客的期望值。

（3）掌握自身产品专业技能：员工必须完全充分地了解公司产品，传授关于产品的知识和提供相关的服务，从而让公司赢得顾客的信赖。

（4）满足客户个性化要求：企业必须满足顾客的个性化要求，个性化服务以标准化和多样化为基础，通过充分有效沟通了解客户真实需求并据以完善细节，使产品和服务在最终执行环节上能够更多地融合顾客需求。

（5）超越客户的期待：在行业中确定“常规”，有目的性地整理顾客信息和业务反馈，做到及时总结，提出合理性建议，给予顾客超出“正常需要”的更多选择，让顾客注意到企业的高标准服务。

（6）及时响应客户问题：要与顾客建立长期的相互信任的伙伴关系，就要善于处理顾客的抱怨或异议，设法解决其遇到的问题。

活动评价：

结合自己在操作过程中的实际完成情况评分，如表1－2所示。

表1－2　　活动评价表

评分项目（10分）		得分
知识评价	1. 是否能够表述与客户建立牢固关系的重要性（3分）	
技能评价	1. 是否能够表述与客户建立牢固关系的注意事项（3分）	
素养评价	1. 是否具有良好的服务意识（2分）	
	2. 是否具有良好的沟通意识（2分）	
小　计		

活动拓展：

列出与客户建立牢固关系的注意事项。

活动升华：

为海口博亿代理记账有限公司写公司介绍。

任务1.2
维护客户

1.2　维护客户动画

任务情境：

人事部门已经对员工拓展客户应该具备的素养进行了考察，接下来，要考察他们维护客户的业务能力。

活动 1.2.1　客户维护技巧

活动要求：

海口博亿代理记账有限公司成立之初，客户数据靠表格、脑子记，很多地方有遗漏，无法监管统计。公司的老客户回访次数、回访频率统计；公司新客户的基本档案建立；公司客户的分级等都无法实施。客户管理工作的效率低下，少数老客户因为得不到及时的服务，有更换代账公司的打算。

客户维护不成功，影响公司的收益。公司开发了自己的客户管理跟进系统。对公司的客户进行分类，建立客户的基础档案，设计沟通、拜访、业务进展记录表。对每一个客户按照营销时间、初次拜访、意向跟踪分类，对每一次拜访进行详细记录，对每一个问题及时反馈。这套系统的建立，让公司外勤每天的工作计划清晰明朗，大大提高了业务开展效率。

公司开发的客户管理跟进系统，解决了哪些问题？

活动准备：

小组讨论，如何进行客户的维护。

活动实施：

客户是企业生存的基础，做好客户的关系管理，能有效提升企业的竞争力。做好客户的维护，应做到以下几点：

1. 建立客户档案

随着公司的不断发展和壮大，客户数量也会不断地增长，如果对客户资料管理不当，就可能会导致信息混乱。建立客户档案，能提高客户管理的效率，根据情况进行更改和补充，随时随地更新客户的信息，保证对客户全面了解。

2. 定期回访客户

优质的产品是吸引客户和留住客户的重要因素，但差异化的服务是使企业能够在市场竞争中脱颖而出和保持长盛不衰的关键。客户成交并不代表着业务结束，公司要做到差异化的服务，让每一个客户都可以持续不断地为公司创造更多的价值。定期回访老客户，提高老客户满意度。一方面，传播正面的企业口碑；另一方面，重视客户的反馈有利于改进服务，提高客户满意度。

活动评价：

结合自己在操作过程中的实际完成情况评分，如表 1－3 所示。

表 1－3　活动评价表

评分项目（10 分）		得分
知识评价	1. 是否能够表述如何进行客户维护（4 分）	
素养评价	1. 是否具有良好的服务意识（3 分）	
	2. 是否具有良好的责任意识（3 分）	
小　　计		

活动拓展:

以角色扮演形式，各小组演示一次客户回访过程。

活动升华:

小组合作，搜集目前市面上主流的客户管理软件。

活动 1.2.2　客户维护方法

活动要求:

苏宁集团作为国内领先的商业企业，早在十几年前，在全国 100 多个城市客户服务中心利用内部 VOIP 网络及呼叫中心系统建成了集中式与分布式相结合的客户关系管理系统，建立了 5 000 万个顾客消费数据库。建立视频、OA、VOIP 等组成企业辅助管理系统，包括图像监控、通讯视频、信息汇聚、指挥高度、报警等功能，对全国连锁店面及物流中心实时图像监控，总部及大区远程监控中心负责实时监控各门店、仓库、售后网点及重要场所运营情况，实现了足不出户的全方位远程管理。

苏宁实现 2 万多个终端同步运作，大大提高管理效率。苏宁各地的客服中心都是基于客户关系管理系统（CRM 系统）为运作基础的。客户服务中心拥有 CRM 等一套庞大的信息系统，客户关系管理系统（CRM 系统）将自动语言应答、智能排队、网上呼叫、语音信箱、传真和语言记录功能、电子邮件处理、屏幕自动弹出、报表功能、集成中文 TTS 转换功能、集成 SMS 短消息服务等多项功能纳入其中，建立了一个覆盖全国的对外统一服务、对内全面智能的管理平台。

活动准备:

小组收集资料，了解什么是客户关系管理系统。

活动实施:

客户关系管理系统（CRM 系统），是指利用软件、硬件和网络技术，为企业建立一个客户信息收集、管理、分析和利用的信息系统。以客户数据的管理为核心，记录企业在市场营销和销售过程中和客户发生的各种交互行为，以及各类有关活动的状态，提供各类数据模型，为后期的分析和决策提供支持。其最终目标是吸引新客户、保留旧客户以及将已有客户转为忠实客户。

运用客户关系管理系统（CRM 系统），能够对客户信息进行收集、整理和分析，并实现内部资源共享，能有效提高服务水平，保持与老客户的关系；能够帮助企业分析潜在客户群和预测市场发展需求，有助于企业寻找目标客户；能够帮助决策人准确得知客户整体推进状况和存在的问题，从而及时开展业务指导和策略调整，避免客户无故流失；能够帮助建立起与客户长久且稳固的互惠互利关系，提高客户忠诚度和满意度；能够实现资源共享，优化合作流程，提高企业运营效率；能够使负责人准确掌握销售人员的位置、工作状态，有利于企业进行绩效考核，提高销售人员工作效率。

活动评价：

结合自己在操作过程中的实际完成情况评分，如表 1－4 所示。

表 1－4　活动评价表

评分项目（10 分）		得分
知识评价	1. 是否能够搜集资料，明确什么是客户关系管理系统（CRM 系统）（2 分）	
技能评价	1. 是否能说出客户关系管理系统（CRM 系统）的用途（2 分）	
素养评价	1. 是否具有良好的服务意识（2 分）	
	2. 是否具有良好的责任意识（2 分）	
	3. 是否能与组员进行良好沟通（2 分）	
小　计		

活动拓展：

业务员：您好，看到咱们公司刚办理完工商注册手续，后期打算用兼职会计吗？

客户：可以考虑。

业务员：您好，针对新设立的企业，我们公司向其提供代理记账服务时都会附赠一定的免费服务项目。咱们公司和我们签订代理协议后，我们帮您免费办理刻章、银行证书办理手续，后续的税务登记、申报税控盘，咱们只需要承担成本费即可。

客户：你们是专业的代账公司吗？会计怎么样？

业务员：您好，我们公司有十五年以上的代理记账经验，有专业资深的会计人员和团队。您可以亲自到我们公司考察。这样您也可以放心把公司的账务交给我们公司管理。我相信，我们能为您提供满意的服务。

你认为这位业务员能成功吗？请拟定一份电话联系客户的交流提纲。

活动升华：

设计上门拜访客户的谈话提纲。

实战演练

一、单项选择题

1.（　　）是企业开展优质服务、提高顾客忠诚度的基础。

A. 产品质量　　B. 服务质量　　C. 个性化要求　　D. 及时响应

2. 沟通过程包括（　　）五项要素。

A. 沟通主体、沟通客体、沟通介体、沟通内容和沟通渠道

B. 沟通主体、沟通客体、沟通介体、沟通环境和沟通方法

C. 沟通主体、沟通客体、沟通介体、沟通环境和沟通渠道

D. 沟通主体、沟通客体、沟通介体、沟通内容和沟通方法

3. 企业必须满足顾客的（　　），通过充分有效沟通了解客户真实需求并据以完善细节，使产品和服务在最终执行环节上能够更多地融合顾客需求。

A. 个性化要求　　B. 常态化要求

C. 服务质量要求　　D. 产品质量要求

4. 沟通主体用以影响、作用于沟通客体的中介是（　　）。

A. 沟通主体　　B. 沟通客体

C. 沟通介体　　D. 沟通环境

5. 沟通的主体是（　　）。

A. 人　　B. 信息　　C. 媒介　　D. 环境

二、多项选择题

1. 沟通过程除沟通主体外，还包括（　　）。

A. 沟通客体　　B. 沟通介体　　C. 沟通环境　　D. 沟通渠道

2. 客户关系管理系统能（　　）。

A. 对客户信息进行收集、整理和分析

B. 帮助企业分析潜在客户群

C. 及时了解客户需求

D. 实现资源共享，优化合作流程

3. 与客户建立牢固的关系，应做到（　　）。

A. 提升产品质量　　B. 提高服务质量

C. 及时响应客户问题　　D. 满足客户个性化要求

4. 沟通环境包括（　　）等。

A. 政治经济制度　　B. 学习环境　　C. 工作环境　　D. 家庭环境

5. 建立客户档案能（　　）。

A. 提高客户管理效率　　B. 降低客户管理成本

C. 全面了解客户信息　　D. 及时更新客户档案

三、判断题

1. 个性化服务是以标准化和多样化为基础，通过充分有效沟通了解客户真实需求并据以完善细节，使产品和服务在最终执行环节上能够更多地融合顾客需求。（　　）

2. 客户与企业签约后，不必定期回访。（　　）

3. 企业使用客户关系管理系统，最终目标是吸引新客户、保留旧客户以及将已有客户转为忠实客户。（　　）

4. 有明确目标，最终能达成共识的沟通才是有效沟通。（　　）

5. 服务质量是企业开展优质服务、提高顾客忠诚度的基础。（　　）

实战演练答案：

一、单项选择题

1. B　2. C　3. A　4. C　5. A

二、多项选择题

1. ABCD　2. ABCD　3. ABCD　4. ABCD　5. ACD

三、判断题

1. √　2. ×　3. √　4. √　5. √

项目 2

2 记账事务代理

思政导入：

一只野狼卧在草上勤奋地磨牙，狐狸看到了，就对它说："天气这么好，大家在休息娱乐，你也加入我们队伍中吧！"野狼没有说话，继续磨牙，把它的牙齿磨得又尖又利。狐狸奇怪地问道："森林这么静，猎人和猎狗已经回家了，老虎也不在近处徘徊，又没有任何危险，你何必那么用劲儿磨牙呢？"野狼停下来回答说："我磨牙并不是为了娱乐，你想想，如果有一天我被猎人或老虎追逐，到那时，我再想磨牙就来不及了。若平时我就把牙磨好，到那时就可以保护自己了。"

思政启示：

绝对的零风险是不存在的，危机风险和风险意识永远都不能缺失，居安思危，保持忧患意识，做到防患于未然是非常重要的。

名人名言：

居安思危，思则有备，有备无患。

——左丘明

知识目标：

1. 能够描述签订代理协议基本流程及注意事项
2. 能够描述收集与整理票据、收集与整理税收优惠政策基本流程
3. 能够描述使用财务软件进行账务处理基本流程

技能目标:

1. 会拟定代理协议范本
2. 会使用财务软件进行账务处理
3. 会提供财税方案和解决客户财税方面疑惑

思政目标:

1. 培养良好的服务意识和时效观念
2. 培养法律风险防范意识
3. 培养税务风险防范意识

思维导图:

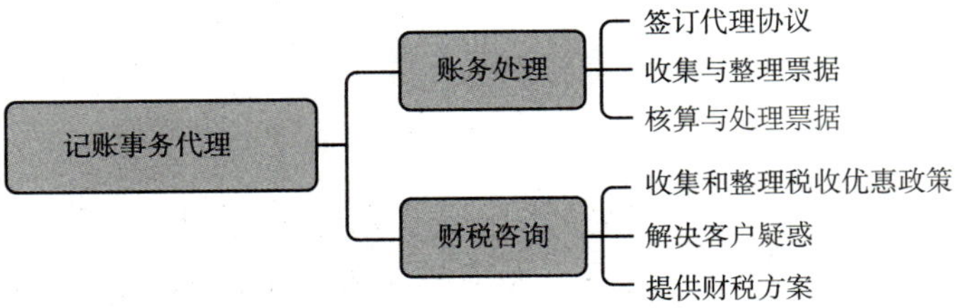

任务 2.1
账务处理

2.1 处理账务动画

任务情境:

海口博亿代理记账有限公司与海口凤宇有限公司达成了代理记账意向，由博亿公司为凤宇公司提供代理记账服务。

具体委托事项如下：

（1）根据海口凤宇有限公司提供的原始凭证和其他资料，按照《企业会计准则》《企业财务通则》以及国家统一会计制度的规定，进行会计核算，包括审核原始凭证、填制记账凭证、编制会计凭证、登记会计账簿（包括但不限于登记现金日记账、银行日记账、总账、明细分类账）、编制会计报表和财务报告。

（2）代理海口凤宇有限公司按照法律、法规、规章的规定定期向政府有关部门和其他经甲方同意的使用者提供财务会计报告。

（3）按照法律、法规、规章的规定代理海口凤宇有限公司向主管税务机关提供税务资料，包括但不限于代理申报纳税。

（4）向海口凤宇有限公司提供日常税务咨询和与税务有关的申请，包括但不限于协助甲方购买增值税发票，申请增值税发票，以及申请合理的税收优惠待遇。

活动 2.1.1　签订代理协议

活动要求:

根据客户需要，签订代理记账协议。

活动准备:

1. 确定服务内容

与客户确定服务范围、服务时间、服务费用等相应内容。

2. 准备协议范本

根据与客户确定的服务内容，准备协议范本，提交客户确认。

活动实施:

一、签订协议

代理协议是代理记账机构与委托人共同签订的，确定代理记账业务的委托与受托关系，明确委托目的、委托范围，以及双方责任与义务等事项的书面协议，代理协议样本如表 2－1 所示。

协议除应具备法律规定的基本条款外，还应明确以下基本内容：

（1）签约双方名称；

（2）委托业务的范围，编制和提供财务会计报告的要求；

（3）会计资料传递程序和签收手续，终止约定应当办理的会计业务交接事项；

（4）双方对会计资料真实性、完整性应承担的相应责任，会计档案的保管要求及相应责任；

（5）委托业务的收费标准；

（6）协议的有效期间；

（7）违约责任；

（8）协议双方认为应该约定的其他事项；

（9）协议签定时间。

表 2－1　　代理协议样本

代理记账业务协议样例
委托方：海口凤宇有限公司　　　　　（以下简称甲方） 受托方：海口博亿代理记账有限公司　（以下简称乙方） 一、委托业务范围 乙方接受甲方委托，对甲方_2022_年_01_月_01_日至_2023_年_12_月_31_日期间内的经济业务进行代理记账，含①每月做账报税，装订会计凭证、账簿；②提供资产负债表、利润表、企业所得税报表；③账务管理咨询。 （同时为甲方提供代理纳税申报服务，包括：☑月度或季度增值税申报；☑季度企业所得税申报；☑月度个人所得税申报；☑年度企业所得税汇算清缴；☑年度个人所得税申报；☑其他_社保代办、工商年检_。）

续表

二、甲方的责任和义务 （一）甲方的每项经济业务，必须填制或者取得符合国家统一会计制度规定的原始凭证。 （二）甲方应归集和整理有关经济业务的原始凭证和其他资料，并于每月 5 日前提供给乙方。甲方对所提供资料的完整性和真实性负责，不得虚报收入和支出。 （三）甲方应建立健全与本企业相适应的内部控制制度，保证资产的安全和完整。 （四）甲方应当配备专人负责日常货币资金的收支和保管。 （五）涉及存货核算的，甲方负责存货的管理，应建立存货的管理制度，编制存货的入库凭证、出库凭证、库存明细账和每月各类存货的收发存明细表，并及时提供给乙方。甲方对上述资料的真实性和完整性负责，并保证库存物资的安全和完整。 （六）甲方应在法律允许的范围内开展经济业务，遵守会计法、税法等法律法规的规定，不得授意和指使乙方违法办理会计事项。 （七）对于乙方退回的、要求甲方按照国家统一会计制度规定进行更正、补充的原始凭证，甲方应当及时予以更正、补充。 （八）甲方应积极配合乙方完成代理记账工作，对乙方提出的合理建议应积极采纳。 （九）甲方应制定合理的会计资料传递程序，每月及时将原始凭证等会计资料交乙方，做好会计资料的签收工作。 （十）会计年度终了后，乙方将会计档案移交甲方，由甲方负责保管会计档案，保证会计档案的安全和完整。 （十一）甲方应按本协议书规定及时足额支付代理记账服务费。 三、乙方的责任和义务 （一）乙方根据甲方所提供的原始凭证和其他资料，按照国家统一会计制度的规定进行会计核算，包括审核原始凭证、填制记账凭证、登记会计账簿、按时编制和提供财务会计报告。 乙方应严格按照税收相关法律、法规规定，在规定的申报期内为甲方及时、准确地办理纳税申报工作。 （二）涉及存货核算的，根据甲方提供的存货入库凭证、出库凭证、每月各类存货的收发存明细表，乙方进行成本结转。 （三）乙方应协助甲方完善内部控制，加强内部管理，针对内部控制薄弱环节提出合理的建议。 （四）乙方应协助甲方制定合理的会计资料传递程序，积极配合甲方做好会计资料的签收手续。在代理记账过程中，应妥善保管会计资料。 （五）乙方应按时将当年应归档的会计资料整理、装订后形成会计档案，于会计年度终了后交甲方保管。未办理交接手续前，由乙方负责保管。 （六）委托协议终止时，乙方应与甲方办理会计业务交接事宜。 （七）乙方对执行业务过程中知悉的商业秘密，负有保密义务。 （八）对甲方提出的有关会计处理的相关问题，乙方应当予以正确解释。 四、责任划分 （一）乙方是在甲方提供相关资料的基础上进行会计核算，因甲方提供的记账依据不实、未按协议约定及时提供记账依据或其他过错导致委托事项出现差错或未能按时完成委托事项，由此造成的后果，由甲方承担。 （二）因乙方的过错导致委托事项出现差错或未能按时完成委托事项，由此造成的后果，由乙方承担。 五、协议的终止 （一）协议期满，本协议自然终止，双方如欲续约，须另行签订协议。 （二）经双方协商一致后，可提前终止协议。 六、代理记账服务费 甲方应支付乙方： 代理记账服务费每月（人民币） 陆佰 元（¥ 600.00 ），合计（人民币） 柒仟贰佰 元（¥ 7 200.00 ）；于合同生效日起 30 日内一次付清。

续表

其他费用：年检证件 100 元/证；上门拿单据 50 元/次；发票验旧、缴销 100 元/次；代办社保 300 元；按实际发生费用次月付清。 七、违约责任 （一）如一方未履行协议规定的责任和义务，另一方可提前终止协议，终止前须提前 30 天告知对方；如未履行责任和义务方给另一方造成损失的，应另支付赔偿费用。 （二）在另一方正常履行相关责任和义务的情况下，一方未征得另一方同意，单方面终止本协议的，须按合同金额 5% 向另一方支付违约金，造成损失的，应另支付赔偿费用。 八、其他约定 （一）本协议的补充条款、附件及补充协议均为本协议不可分割的部分。本协议补充条款、补充协议与本协议不一致的，以补充条款、补充协议为准。 （二）本协议的未尽事宜及本协议在履行过程中需变更的事宜，双方应通过订立变更协议进行约定。 （三）甲乙双方在履行本协议过程中发生争议，应协商解决。协商不能解决的，向 甲方所在地 仲裁委员会申请仲裁/依法向人民法院起诉。 本协议自双方签字之日起生效。本协议一式四份，委托双方各两份。 委托方：海口凤宇有限公司（盖章） 法定代表人：张 * 浩 联系人：刘 * 电话：0898 - 62 **** 07 签约日期：2021 年 12 月 26 日 受托方：海口博亿代理记账有限公司（盖章） 法定代表人：谢 * 新 联系人：方 ** 电话：0898 - 62 **** 56 签约日期：2021 年 12 月 26 日

二、交接材料

双方签定代理协议后，按协议内容，做好资料的交接。初次交接前，移交人应当整理移交的各项资料，并编制移交清册，列明应当移交的会计凭证、会计账簿、会计报表、文件、其他会计资料和物品等内容，对未了事项予以书面说明，交接材料样本如表 2 - 2、表 2 - 3、表 2 - 4 所示。

办理交接手续时，应按移交清册逐项移交，接收人员应逐项核对。会计凭证、会计账簿、会计报表和其他会计资料必须完整无缺。如有缺失，必须查明原因，并在移交清册中注明。需要移交的票据、印章、密钥等实物，应书面列明，交接清楚。

表 2 - 2　　会计交接手册样本

海口博亿代理记账有限公司 会计交接手册样例 海口博亿代理记账有限公司接受 海口凤宇有限公司 （委托人）委托，于 2022 年 01 月 01 日起为委托人办理会计代理记账业务，现对委托人的会计事项办理交接手续。 一、交接地点及日期 交接地点：海口市 ************ 1005 房 交接日期：2021 年 12 月 31 日

续表

二、交接人员

移交人：张 ** ，工作单位：海口凤宇有限公司，职位：无；

接管人：王 ** ，工作单位：海口博亿代理记账有限公司，职位：副经理；

监交人：刘 ** ，工作单位：海口凤宇有限公司，职位：经理。

三、交接内容

（一）核对及检查

项目	是否相符	备注
总账与明细账是否相符	☑相符；☐不相符	
账表是否相符	☑相符；☐不相符	
固定资产台账或明细表记载的固定资产原值及累计折旧与财务账表是否相符	☑相符；☐不相符	
银行账户与银行对账单是否调节相符	☑相符；☐不相符	
现金账实是否相符	☑相符；☐不相符	
纳税申报表与相关账户是否相符	☑相符；☐不相符	
其他（根据客户自身情况）	☐相符；☐不相符	

（二）资料交接清单

项目	数量	内容
记账凭证	1 本	
账册	3 本	总账、明细账、日记账
财务报表	2 份	资产负债表、利润表
纳税申报表	1 份	增值税申报表
银行对账单及余额调节表	1 份	
……		

四、交接前后工作责任的划分

2021 年 12 月 31 日前，委托人会计核算的责任事项由原会计人员（机构）＿＿＿＿＿＿负责，2022 年 01 月 01 日后，委托人会计核算的责任事项由海口博亿代理记账有限公司负责。以上交接事项均经交接双方确认无误。

五、其他说明事项

（无）

本交接手册一式三份，代理记账机构存档一份，委托人存档一份，委托方移交人持有一份。

移交人：张 **　　　　接管人：王 **　　　　监交人：刘 **

表 2－3　**原始凭证交接材料样本**

海口博亿代理记账有限公司
原始凭证交接表样例

海口风宇有限公司（委托人）：
在本次交接中，本公司收到贵单位如下原始凭证及相关会计资料。

原始凭证交接表　　所属月份：2021 年 12 月

种类	份数	金额	备注
开出的增值税发票记账联	15	1 850 000.00	
开出的普通发票记账联	5	68 000.00	
收到的增值税发票（发票联）	6	1 020 000.00	
收到的增值税发票（抵扣联）	6	1 020 000.00	
收到的其他发票（发票联）	0	0.00	
银行对账单	1	680 000.00	
银行进账凭证	11	1 280 000.00	
银行付款凭证	4	850 000.00	
工资单	1	285 000.00	
社保单据、公积金单据	0		
费用报销凭证	18	165 000.00	
其他类：	0	0.00	

移交人：张 **　　接收人：王 **
交接日期：2021 年 12 月 31 日

表 2－4　**会计档案交接材料样本**

海口博亿代理记账有限公司
会计档案移交清册样例

海口风宇有限公司（委托人）：
在本次交接中，本公司☐将如下会计资料移交给贵单位 \ ☑收到贵单位移交的如下会计资料。（在选项中打“√”）

一、记账凭证	册数	凭证号码区间
2021 年 12 月	1	1～65
二、账册	册数	所属期间
总账	1	2021 年 12 月
明细账	1	2021 年 12 月
日记账	1	2021 年 12 月

续表

三、会计报表	份数	所属期间
资产负债表	1	2021 年 12 月
利润表	1	2021 年 12 月
四、纳税申报表	份数	所属期间
增值税纳税申报表	1	2021 年 12 月
五、其他	份数	所属期间
原始凭证	67	2021 年 12 月
密钥	1	

移交人：张 ** 接收人：王 ** 监交人：刘 **

交接日期：2021 年 12 月 31 日

活动评价：

结合自己在操作过程中的实际完成情况评分，如表 2－5 所示。

表 2－5 活动评价表

评分项目（10 分）		得分
知识评价	1. 是否能够表述代理协议签定的流程（2 分）	
	2. 是否能够表述签订代理协议的注意事项（2 分）	
技能评价	1. 是否会准备协议范本（2 分）	
素养评价	1. 是否具有良好的服务意识（2 分）	
	2. 是否具有法律风险防范意识（2 分）	
小 计		

活动拓展：

以小组为单位，拟定各小组成立的代理记账公司的代理记账协议。

活动升华：

搜集关于代理记账的法律法规制度。

活动 2.1.2 收集与整理票据

活动要求：

与海口凤宇有限公司完成发票交接，收集并整理票据。

思政小贴士：

增强法律风险防范意识，依法依规代账哦！

活动准备：

1. 与海口凤宇有限公司完成票据交接
2. 到银行打印对账单和回单
3. 按时间和业务类别对票据进行分类

活动实施：

一、审核原始票据

（一）原始票据审核要点

为了正确地反映和监督各项经济业务，确保会计资料真实、正确和合法，必须对原始凭证进行严格认真的审核。

各种原始凭证除由业务经办部门审核以外，还要由会计部门进行审核。审核的内容主要包括以下几方面：

1. 原始凭证的合规性

审核原始凭证反映的经济业务是否符合国家有关政策、法规、制度的规定。

2. 原始凭证的真实性

审核原始凭证所反映的经济业务是否同实际情况相符合。包括日期是否真实、业务内容是否真实、数据是否真实等。

3. 原始凭证的完整性

审核原始凭证的内容是否填写齐全，手续是否完备，是否有经办人签字或盖章。

4. 原始凭证的准确性

审核原始凭证所填列的数字是否符合要求，包括数量、单价、金额以及小计、合计等填写是否清晰，计算是否准确，是否用复写纸套写，有无涂改、刮擦挖补等弄虚作假行为。

对于真实、合规但内容不完整、手续不完备、填写有错误的原始凭证，会计人员应退回给经办人员，要求经办人补办手续或进行更正；对于不真实、不合规的原始凭证，会计人员应不予办理，涉及弄虚作假、严重违法的原始凭证还应当予以扣留，并及时向单位负责人或有关部门报告。

（二）发票的审核（见表 2－6）

表 2－6　　审核发票注意事项明细表

序号	审核要点	注意事项
1	发票类型	发票类型应与合同要求一致
2	发票抬头	（1）公司名称是否准确 （2）增值税专用发票中公司全称、税号等信息是否完整、准确
3	发票时效性	（1）发票时间是否滞后 （2）增值税专用发票认证期限是否过期
4	发票内容	发票内容应与实际交易内容相符，如果货物种类较多，应附有发票清单
5	发票税率	适用科目和税率正确，与实际业务相符
6	发票盖章	发票上应加盖发票专用章
7	发票打印位置	发票打印时，尽量不要偏移，汉字和数字尽量不要出格，尤其是密码区，一定要在相应格子范围内

需要注意的是，《中华人民共和国发票管理办法》规定：不符合规定的发票，不得作为财务报销凭证，任何单位和个人有权拒收。付款方取得发票后应及时核对发票开具内容是否真实、项目填写是否齐全、加盖的发票专用章是否与收款方一致。对于违反发票管理法规的行为，任何单位和个人有权向税务机关举报。

二、粘贴原始票据

原始凭证粘贴时，应在空白报销单（有的单位是用专门的“报销单据粘贴单”，没有“报销单据粘贴单”，就用空白报销单代替）上将原始凭证（原始凭证大部分是发票）按“小票在下、大票在上”的要求，从右至左呈阶梯状依次粘贴；若票据较少，可直接在正式报销单的反面粘贴（原始凭证的正面与报销单的正面同向）；若票据较多，可在多张空白报销单上粘贴。粘贴时，注意以下事项：

（1）正式报销单与空白报销单是按格式印制的，完全一样，只是用处不一样。当作封面的是正式报销单（填写摘要、数字等），当作粘贴发票的是空白报销单（有的单位是用专门的“报销单据粘贴单”）。

（2）从右至左呈阶梯状依次均匀粘贴，超大凭证要折叠。

（3）只需粘牢原始凭证的左侧部分，不用将背面全部贴实。

（4）要将褶皱的凭证摊开、压平。

（5）尺寸太小的凭证如汽车票，可按上、中、下（二行或三行）或右、中、左（二列或三列）的方式进行复式粘贴，但不得累压粘贴。必要的时候，可多次重复使用单据粘贴单。

（6）粘贴超大凭证。通过折叠的办法处理，除特殊情况外，一般方法为齐左折右或齐上折下，并要在装订位置适度粘贴，以装订后不影响内容完整为原则。

（7）报销票据如有增值税专用发票，要把发票抵扣联单独交给相关会计，不得和发票联一起粘贴到粘贴单上。

活动评价：

结合自己在操作过程中的实际完成情况评分，如表 2－7 所示。

表 2－7　　活动评价表

评分项目（10 分）		得分
知识评价	1. 是否能够表述原始凭证的审核要点（3 分）	
	2. 是否能够表述发票的审核要点（2 分）	
技能评价	1. 是否会收集与整理票据（2 分）	
素养评价	1. 是否具有良好的服务意识（1 分）	
	2. 是否具有法律风险防范意识（1 分）	
	3. 是否具有时效观念（1 分）	
小　　计		

活动拓展：

审核表 2－8 中各项原始凭证，列出审核要点。

表 2－8

<table>
<tr><th>序号</th><th>业务描述</th><th>审核要点</th></tr>
<tr><td>1</td><td>
海口德月商贸有限公司向海名群食品有限公司购买果汁 100 件，每件 12 瓶，每瓶售价 3 元，收到增值税专用发票如下：
4600151140　　海南增值税专用发票　　№ 45115982　4600151140　45115982
发票联　　开票日期：2022年03月02日
<table>
<tr><td>购买方</td><td colspan="4">名　　称：海口德月商贸有限公司
纳税人识别号：91460105MA745584101
地 址、电 话：海口秀英区元朗路060号59957900
开户行及账号：工行海口秀英区德豐路支行7432612362571302968</td><td>密码区</td><td colspan="3">172312-4-275<1+46*54* 82*59*
181321><8182*59*09618153</
<4<3*2702-9>9*+153</0 >2-3
08/4>>>2-3*0/9/>>25-275<1</td></tr>
<tr><td>货物或应税劳务、服务名称</td><td>规格型号</td><td>单位</td><td>数量</td><td>单价</td><td>金额</td><td>税率</td><td>税额</td></tr>
<tr><td>*果汁和蔬菜汁类饮料*果汁</td><td>500ML</td><td>瓶</td><td>1 200</td><td>3</td><td>3 600.00</td><td>13%</td><td>468.00</td></tr>
<tr><td>合　　计</td><td></td><td></td><td></td><td></td><td>¥3 600.00</td><td></td><td>¥468.00</td></tr>
<tr><td>价税合计（大写）</td><td colspan="7">⊗ 肆仟零陆拾捌元整　　（小写）¥4 068.00</td></tr>
<tr><td>销售方</td><td colspan="4">名　　称：海口名群食品有限公司
纳税人识别号：91460108MA413302078
地 址、电 话：海口美兰区晨普路993号73005952
开户行及账号：工行海口美兰区腾策路支行9848417619766209222</td><td>备注</td><td colspan="3"></td></tr>
</table>
收款人：　　复核：胡妖　　开票人：朱服壮　　销售方：（章）
税总函[2016]××号××××公司　　第三联：发票联　购买方记账凭证
</td><td></td></tr>
<tr><td>2</td><td>
市场部王源出差回来，报销差旅费，填写差旅费报销单如下：
差旅费报销单
报销部门：市场部　　报销日期：2022 年 03 月 08 日
出差人：王源　　出差事由：产品展销会
<table>
<tr><td colspan="10">出差日期：2022 年 02 月 24 日 至 2022 年 02 月 27 日　共计：4 天</td></tr>
<tr><td colspan="5">车船费</td><td colspan="3">其他费用</td></tr>
<tr><td>出发地</td><td>到达地</td><td>交通工具</td><td>附件张数</td><td>金额</td><td>项目</td><td>附件张数</td><td>金额</td></tr>
<tr><td>海口</td><td>深圳</td><td>飞机</td><td>2</td><td>1 680.00</td><td>住宿</td><td>1</td><td>1 500.00</td></tr>
<tr><td></td><td></td><td></td><td></td><td></td><td>餐饮</td><td></td><td></td></tr>
<tr><td></td><td></td><td></td><td></td><td></td><td>市内交通</td><td></td><td></td></tr>
<tr><td></td><td></td><td></td><td></td><td></td><td>通讯费</td><td></td><td></td></tr>
<tr><td></td><td></td><td></td><td></td><td></td><td>其他</td><td></td><td>3 000.00</td></tr>
<tr><td></td><td></td><td></td><td></td><td></td><td></td><td></td><td></td></tr>
<tr><td></td><td>合 计</td><td></td><td>2</td><td>¥1 680.00</td><td>合计</td><td>1</td><td>¥4 500.00</td></tr>
<tr><td colspan="8">费用合计：¥6 180.00 元　大写（人民币）：陆仟贰佰捌拾元整</td></tr>
<tr><td colspan="8">预借差旅：¥6 000.00 元　补领金额：¥180.00 元　退还金额：　元</td></tr>
<tr><td colspan="8">核实后报销金额：　元　大写（人民币）：</td></tr>
</table>
审批：　　财务主管：　　会计：　　部门主管：　　领款人：王源
</td><td></td></tr>
</table>

续表

<table>
<tr><th>序号</th><th>业务描述</th><th>审核要点</th></tr>
<tr><td>3</td><td>海口恒驰贸易有限公司办公室购买了 20 箱复印纸，收到增值税普通发票如下：
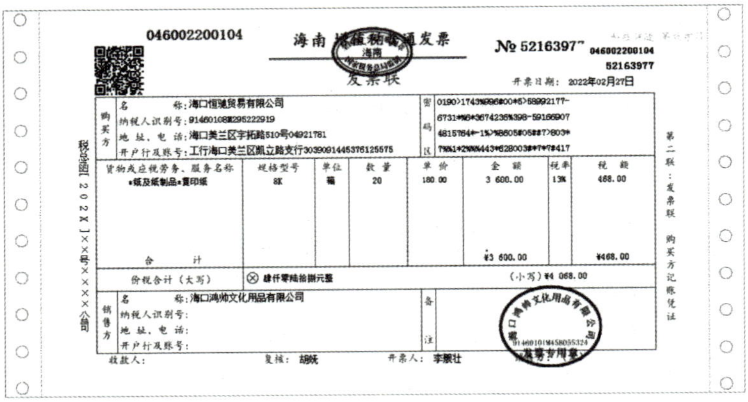
046002200104　海南增值税普通发票　№ 5216397　046002200104　52163977
发票联　开票日期：2022年02月27日
购买方　名称：海口恒驰贸易有限公司
纳税人识别号：91460108M295222919
地址、电话：海口美兰区宇拓路510号04921781
开户行及账号：工行海口美兰区凯立路支行3039091445376125575
密码区　0190>1743%996#00*5>58992177-
6731*%6*3674236%398-59166907
4815764*-1%>%8605#05##7>803*
7%%1*2%%%443*628003#*7*7#417
货物或应税劳务、服务名称：*纸及纸制品*复印纸　规格型号：8K　单位：箱　数量：20　单价：180.00　金额：3 600.00　税率：13%　税额：468.00
合计　¥3 600.00　¥468.00
价税合计（大写）⊗肆仟零陆拾捌元整　（小写）¥4 068.00
销售方　名称：海口鸿帅文化用品有限公司
纳税人识别号：
地址、电话：
开户行及账号：
备注
收款人：　复核：胡妖　开票人：李靓壮
海口鸿帅文化用品有限公司　91460101M458055324　发票专用章
第二联：发票联　购买方记账凭证
税总函[202X]××号××××公司</td><td></td></tr>
</table>

活动升华：

想一想，记账凭证的审核要点有哪些？

活动 2.1.3　核算与处理票据

活动要求：

使用公司财务软件，对海口凤宇有限公司本月的业务进行账务处理。

活动准备：

一、完成期初建账

二、进行财税风险评估

1. 原始数据的整合

将杂乱的财税数据进行梳理和整合。有条件的企业可以选择一些数据分析的软件或专业服务来进行数据的整合和简单分析。

2. 风险指标的设定

企业可以通过专业第三方的风险评估方案来解决这些问题。好多风险评估方案不仅有传统的通用指标、法规指标、分税种指标等，还通过经验累积了众多行业的行业性指标和税负率指标等，从而建立完整的风险指标体系。

3. 风险预警的提示

在有明确的指标体系的基础上，风险预警可以通过表格、软件等多种方式实现。

4. 风险来源的核查

风险评估的目的不是找出问题而是解决问题，风险来源的核查显得尤为重要。一个风险指标可能对应着许多的来源参数，在进行核查溯源之前，必须有明确清晰的核查路径。深入核查时，可能需要获取原始凭证单据或发票这些微小的纸质文档，企业可以及早使用影像系统等信息化管理手段。另外，更细致的监管需求对风险评估系统的可追溯性提出了很高的要求，不仅要通过一个维度进行查验，最好可以实现多维度的溯源和挖掘，多角度分析产生风险的原因。

5. 风险报告的生成

在对风险指标进行汇总和分析之后，要对风险的表象和问题进行充分分析，同时提出切实可行的解决办法或预防措施。

活动实施:

一、使用财务软件进行账务处理

第一步：完成期初建账。

第二步：开始票据的录入工作。

（1）进行票据扫描；

（2）票据录入；

（3）原始凭证审核。

第三步：记账凭证生成。

第四步：记账凭证审核。

思政小贴士：

增强税收风险防范意识，依法纳税哦！

二、企业财税风险评估

企业财税流程中的许多信息和数据都影响着企业风险指标。合理地进行风险评估，能及时发现企业财税方面存在的风险，早做准备。

（1）完成账务核算后，汇总出主要经营指标汇总表，如表2-9所示。

表2-9 主要经营指标汇总表

项目	金额（元）
主营业务收入	3 005 800.00
主营业务成本	1 653 190.00
税金及附加	5 252.00
销售费用	148 000.00
销售人员工资	50 000.00
业务宣传费	98 000.00

续表

项目	金额（元）
管理费用	711 581.00
管理人员工资	200 000.00
员工福利费	35 800.00
业务招待费	13 500.00
社会保险费	62 900.00
住房公积金	12 500.00
职工教育经费	22 750.00
工会经费	3 680.00
差旅费	349 201.00
办公费	11 250.00
财务费用	360.00
营业利润	487 417.00
营业外收入	0.00
营业外支出	0.00
利润总额	487 417.00
所得税费用	121 854.25
净利润	365 562.75

（2）通过以上数据，进行财税经营风险评估，重点指标计算如下：

①公司毛利率保持55%，指标正常；

②销售费用业务宣传费占收入3.26%，未超过《企业所得税法实施条例》第四十四条规定，指标正常；

2.2 企业所得税法实施条例

③员工福利费占工资总额14.32%，超过《企业所得税法实施条例》第四十条规定，存在汇算清缴纳税调整风险，结合全年数据进行风险控制；

④工会经费占工资总额1.47%，未超过《企业所得税法实施条例》第四十一条规定，指标正常；

⑤职工教育经费占工资总额9.1%，超过《企业所得税法实施条例》第四十二条规定，存在汇算清缴纳税调整风险，结合全年数据进行风险控制；

⑥所得税费用占收入4.05%，结合全年数据，根据经验累积企业所在的行业性指标税负率进行税收风险控制；

⑦净利润率为12.16%，结合全年数据，根据经验累积企业所在的行业性指标税负率进行财务风险控制。

活动评价:

结合自己在操作过程中的实际完成情况评分，如表2-10所示。

表2－10 活动评价表

评分项目（10分）		得分
知识评价	1. 能否表述使用财务软件进行账务处理的流程（2分）	
技能评价	1. 能否说出评估财税风险的注意要点（2分）	
素养评价	1. 是否具有良好的服务意识（2分）	
	2. 是否具有法律风险防范意识（2分）	
	3. 是否具有时效观念（2分）	
小计		

活动拓展：

海口市一家高新技术企业委托海口博亿代理记账有限公司进行财税代理服务，要求根据该公司本年度生产经营业务情况，对该公司的财税经营风险进行评估。所得税税率为15%，生产经营业务数据如表2－11所示。

表2－11 2020年度生产经营业务数据

序号	项目	金额（万元）
1	主营业务收入	700
2	其他业务收入	20
3	国债利息	10
4	主营业务成本	330
5	财务费用	40（其中资本化利息10万元）
6	管理费用	90
7	销售费用	40（其中广告和业务宣传30万元）
8	营业外支出	10（其中税收罚款支出5万元）
9	税金及附加	28
10	利润总额	192
11	所得税费用	28.8

活动升华：

以小组为单位，列出企业财税风险评估指标。

任务 2.2 财税咨询

2.3 税务咨询动画

任务情境：

海口博亿代理记账有限公司与海口凤宇有限公司签订了代理记账协议，日常代理过程中也由博亿公司为海口凤宇有限公司提供财税咨询服务。

活动 2.2.1 收集和整理税收优惠政策

活动要求：

根据客户需要，匹配可享受的税收优惠。

活动准备：

1. 关注国家税务总局网站

2. 关注国家税务总局海南税务局网站

3. 关注海南自由贸易港网站

活动实施：

一、与客户沟通

需与客户沟通，确定海口凤宇有限公司的行业性质：属于建筑装修行业、小规模企业、高新技术企业。

二、匹配方案

（一）经营涉及税种

企业经营期间，所涉及的税种有以下几项：增值税、附加税（即城建税、教育费附加、地方教育附加）、印花税、企业所得税、个人所得税。

（二）可享受税收优惠政策及依据

1. 增值税

自 2022 年 4 月 1 日至 2022 年 12 月 31 日，增值税小规模纳税人适用 3% 征收率的应税销售收入，免征增值税；适用 3% 预征率的预缴增值税项目，暂停预缴增值税。

议一议：

【政策依据】

《财政部 税务总局关于对增值税小规模纳税人免征增值税的公告》（财政部 税务总局公告 2022 年第 15 号）

2. 企业所得税

截至2021年12月31日，小型微利企业年利润不超过100万元的部分，按2.5%计算缴纳企业所得税；年应纳税所得额超过100万元但不超过300万元的部分，按10%计算缴纳企业所得税。

小型微利企业必须同时符合以下四个条件：①从事国家非限制和禁止行业；②年度利润不超过300万元；③从业人数不超过300人；④资产总额不超过5 000万元。

议一议：

【政策依据】

《国家税务总局关于实施小型微利企业普惠性所得税减免政策有关问题的公告》（国家税务总局公告2019年第2号）、《国家税务总局关于落实支持小型微利企业和个体工商户发展所得税优惠政策有关事项的公告》（国家税务总局公告2021年第8号）

3. 附加税

城市维护建设税、教育费附加、地方教育附加，减半征收。

4. 印花税（不含证券交易印花税）

印花税，减半征收。

议一议：

【政策依据】

《财政部 税务总局关于实施小微企业普惠性税收减免政策的通知》（财税〔2019〕13号）

5. 个人所得税

对在海南自由贸易港工作的高端人才和紧缺人才，其个人所得税实际税负超过15%的部分，予以免征。享受此项优惠政策的所得包括来源于海南自由贸易港的综合所得（包括工资薪金、劳务报酬、稿酬、特许权使用费四项所得）、经营所得以及经海南省认定的人才补贴性所得。

议一议：

【政策依据】

《财政部 税务总局关于海南自由贸易港高端紧缺人才个人所得税政策的通知》（财税〔2020〕32号）

想一想：

【政策依据】

- 个体工商户是否和公司一样必须要办理银行开户？
- 个体工商户银行开户的流程和公司银行开户的流程是否一致？

活动评价：

结合自己在操作过程中的实际完成情况评分，如表 2－12 所示。

表 2－12 活动评价表

评分项目（10 分）		得分
知识评价	1. 是否能够表述匹配方案中各税种的政策依据（2 分）	
	2. 是否能够表述匹配方案时的注意事项（2 分）	
技能评价	1. 是否会根据企业的行业性质做出相应的匹配方案（2 分）	
	2. 是否会搜索相关税收网站查阅政策法规（2 分）	
素养评价	1. 是否具有良好的服务意识（1 分）	
	2. 是否具有法律风险防范意识（1 分）	
小　计		

活动拓展：

小组内通过角色扮演为不同行业的客户匹配并普及税收优惠政策。

活动升华：

结合全国疫情情况，通过搜索资料等方式，了解餐饮行业的税收优惠政策。

活动 2.2.2　解决客户疑惑

活动要求：

根据客户提出的问题，结合法律法规做出答复。

活动准备：

1. 关注国家税务总局网站
2. 关注国家税务总局海南税务局网站
3. 关注海南自由贸易港网站

活动实施：

案例一：

客户：小云，我近期收到税务局的短信通知，让我做个人所得税的汇算清缴，据我了解，身边有些朋友没有收到这条短信通信，哪些人不需要做个人所得税汇算清缴呢？

答复：纳税人在纳税年度内已依法预缴个人所得税且符合下列情形之一的，无需办理年度汇算：

①年度汇算需补税但综合所得收入全年不超过 12 万元的；

②年度汇算需补税金额不超过 400 元的；

③已预缴税额与年度汇算应纳税额一致的；

④符合年度汇算退税条件但不申请退税的。

案例二：

客户：小云，我们公司是小规模纳税人，这个月转让了一项专利技术，按规定享受技术转让相关免税政策。那我公司在确认小规模纳税人免税政策的销售额时，是否计算转让专利技术的销售额？

答复：根据现行政策规定，纳税人以所有增值税应税销售行为（包括销售货物、劳务、服务、无形资产和不动产）合并计算销售额，判断是否达到免税标准。因此，计算销售额时应包括转让专利技术等免税销售额。

案例三：

客户：小云，现在大家都知道，海南自由贸易港鼓励类企业名录内企业所得税减按 15% 税率征收外，那海南自贸港除了对鼓励类产业企业减按 15% 的税率征收外，还有哪些企业所得税优惠政策呢？

答复：简单来说，还包括这两个方面：（1）对符合条件的企业新增境外直接投资取得的所得免征企业所得税；（2）对企业符合条件的资本性支出可一次性税前扣除或加速折旧摊销。政策自 2020 年 1 月 1 日起执行至 2024 年 12 月 31 日。

案例四：

客户：小云，我听说海南自贸港买进口车可以免税，这是真的吗？

答复：根据《财政部 海关总署 税务总局关于海南自由贸易港交通工具及游艇“零关税”政策的通知》（财关税〔2020〕54 号）文件规定：全岛封关运作前，对海南自由贸易港注册登记并具有独立法人资格，从事交通运输、旅游业的企业（航空企业须以海南自由贸易港为主营运基地），进口用于交通运输、旅游业的船舶、航空器、车辆等营运用交通工具及游艇，免征进口关税、进口环节增值税和消费税。

符合享受政策条件的企业名单，由海南省交通运输、文化旅游、市场监管、海事及民航中南地区管理局等主管部门会同海南省财政厅、海口海关、国家税务总局海南省税务局参照海南自由贸易港鼓励类产业目录中交通运输、旅游业相关产业条目确定，动态调整。

活动评价：

结合自己在操作过程中的实际完成情况评分，如表 2-13 所示。

表 2-13　活动评价表

评分项目（10 分）		得分
知识评价	1. 是否能够根据客户提出的问题表述相关的政策法规（2 分）	
技能评价	1. 是否会根据客户提出的问题，搜索相关网站查找资料（2 分）	
	2. 是否会收集与整理相关的政策法规，解决客户的疑惑（3 分）	
素养评价	1. 是否具有良好的服务意识（1 分）	
	2. 是否具有法律风险防范意识（1 分）	
	3. 是否具有谨慎细致的工作态度（1 分）	
小　计		

活动拓展:

小组内通过角色扮演完成给客户答疑解惑的活动任务。

活动升华:

想一想:

海口新业公司是一家新设立的企业，自办理税务登记至认定或登记为一般纳税人期间，外购设备取得了增值税专用发票，请问是否可以抵扣增值税进项税额?

活动 2.2.3 提供财税方案

活动要求:

吴总已经经营公司一年，觉得税负过高，现委托海口博亿代理记账有限公司根据公司情况，制定合理的财税方案。

活动准备:

1. 关注国家税务总局网站
2. 关注国家税务总局海南税务局网站
3. 关注海南自由贸易港网站

活动实施:

案例一 销售货物的同时又提供了安装服务，要怎样做方案呢?

根据税法规定，如果一项销售行为既涉及货物又涉及服务则为混合销售，需要按照销售货物缴纳增值税，举一个例子：假设我们销售一个机器的同时负责安装，不含税的金额合计120万元，其中20万元是安装费，这种情况下我们就需要缴纳增值税15.6万元（120×13%）。如果我们将安装业务剥离出来单独成立一个小规模公司，此时销售货物需要缴纳的增值税是13万元（100×13%），安装业务需要缴纳的增值税是0.6万元（20×3%），合计缴纳增值税13.6万元。和筹划前相比，节省了2万元的税收成本。

案例二 合理拆分业务，税负下降一半

作为一般纳税人，在经营过程中，会遇到无法取得发票的情况，因为缺少进项，就会导致多交很多增值税，这时候，我们千万不要去虚开或者购买发票，这些都是违法的。那要怎样才能合理合法降低税负呢?

我们可以将公司业务一分为二，将无法取得进项税发票的业务放在小规模的公司里去，举个例子：假设公司销售收入1 000万元，成本800万元，其中400万元无法取得发票，假设增值税税率13%，我们要交的税是78万元（1 000×13% －400×13%）。经过业务拆分：①一般纳税人公司缴纳增值税13万元（500×13% －400×13%）；②小规模纳税人公司缴纳增值税15万元（500×3%）；③筹划拆分之后，合计缴纳增值税税款28万元，税额大幅度下降（节省了50万元）。

活动评价：

结合自己在操作过程中的实际完成情况评分，如表 2 - 14 所示。

表 2 - 14　　活动评价表

评分项目（10 分）		得分
知识评价	1. 是否能够根据公司经营情况表述税负筹划方案（2 分）	
技能评价	1. 是否会发现客户经营中存在的问题，搜索相关网站查找资料（2 分）	
	2. 是否会根据相关的政策法规，制定出合理的税负筹划方案（3 分）	
素养评价	1. 是否具有良好的服务意识（1 分）	
	2. 是否具有法律风险防范意识（1 分）	
	3. 是否具有谨慎细致的工作态度（1 分）	
小　计		

活动拓展：

小组内通过角色扮演为客户制定财税方案。

活动升华：

议一议：

海南自由贸易港吸引众多人才落户海南，河南张津师年收入在 100 万元，如何给他制定一套财税方案，实现少缴个人所得税款。

实战演练

一、单项选择题

1. 审核原始凭证所反映的经济业务是否同实际情况相符合，是对原始凭证（　　）的审核。

A. 合规性　　B. 真实性

C. 完整性　　D. 准确性

2. 风险评估的最终目的是（　　）。

A. 数据整合　　B. 找到问题

C. 问题预警　　D. 解决问题

3. 小型微利企业年利润不超过 100 万元的部分，按（　　）计算缴纳企业所得税。

A. 10%　　B. 2.5%　　C. 2%　　D. 11%

4. 自2022年4月1日至2022年12月31日，增值税小规模纳税人适用（　　）征收率的应税销售收入，免征增值税。

A. 3%　　B. 5%　　C. 6%　　D. 2%

5. 小型微利企业年应纳税所得额超过100万元但不超过300万元的部分，按（　　）计算缴纳企业所得税。

A. 11%　　B. 2.5%　　C. 2%　　D. 10%

二、多项选择题

1. 财税风险评估包括原始数据的整合以及（　　）。

A. 风险指标的设定　　B. 风险预警的提示

C. 风险来源的核查　　D. 风险报告的生成

2. 原始凭证的审核包括（　　）。

A. 合规性审核　　B. 真实性审核

C. 完整性审核　　D. 准确性审核

3. 小型微利企业必须同时符合的条件有（　　）。

A. 从事国家非限制和禁止行业　　B. 年度利润不超过300万元

C. 从业人数不超过300人　　D. 资产总额不超过5 000万元

4. 下列各项中，在纳税年度内已依法预缴个人所得税的纳税人，符合不予办理年度汇算的情形有（　　）。

A. 年度汇算需补税但综合所得收入全年不超过12万元的

B. 年度汇算需补税金额超过400元的

C. 已预缴税额与年度汇算应纳税额一致的

D. 符合年度汇算退税条件但不申请退税的

5. 对在海南自由贸易港工作的高端人才和紧缺人才，其个人所得税实际税负超过15%的部分，予以免征。享受此项优惠政策、来源于海南自由贸易港的综合所得，包括（　　）。

A. 工资薪金　　B. 劳务报酬

C. 稿酬　　D. 特许权使用费

三、判断题

1. 报销票据如有增值税专用发票，应该将发票联和抵扣联一起粘贴到粘贴单上，便于审核。（　　）

2. 对于真实、合规但填写有错误的原始凭证，会计人员应退回给经办人员，要求经办人进行更正。（　　）

3. 对在海南自由贸易港工作的高端人才和紧缺人才，其个人所得税实际税负超过20%的部分，予以免征。（　　）

4. 海南自由贸易港鼓励类企业名录内企业所得税减按15%税率征收。（　　）

5. 对于不真实、不合规的原始凭证，会计人员应不予办理。（　　）

实战演练答案：

一、单项选择题

1. B 2. D 3. B 4. A 5. D

二、多项选择题

1. ABCD 2. ABCD 3. ABCD 4. ACD 5. ABCD

三、判断题

1. × 2. √ 3. × 4. √ 5. √

项目3
3 税务事务代理

思政导入：

有位秀才第三次进京赶考，住在一个经常住的店里。

考试前两天他做了两个梦，第一个梦是梦到自己在墙上种白菜，第二个梦是下雨天，他戴了斗笠还打伞。

这两个梦似乎有些深意，秀才第二天就赶紧去找算命的解梦。算命的一听，连拍大腿说："你还是回家吧。你想想，高墙上种菜不是白费劲吗？戴斗笠打雨伞不是多此一举吗？"

秀才一听，心灰意冷，回店收拾包袱准备回家。

店老板非常奇怪，问："不是明天才考试吗，今天你怎么就回乡了？"

秀才如此这般说了一番，店老板乐了："哟，我也会解梦的。我倒觉得，你这次一定要留下来。你想想，墙上种菜不是高种吗？戴斗笠打伞不是说明你这次有备无患吗？"

秀才一听，更有道理，于是精神振奋地参加考试，最后中了个探花。

思政启示：

积极的人，像太阳，照到哪里哪里亮；消极的人，像月亮，初一十五不一样。想法决定我们的生活，有什么样的想法，就有什么样的未来。

名人名言：

人生诚然有许多烦恼，但在满怀信心，意志坚定的人看来，无难不可摧，乐观努力，就是秘诀。

——彭歌

知识目标：

1. 能够表述发票代理、申报纳税、其他涉税事项的平台操作流程
2. 能够准备发票代理、申报纳税、其他涉税事项的资料
3. 能够了解发票代理、申报纳税、其他涉税事项的相关法律法规

技能目标：

1. 会通过相关网站查阅现行税收政策并搜集资料
2. 会使用发票开票系统、国家税务总局申报系统
3. 会咨询税务局等部门工作人员解决问题

思政目标：

1. 培养良好的服务意识、守法意识
2. 培养谨慎细致的工作态度
3. 培养工作的敏感度、时效性

思维导图：

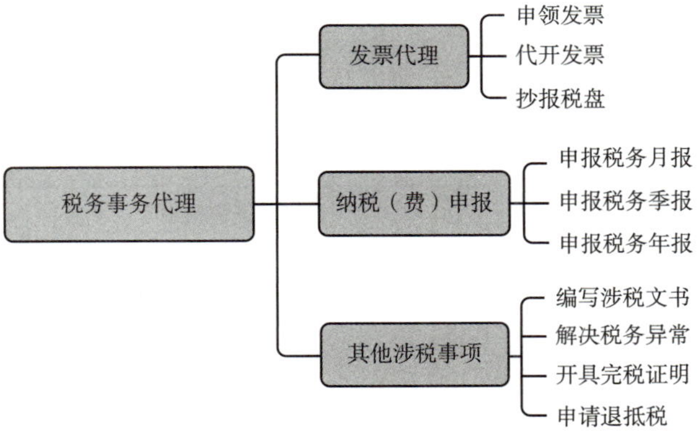

任务 3.1 发票代理

3.1 发票代理动画

任务情境：

中共中央、国务院强调在海南建设自由贸易港，吸引越来越多的企业进驻海南，现有一客户已在海口成功注册公司并已完成相关登记手续，现委托海口博亿代理记账有限公司代理税务申报及发票管理服务，资料如表 3－1、表 3－2 所示。

表 3－1　　公司税务登记信息表

纳税人识别号	91460000 ******** 5X
纳税人名称	海南海口智博贸易有限责任公司
生产经营地址	海南省海口市 ************ 1005 房
登记日期	2021－12－01
登记注册类型	其他有限责任公司
行业类别	贸易代理
经营范围	货物进出口、养老服务及护理、健康管理服务、医疗保健服务、健康咨询、酒店管理，餐饮服务，烟草制品零售
法定代表人姓名	谢 * 新
法定代表人证件名称	居民身份证
法定代表人证件号码	510 *********** 4912
法定代表人移动电话	199 **** 6666
财务负责人姓名	许 * 兵
财务负责人证件名称	居民身份证
财务负责人证件号码	35 *********** 0501
财务负责人移动电话	138 **** 1155
办税人姓名	张 * 雨
办税人证件名称	居民身份证
办税人证件号码	36 *********** 6538
办税人移动电话	186 **** 666

表 3－2　　税（费）种认定信息表

征收品目名称	征收品目名称	认定有效期起	认定有效期止	纳税期限名称	税率或单位税额	征收率	扣缴税款标志
企业所得税	应纳税所得额	2021－12－01	9999－12－31	季	0.25	0	自行申报
增值税	经纪代理服务（6%、3%）	2021－12－01	9999－12－31	季	0.06	0.03	自行申报
其他收入	工会筹备金	2021－12－01	9999－12－31	月	0.02	0	自行申报
地方教育附加	增值税地方教育附加	2021－12－01	9999－12－31	季	0.02	0	自行申报
城市维护建设税	县城、镇（增值税附征）	2021－12－01	9999－12－31	季	0.05	0	自行申报
教育费附加	增值税教育费附加	2021－12－01	9999－12－31	季	0.03	0	自行申报
个人所得税	工资薪金所得	2021－12－01	9999－12－31	月	0.10	0	代扣代缴

活动3.1.1 申领发票

思政小贴士：

仔细查阅法律法规，一定要做到知法守法哦！

活动要求：

根据客户的业务需求判断客户需要申领的发票种类，使用国家税务总局电子税务局完成发票申领并领取发票。

活动准备：

一、代理发票

查看《中华人民共和国发票管理办法》，熟悉发票的领用、发票使用的相关规定及要求。详细内容扫“二维码”查看。

3.2 中华人民共和国发票管理办法

二、申报纳税

查看《中华人民共和国税收征收管理法》《中华人民共和国企业所得税法》《个人所得税扣缴申报管理办法》《中华人民共和国海南自由贸易港法》等相关政策法规，熟悉公司申报纳税相关征管要求。

查看《海南省基层工会经费收支管理办法》，了解工会经费的缴费标准、缴费依据、税前扣除相关规定及要求。

3.3 中华人民共和国税收征收管理法

3.4 中华人民共和国企业所得税法

3.5 个人所得税扣缴申报管理办法

3.6 中华人民共和国海南自由贸易港法

3.7 海南省基层工会经费收支管理办法

活动实施：

以海南为例，国家推行网上办税政策后，新注册企业可以登录“国家税务总局海南省电子税务局”（以下简称电子税务局）办理申领发票事项。申领发票有两种方式：一是在国家税务总局电子税务局线上申请，邮寄到注册地址；二是领票人实名登记，在税务发票领取机处自助领取。

一、登录电子税务局

以海南为例，国家推行网上办税政策后，用户在互联网登录“国家税务总局海南省税务局”（以下简称电子税务局）官方网站，在网站主页下方单击“海南省电子税务局”图标进入，如图 3－1 所示。

图 3－1 “国家税务总局海南省税务局”|“海南省电子税务局”

第一步：在网页的右上角单击“登录”按钮，进入登录页面，如图 3－2 所示。

图 3－2 “海南省电子税务局”|“登录”

第二步：在“用户名登录”界面，依次录入纳税人识别码、密码、验证码。在首次税务登记后，税务系统会以短信的方式将初始密码发送至法人登记手机号码上，如图 3－3 所示。

第三步：如实填写相关信息后，点击下方“登录”，出现办税人员验证页面，办税人员选择自动带出已进行实名认证的法人、财务负责人、办税员、实名办税，如图 3－4 所示。

第四步：选定人员后，出现办税人员验证界面，有三种验证登录方式，第一种是使用手机扫描二维码来验证登录，打开手机微信进行扫码，认证成功后即可登录，如图 3－5 所示。

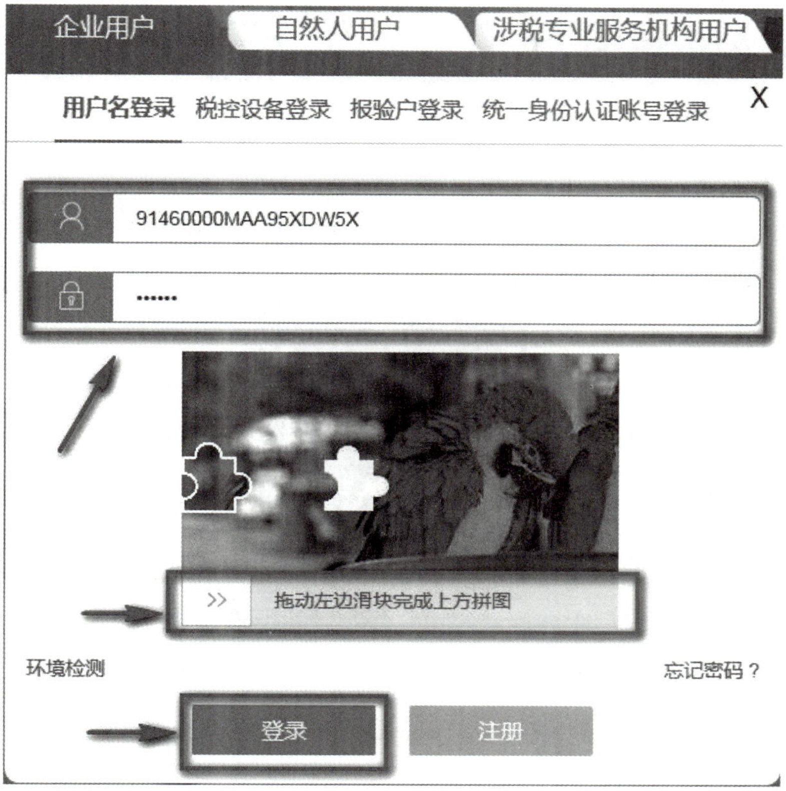

图3－3 “海南省电子税务局”|“登录”

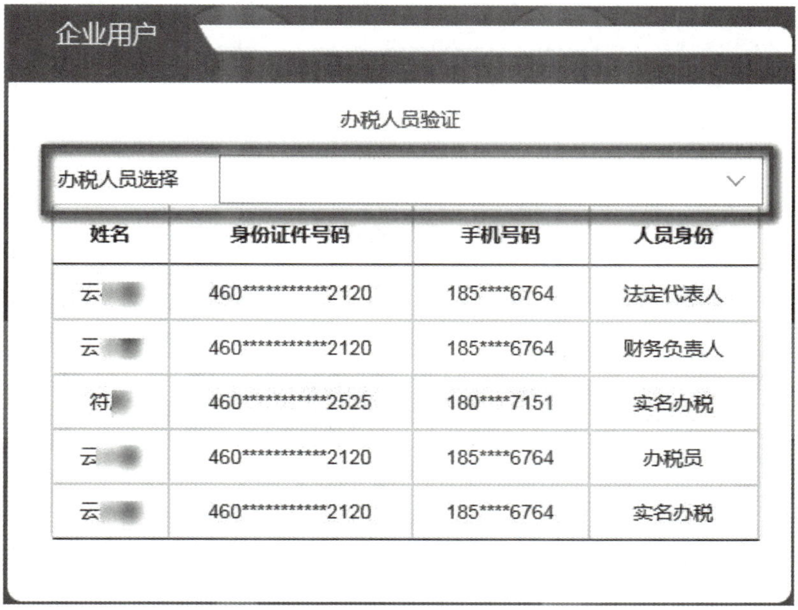

姓名	身份证件号码	手机号码	人员身份
云[redacted]	460***********2120	185****6764	法定代表人
云[redacted]	460***********2120	185****6764	财务负责人
符[redacted]	460***********2525	180****7151	实名办税
云[redacted]	460***********2120	185****6764	办税员
云[redacted]	460***********2120	185****6764	实名办税

图3－4 “海南省电子税务局”|“办税人员验证”

图 3－5 “海南省电子税务局”|“二维码验证登录”

第二种验证登录方式是手机短信验证码登录，点击“获取验证码”，办税人员实名登记时填写的手机号会收到验证码短信，填写完毕即可登录，如图 3－6 所示。

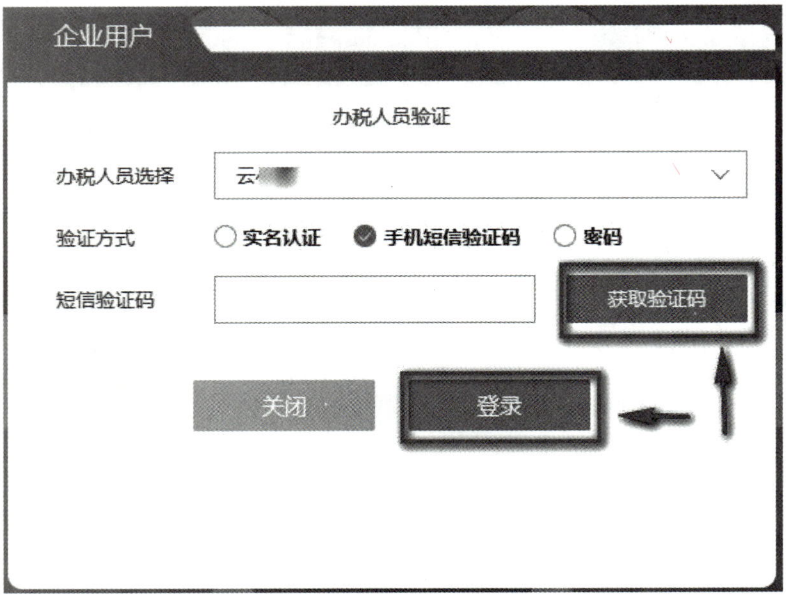

图 3－6 “海南省电子税务局”|“手机短信验证码登录”

第三种验证登录方式是密码登录，输入密码处会提示“自然人用户登录密码”，此密码就是个人在“个人所得税”APP 注册登记的登录密码，输入即可登录，填写完毕后即可登录，如图 3－7 所示。

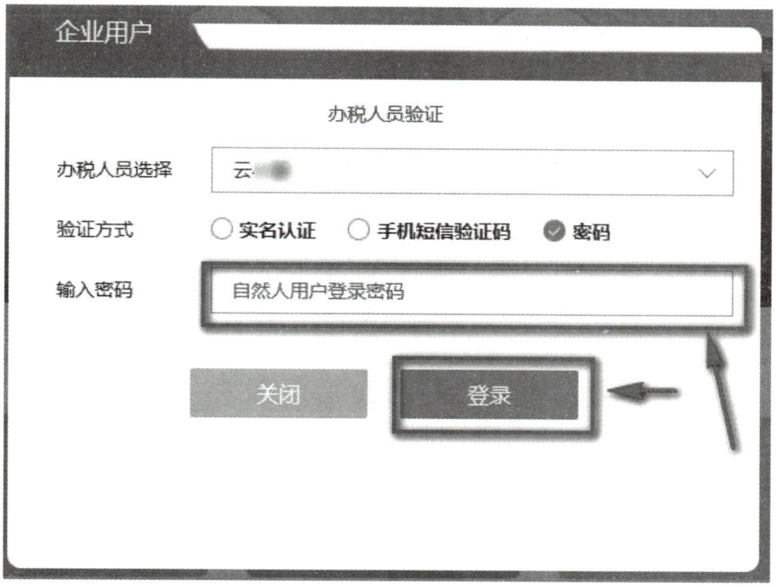

图 3－7　“海南省电子税务局”|“密码验证登录”

二、发票领用

第一步：在电子税务局主页“我要办税”界面中点击“发票使用”→“发票领用”→“在线办理”。

第二步：在“在线办理”界面，跳转出“实名认证”信息确认提示框，确认四项信息无误后，点击“下一步”，如图 3－8 所示。

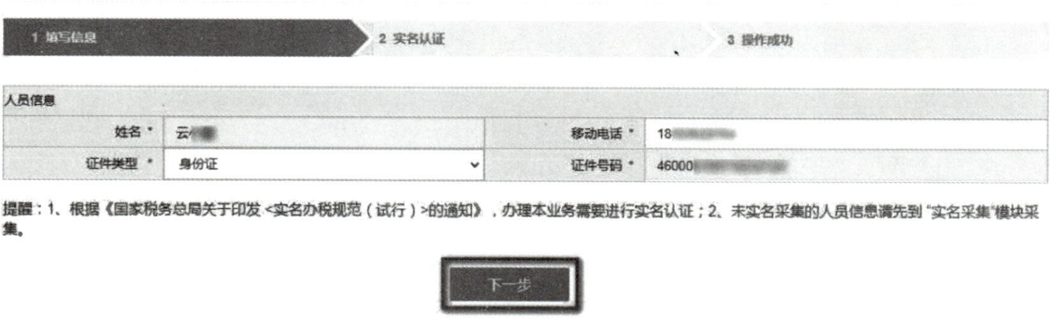

图 3－8　“发票使用”|“实名认证”

第三步：办税员使用本人实名微信对二维码进行扫码认证，认证结束出现“验证成功”字样，点击“下一步”，跳转到“网上发票验旧领新申请”界面，如图 3－9 所示。

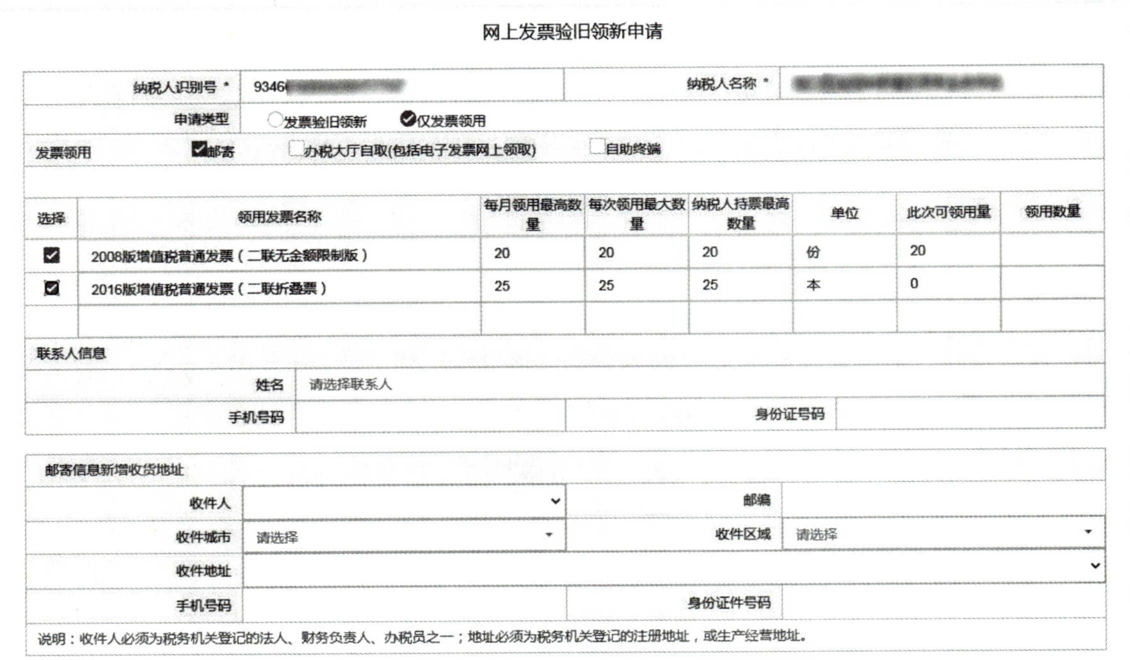

图 3－9 “发票使用”|“发票验旧领新”

第四步：已做过票种核定的纳税人进入该模块后，纳税人基本信息系统会自动取数，无需纳税人进行填写，对其中不全的信息进行补充。企业可按实际需要选择“发票验旧领新”或“仅发票领用”的申请类型。

第五步：选择领票方式。领用发票的方式有三种：邮寄、办税大厅自取、自助终端。

发票领用方式选择“邮寄”，系统弹出邮寄信息填写（包括收件人、身份证号码、手机号码、收件地址、邮编），其中收件人必须为税务机关登记的法人、财务负责人、办税员之一；地址必须为税务机关登记的注册地址，或生产经营地址及税务局维护的地址，如图 3－10 所示。

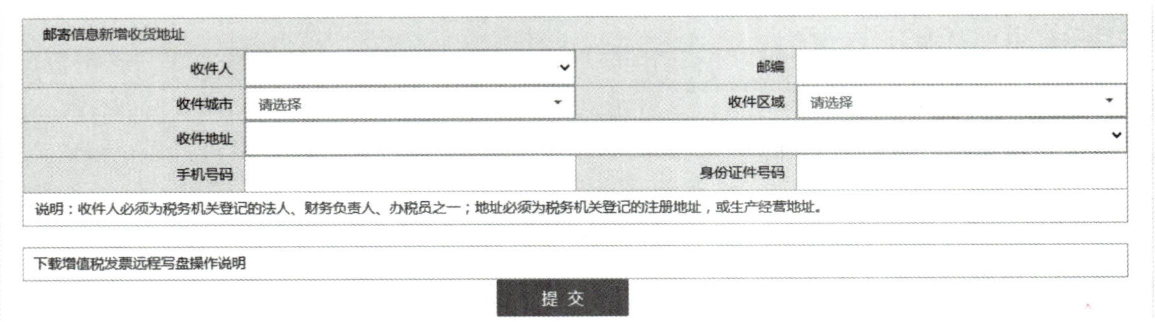

图 3－10 邮寄信息填写界面

发票领用方式选择“办税大厅自取”，系统自动显示受理机关及所属机关的各个办税服务厅供纳税人按就近原则选择。同时，系统自动带出该企业已进行实名制认证且授权办税的人员名单（如法定代表人、财务负责人、办税员等），如图 3－11 所示。

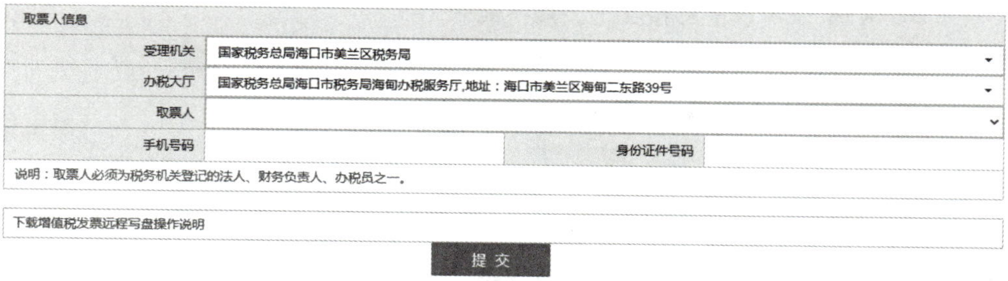

图 3－11　取票人信息界面

第六步：确认信息无误后，点击“提交”按钮，系统跳出“是否提交发票领用申请!”确认提示框，点击“确定”。

第七步：系统跳出提示“验证成功”提示框，点击“确定”后，可打印申请表，取票人员持有效身份证件和网上发票验旧领新申请表到办税服务厅领取发票。

温馨提示：

每个月需要报税清卡后，才能领用发票。

活动评价：

结合自己在操作过程中的实际完成情况评分，如表 3－3 所示。

表 3－3　活动评价表

评分项目（10 分）		得分
知识评价	1. 是否能够表述申领发票的流程（1 分）	
	2. 是否能够准备申领发票的资料（1 分）	
	3. 是否了解申领发票的相关法律法规（1 分）	
技能评价	1. 是否会查阅申领发票的相关网站并搜集资料（1 分）	
	2. 是否会登录电子税务局办理申领发票事项（2 分）	
	3. 是否会咨询税务局工作人员解决问题（1 分）	
素养评价	1. 是否具有良好的责任意识（1 分）	
	2. 是否具有守法合规意识（1 分）	
	3. 是否具有谨慎细致的工作态度（1 分）	
小　计		

活动拓展：

扫描右侧二维码，登录中联仿真系统，完成发票开具。

3.8　发票开具

活动升华：

想一想：

税盘和 UKEY 没有清卡的情况下，能不能领取发票？

活动 3.1.2 代开发票

活动要求：

根据客户需求，在电子税务局平台完成发票代开工作。

思政小贴士：

仔细查阅使用规定，要做到合法合规哦！

活动准备：

在中华人民共和国境内印制、领购、开具、取得、保管、缴销发票的单位和个人（以下称印制、使用发票的单位和个人），必须遵守《中华人民共和国发票管理办法》。

需要领购发票的单位和个人，应当持税务登记证件、经办人身份证明、按照国务院税务主管部门规定式样制作的发票专用章的印模，向主管税务机关办理发票领购手续。主管税务机关根据领购单位和个人的经营范围和规模，确认领购发票的种类、数量以及领购方式，在 5 个工作日内发给领购方发票领购簿。

单位和个人领购发票时，应当按照税务机关的规定报告发票使用情况，税务机关应当按照规定进行查验。

开具发票的单位和个人应当建立发票使用登记制度，设置发票登记簿，并定期向主管税务机关报告发票使用情况。

开具发票的单位和个人应当在办理变更或者注销税务登记的同时，办理发票和发票领购簿的变更、缴销手续。

开具发票的单位和个人应当按照税务机关的规定存放和保管发票，不得擅自损毁。已经开具的发票存根联和发票登记簿，应当保存 5 年。保存期满，报经税务机关查验后销毁。

活动实施：

第一步：在电子税务局中的操作路径：“我要办税”→“发票使用”→“发票代开”→“代开增值税专用发票”。

第二步：在“代开增值税专用发票”界面，填写申请表。申请表中需要填写的项目包括：代开发票种类、征收品目、购买方信息、销售方信息、销货信息，如图 3－12 所示。

第三步：申请表填写完毕，检查信息无误后，点击“提交”，系统跳出“本次需要缴纳税款明细”提示框，如图 3－13 所示。

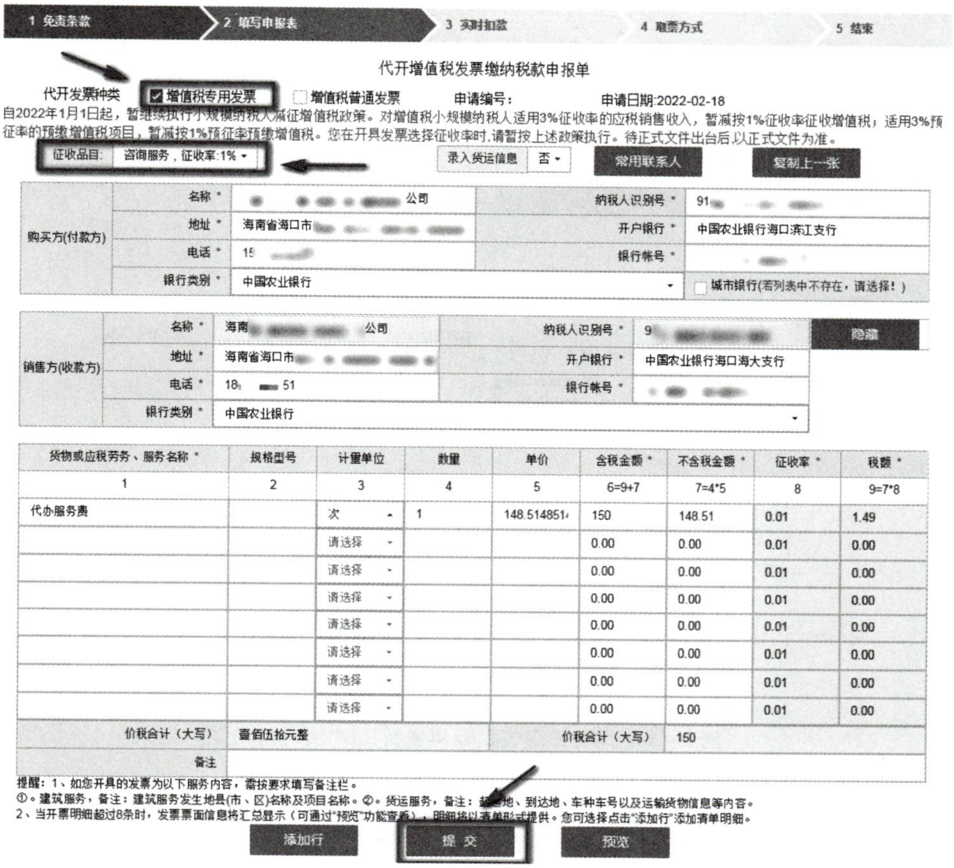

图 3－12　“发票代开”|“代开增值税专用发票”

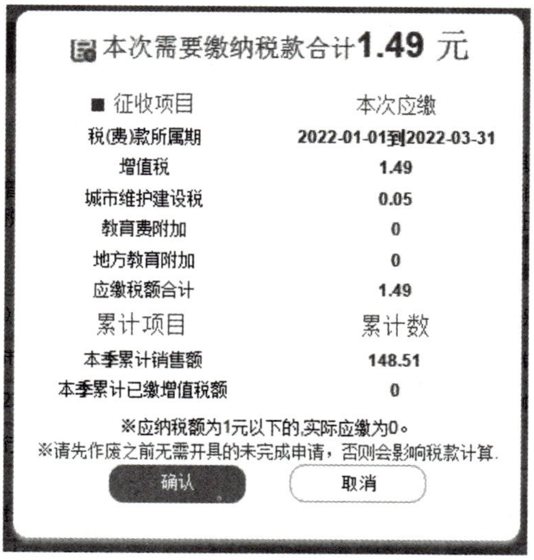

图 3－13　“发票代开”|“代开增值税专用发票”

第四步：点击“确认”按钮，系统跳出“提交成功”提示框，点击“确定”按钮，系统跳转到“实时扣税”界面，核对开票信息（购买方、销售方基本信息、开票金额、税额）无误后，即可进行纳税扣款，支付税款时选择“TIPS 扣款”，如图 3－14 所示。

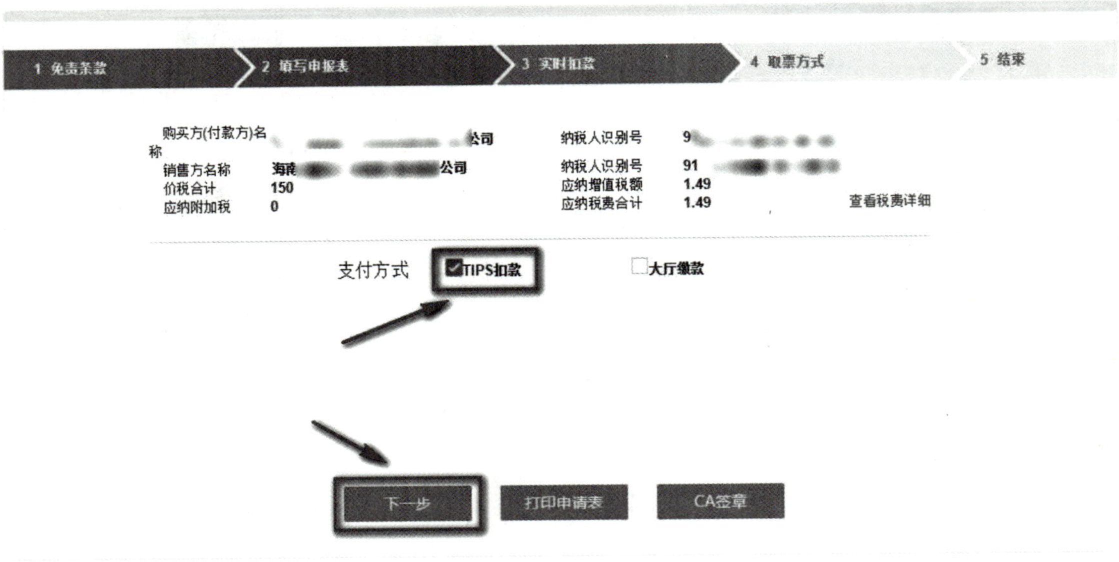

图 3－14 “代开增值税专用发票”|“实时扣税”

第五步：点击“下一步”，系统跳出“请再次确认申请信息无误，扣款后不能作废申请表”确认提示框，点击“确定”按钮，系统跳出“扣款成功”提示框，点击“确定”按钮，系统跳转到“取票方式”界面。

温馨提示：

支付税款有 TIPS 扣款和大厅缴款两种方式。

1. TIPS 扣款：该方式下，系统将从已经绑定的公司账户信息直接扣款。

2. 大厅缴款：该方式下，申请流程结束后，申请人需带着资料（代开申请表、盖有公章的营业执照副本复印件、银联卡）到现场取号缴款并打印发票。

扣款后，代开发票申请不能作废，需要到大厅打印出来，再取号到办税大厅柜台，人工进行代开发票冲红作废。

第六步：在“取票方式”界面，如果选择“邮寄”，系统弹出邮寄信息填写界面。在填写收件信息时，收件人必须为税务机关登记的法人、财务负责人、办税员之一；收件地址必须为税务机关登记的注册地址、生产经营地址或税务局维护的地址之一，如图 3－15 所示。

如果选择“税务大厅取票”，系统自动显示受理机关及所属机关的各个办税服务厅供纳税人选择。同时，系统自动带出该企业已进行实名制认证且授权办税的人员名单（如法定代表人、财务负责人、办税员等），确认信息无误后，点击“下一步”按钮，如图 3－16 所示。

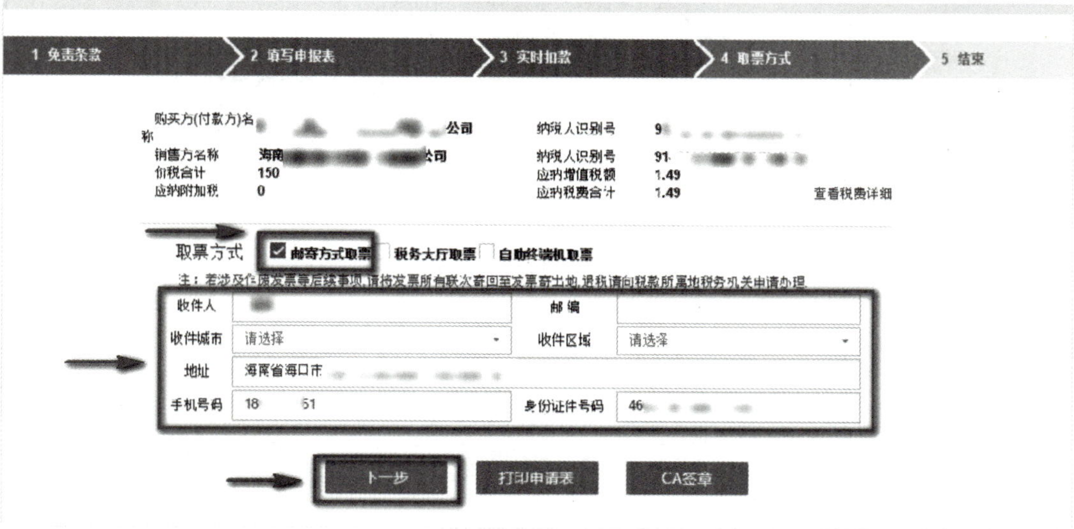

图3－15 “取票方式”|“邮寄”

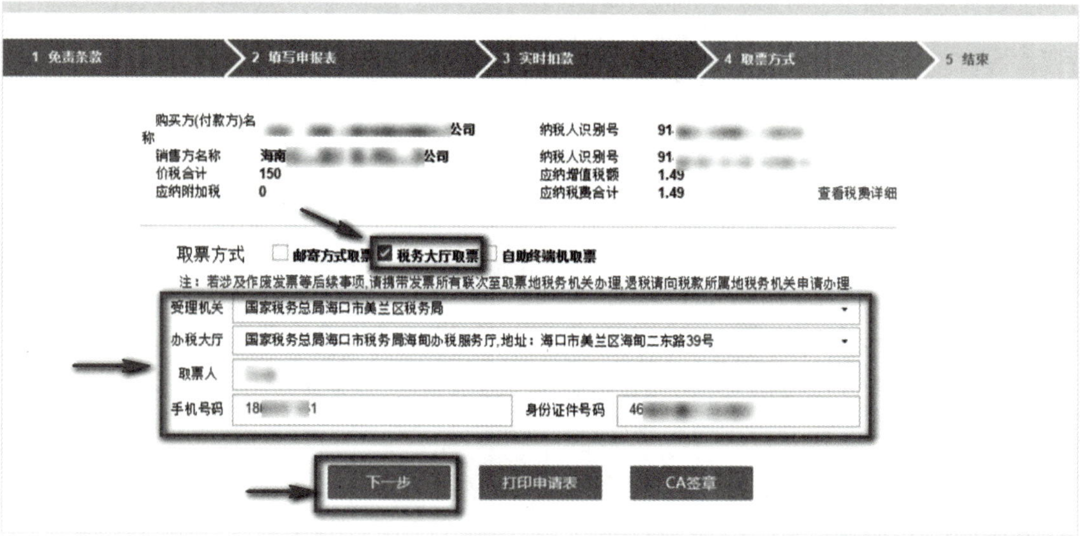

图3－16 “取票方式”|“税务大厅取票”

如果选择“自助终端机取票”，系统跳出“取票方式设置成功”确认提示框，随后，可带上实名领票人的身份证原件到税务自助终端机进行发票自助打印。

点击“确定”按钮，代开发票流程结束，可点击“打印申请表”进行纸质资料留存，如图3－17所示。

代开增值税发票缴纳税款申报单

申请编号：

购买方	名称 *	[redacted]	纳税人识别号 *	91[redacted]
	地址	海南省海口市[redacted]	开户银行	中国农业银行海口滨江
	电话	15[redacted]23	银行账号	[redacted]
	银行类别	中国农业银行		

销售方	名称 *	海南[redacted]	纳税人识别号 *	91[redacted]
	地址 *	海南省海口市[redacted]	开户银行 *	中国农业银行海口海大
	电话 *	18[redacted]51	银行账号 *	[redacted]
	银行类别 *	中国农业银行		

货物或应税劳务、服务名称	规格型号	计量型号	数量	单价	含税金额	不含税金额	征收率	税额
1	2	3	4	5	6=9+7	7=4*5	8	9=7*8
代办服务费		次	1	148.5	150	148.5	0.01	1.49
价税合计（大写）	壹佰伍拾元整			价税合计（大写）	150			
备注								

图 3－17 “发票代开”|“代开增值税专用发票”

活动评价：

结合自己在操作过程中的实际完成情况评分，如表 3－4 所示。

表 3－4 活动评价表

评分项目（10 分）		得分
知识评价	1. 是否能够表述自开发票的流程（1 分）	
	2. 是否能够准备自开发票的资料（1 分）	
	3. 是否了解申领发票相关的法律法规（1 分）	
技能评价	1. 是否会查阅自开发票的相关网站并搜集资料（1 分）	
	2. 是否会登录电子税务局办理自开发票事项（2 分）	
	3. 是否会咨询税务局工作人员解决问题（1 分）	

续表

评分项目（10 分）		得分
素养评价	1. 是否具有良好的责任意识（1 分）	
	2. 是否具有政策法规、法律意识（1 分）	
	3. 是否具有谨慎细致的工作态度（1 分）	
小　计		

活动拓展:

扫描右侧二维码，登录中联仿真系统，完成电子税务局代开发票。

3.9　代开发票

活动升华:

议一议：

取票人设置办税员取票，临时换成法人到现场能不能成功取票？

活动 3.1.3　抄报税盘

活动要求:

完成每月报税前，汇总上传抄报及报完税后清卡工作。

思政小贴士：

仔细查阅使用规定，要做到合法合规哦！

活动准备:

纳税人、扣缴义务人按照法律、行政法规规定或者税务机关依照法律、行政法规的规定确定的期限，缴纳或者解缴税款。

纳税人因有特殊困难，不能按期缴纳税款的，经省、自治区、直辖市主管税务机关批准，可以延期缴纳税款，但是最长不得超过三个月。

活动实施:

纳税人应在每月的征收期内完成发票汇总上传。纳税人在每月首次登录增值税发票开票软件（税务 UKey 版）且系统处于互联网连接状态时，系统会自动完成发票汇总上传操作。

如果因网络原因自动上传未成功，纳税人可以点击“数据管理”→“数据处理”→“汇总上传”，或者在开票软件首页的导航窗口中，点击“汇总上传”图标，对所需上报汇总的发票进行汇总上传，如图 3－18 所示。

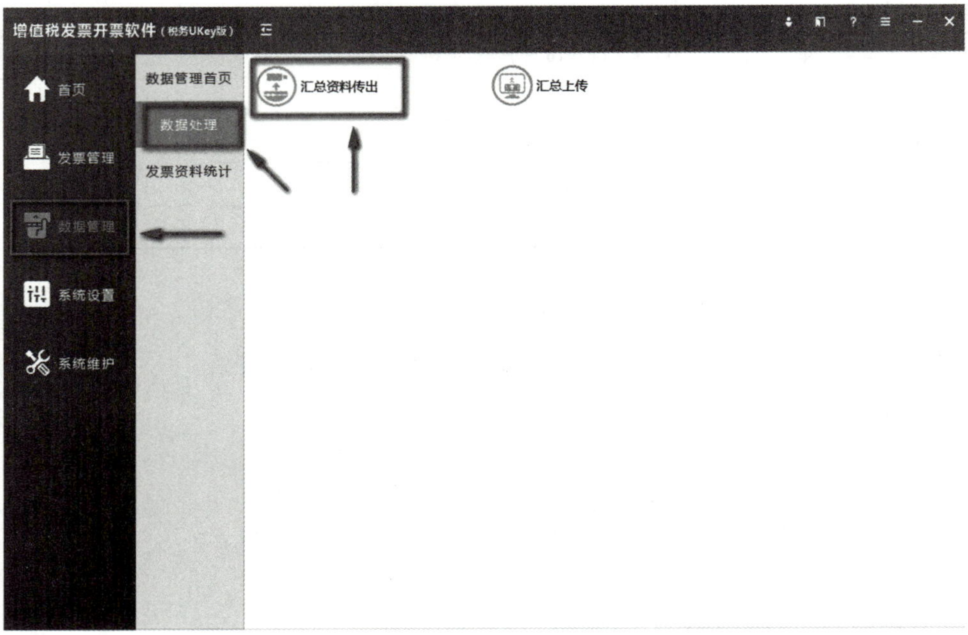

图 3-18 “数据处理”|“汇总上传”

对于按月申报缴纳增值税的纳税人，每月申报成功且通过一窗式比对后，纳税人点击“数据管理” → “数据处理”→“反写监控”，进行反写操作后即可开具下个月的增值税发票。

对于按季申报缴纳增值税的纳税人，每季度首月申报成功，且通过一窗式比对后，纳税人点击“数据管理”→“数据处理”→“反写监控”，进行反写操作后即可继续开具下个月的增值税发票。其余月份可以直接点击“数据管理”→“数据处理”→“反写监控”，进行反写操作。

活动评价：

结合自己在操作过程中的实际完成情况评分，如表 3-5 所示。

表 3-5 活动评价表

评分项目（10 分）		得分
知识评价	1. 是否能够表述抄报税盘的流程（1 分）	
	2. 是否能够准备抄报税盘的资料（1 分）	
	3. 是否了解抄报税盘的相关法律法规（1 分）	
技能评价	1. 是否会查阅抄报税盘票的相关网站并搜集资料（1 分）	
	2. 是否会登录电子税务局办理申领发票事项（2 分）	
	3. 是否会咨询税务局工作人员解决问题（1 分）	
素养评价	1. 是否具有良好的责任意识（1 分）	
	2. 是否具有守法合规意识（1 分）	
	3. 是否具有谨慎细致的工作态度（1 分）	
小　计		

活动拓展：

扫描右侧二维码，熟悉 IC 卡抄报税全流程及相关操作。

3.10　抄报税全流程

活动升华：

议一议：

过了报税期，没有及时上报汇总，UKEY 被锁死了，要如何处理？

任务 3.2
纳税（费）申报

3.11　申报纳税（费）动画

任务情境：

客户委托海口博亿代理记账有限公司代理税务申报及发票管理服务后，进行了代理会计服务日常工作，已完成第一个月（季）度的会计服务工作，接下来需要整理票据，根据票据数据进行企业的申报纳税。

活动 3.2.1　申报税务月报

思政小贴士：

仔细查阅使用规定，要做到合法合规哦！

活动要求：

根据公司每月的经营状况，在电子税务局平台完成工会经费、个人所得税的税务申报工作。

活动准备：

个人所得税的税务申报通过“自然人税收管理系统扣缴客户端”系统进行代扣代缴。

“自然人税收管理系统扣缴客户端”，用于扣缴义务人为个人代扣代缴个人所得税。按照相关法律规定，为个人代扣代缴税款时需要明细申报，即申报的税款必须具体到每个人。

因此，在进行个税申报前，需要把人员信息添加到软件中，再进行人员信息报送。需要添加的人员主要是本单位的在职员工。需要申报个税的所得通常是工资薪金、年终奖等，当然也包括劳务报酬、稿酬所得等其他所得的个税扣缴。

活动实施：

一、工会经费

第一步：在电子税务局中依次点击“我要办税”→“税费申报及缴纳”→“常规申报”→

“通用申报表（工会经费）”，如图3－19所示。

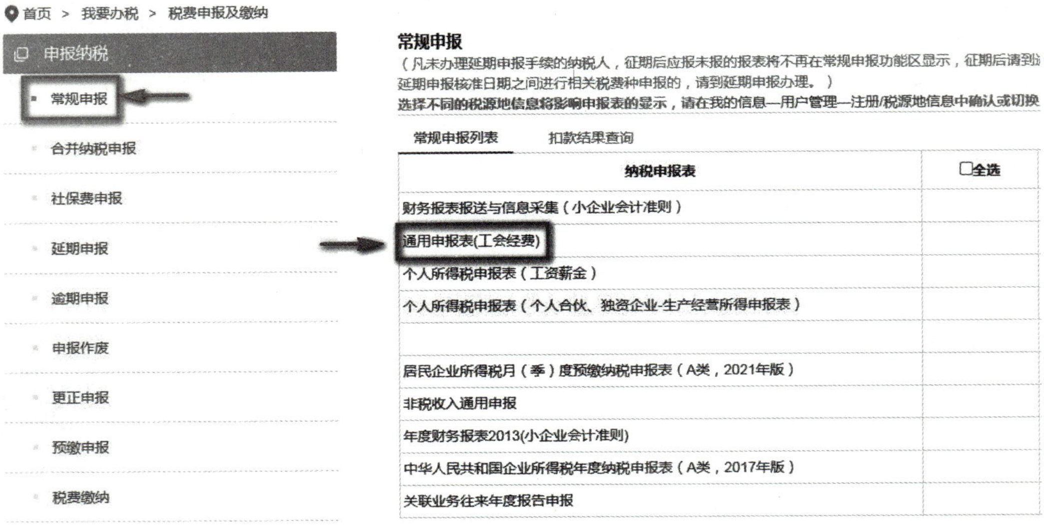

图3－19 “电子税务局”|“我要办税”

第二步：点击“通用申报表”，系统跳出申报提示框，阅读完成后，点击“关闭”界面可打开申报表进行数据填写，如图3－20所示。

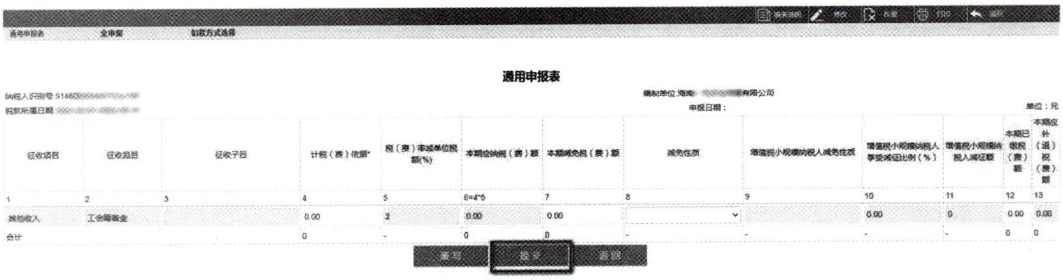

图3－20 “我要办税”|“通用申报表（工会经费）”

第三步：填写完成后，点击“提交”，出现“保存成功”提示框，点击“确定”，系统界面跳转到“工会经费申报”主页，如图3－21所示。

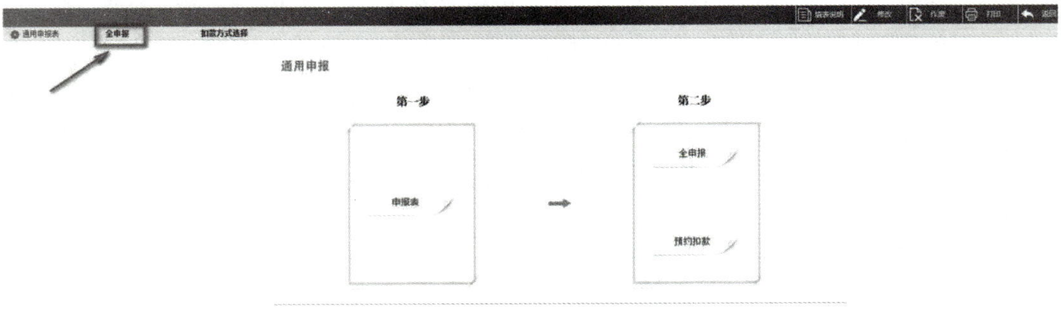

图3－21 “我要办税”|“工会经费申报”

第四步：点击“全申报”，系统界面跳出“全申报成功”提示框，点击“确定”，出现申报已成功的界面。

如有税费需要缴纳，点击“预约扣款”。

温馨提示：

报表填写申报完成后，可以返回到“常规申报”界面，查看申报状态，“未导入”状态下为税务后台信息未进行比对，如有异常，税务后台信息会反馈申报失败，申报十五分钟左右状态会更新。无异常则会显示“已导入”。

二、个人所得税

第一步：点击图标打开“自然人电子税务局（扣缴端）”。

第二步：填写三项信息，点击“登录”，如图3－22所示。

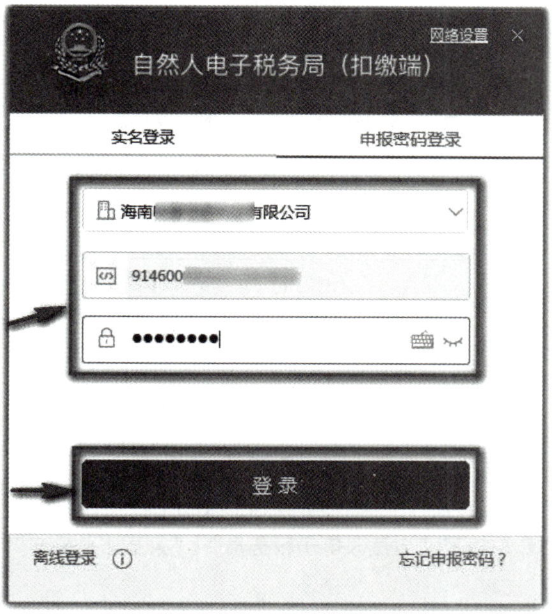

图3－22 “自然人电子税务局”|“申报密码登录”

第三步：点击“人员信息采集”，点击“添加”，按照要求将标红色“＊”内容填写完成后点击“保存”，弹出“新增人员成功”提示框，点击“确认”，如图3－23所示。

第四步：添加人员信息完成后，点击“报送”，跳转出“确认信息”提示框，点击“确定”，跳转出“人员信息报送结果”提示框，点击“关闭”，如图3－24所示。

第五步：点击“综合所得申报”→“正常工资薪金所得”→“填写”→跳转出提示框，点击“确定”→选择“生成零工资记录，用户手工修改”→点击“立即生成数据”→跳转出提示框，点击“确定”，如图3－25所示。

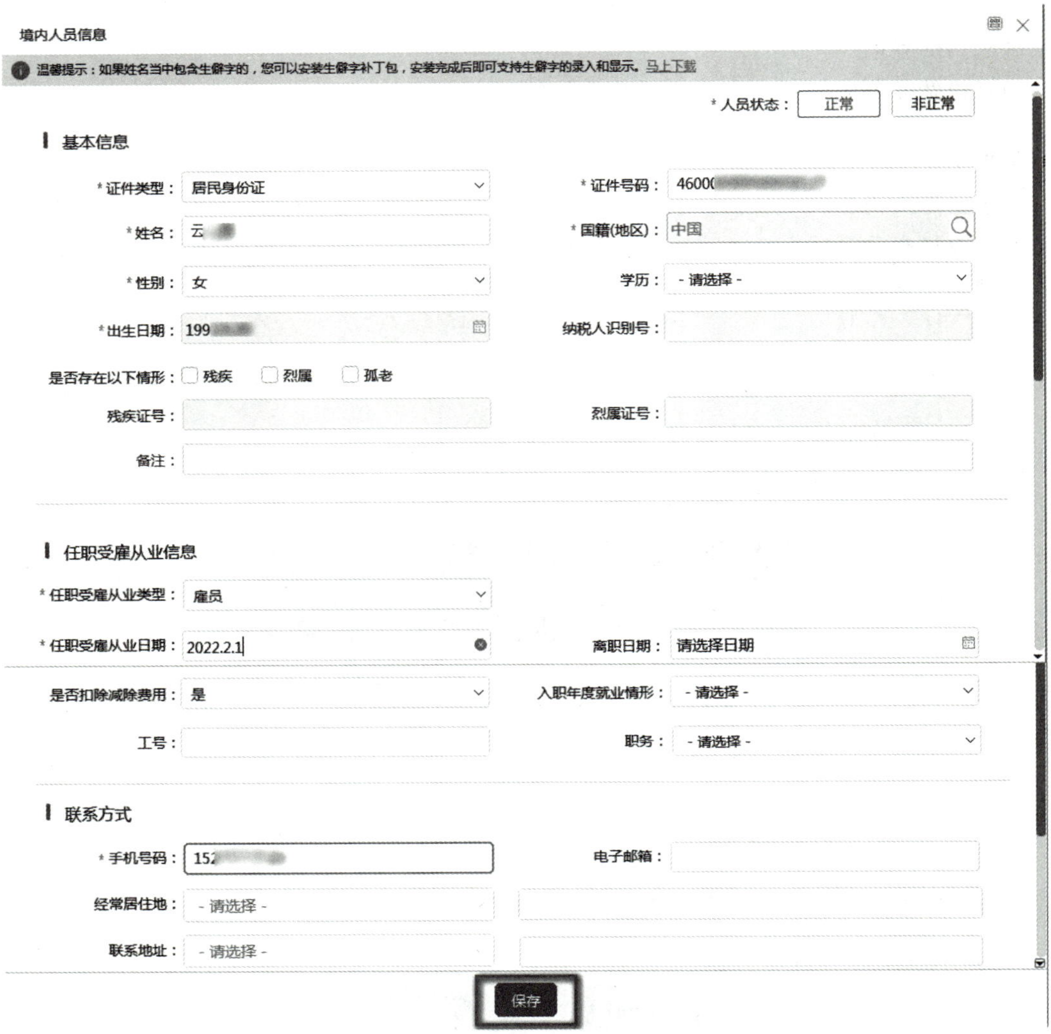

图 3－23 “自然人电子税务局”|“人员信息采集”

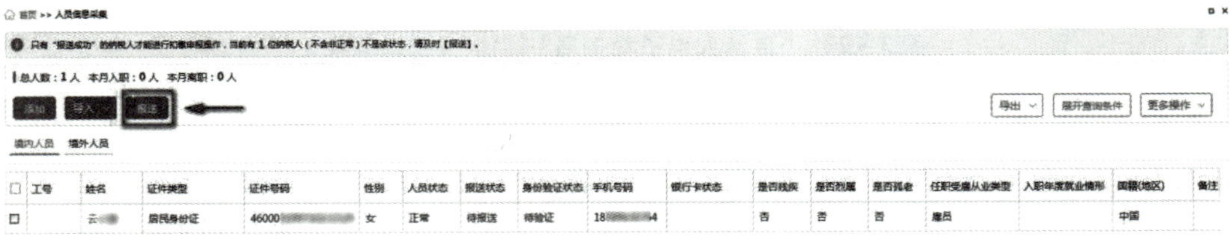

图 3－24 “自然人电子税务局”|“报送”

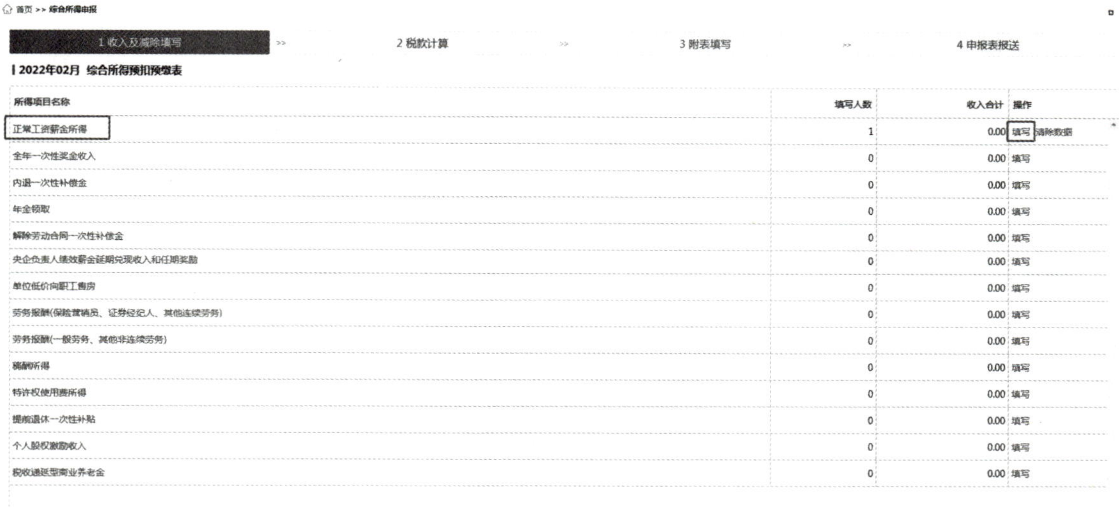

首页 >> 综合所得申报

1 收入及减除填写 >> 2 税款计算 >> 3 附表填写 >> 4 申报表报送

2022年02月 综合所得预扣预缴表

所得项目名称	填写人数	收入合计	操作
正常工资薪金所得	1	0.00	填写 清除数据
全年一次性奖金收入	0	0.00	填写
内退一次性补偿金	0	0.00	填写
年金领取	0	0.00	填写
解除劳动合同一次性补偿金	0	0.00	填写
央企负责人绩效薪金延期兑现收入和任期奖励	0	0.00	填写
单位低价向职工售房	0	0.00	填写
劳务报酬(保险营销员、证券经纪人、其他连续劳务)	0	0.00	填写
劳务报酬(一般劳务、其他非连续劳务)	0	0.00	填写
稿酬所得	0	0.00	填写
特许权使用费所得	0	0.00	填写
提前退休一次性补贴	0	0.00	填写
个人股权激励收入	0	0.00	填写
税收递延型商业养老金	0	0.00	填写

图 3－25　“自然人电子税务局”|“综合所得申报”

第六步：数据填写完成后，点击“返回”→“税款计算”→“附表填写”→“申报表报送”→“发送申报”→跳转出提示框，点击“立即获取”→跳转出“申报成功”提示框，点击“确定”，申报流程结束。

活动评价:

结合自己在操作过程中的实际完成情况评分，如表 3－6 所示。

表 3－6　活动评价表

评分项目（10 分）		得分
知识评价	1. 是否能够表述工会经费、个人所得税申报的流程（1 分）	
	2. 是否能够准备税务申报月报的资料（1 分）	
	3. 是否了解税务申报的相关法律法规（1 分）	
技能评价	1. 是否会查阅税务申报相关网站并搜集资料（1 分）	
	2. 是否会登录电子税务局办理税务申报月报事项（2 分）	
	3. 是否会咨询税务局工作人员解决问题（1 分）	
素养评价	1. 是否具有良好的责任意识（1 分）	
	2. 是否具有守法合规意识（1 分）	
	3. 是否具有谨慎细致的工作态度（1 分）	
小　计		

活动拓展:

扫描右侧二维码，登录中联仿真系统，完成税务月报：工会经费、个人所得税。

3.12　申报税务月报

活动升华:

议一议:

如果申报发现错误,该如何在系统里完成作废报表的操作?

活动 3.2.2 申报税务季报

思政小贴士:

仔细查阅使用规定,要做到合法合规哦!

活动要求:

2022 年 1 月初,根据海口宏宇公司 2021 年 10 月至 12 月的经营状况,代其在电子税务局平台完成增值税、财务报表的第四季度税务申报工作。

活动准备:

(1) 查看《中华人民共和国税收征收管理法》《中华人民共和国企业所得税法》,了解税收相关法规规定。

(2) 海口宏宇公司 2021 年第四季度经营情况,如表 3-7 所示。

表 3-7 2021 年第四季度经营情况表 单位:海口宏宇公司

项目	金额(元)	备注
主营业务收入	10 000	无加速折旧
主营业务成本	5 000	
管理费用	4 000	
利润总额	1 000	

活动实施:

一、增值税

第一步:在电子税务局中依次点击:"我要办税"→"税费申报及缴纳"→"常规申报"→"增值税及附加税(费)申报(小规模纳税人适用)"。

第二步:点击"申报表"弹出"智能辅助归集表"界面,此表是企业开票数据汇总表,确认开票数据无误点击"确定",如图 3-26 所示。

第三步:"本期数"会根据"智能辅助归集表"数据自动生成,确认数据无误即可点击"提交",弹出"保存成功"提示框,点击"确定"。

第四步:点击"减免税明细表",系统自动匹配发票开具选择的信息自动匹配相应数据,确认数据无误即可点击"提交",弹出"保存成功"提示框,点击"确定",如图 3-27 所示。

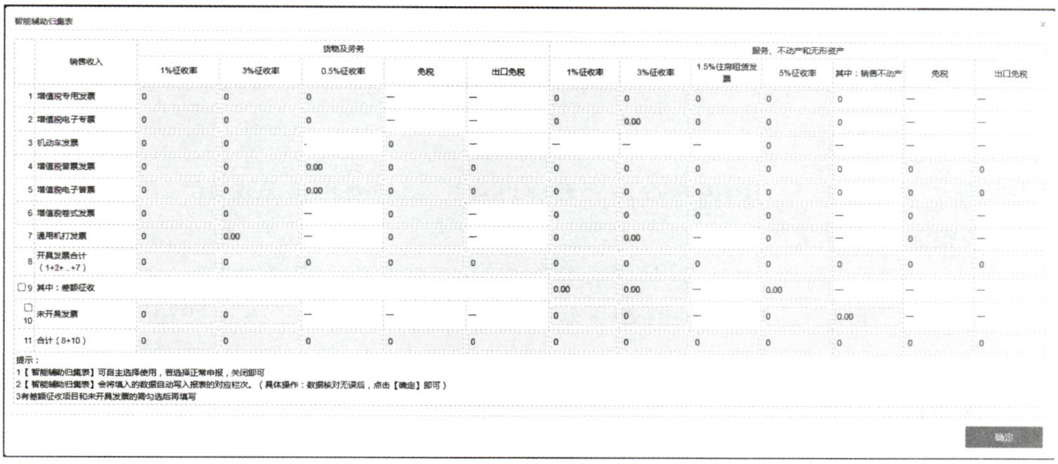

智能辅助归集表

	销售收入	货物及劳务					服务、不动产和无形资产						
		1%征收率	3%征收率	0.5%征收率	免税	出口免税	1%征收率	3%征收率	1.5%住房租赁发票	5%征收率	其中：销售不动产	免税	出口免税
1	增值税专用发票	0	0	0	—	—	0	0	0	0	0	—	—
2	增值税电子专票	0	0	0	—	—	0	0.00	0	0	0	—	—
3	机动车发票	0	0	-	0	—	—	—	—	0	—	—	—
4	增值税普票发票	0	0	0.00	0	0	0	0	0	0	0	0	0
5	增值税电子普票	0	0	0.00	0	0	0	0	0	0	0	0	0
6	增值税卷式发票	0	0	—	0	—	0	0	0	0	—	0	—
7	通用机打发票	0	0.00	—	0	—	0	0.00	—	0	—	0	—
8	开具发票合计（1+2+…+7）	0	0	0	0	0	0	0	0	0	0	0	0
☐9	其中：差额征收						0.00	0.00	—	0.00	—	—	—
☐10	未开具发票	0	0	—	—	—	0	0	—	0	0.00	—	—
11	合计（8+10）	0	0	0	0	0	0	0	0	0	0	0	0

提示：

1【智能辅助归集表】可自主选择使用，若选择正常申报，关闭即可

2【智能辅助归集表】会将填入的数据自动写入报表的对应栏次。（具体操作：数据核对无误后，点击【确定】即可）

3有差额征收项目和未开具发票的需勾选后再填写

确定

图 3－26　“电子税务局”|“智能辅助归集表”

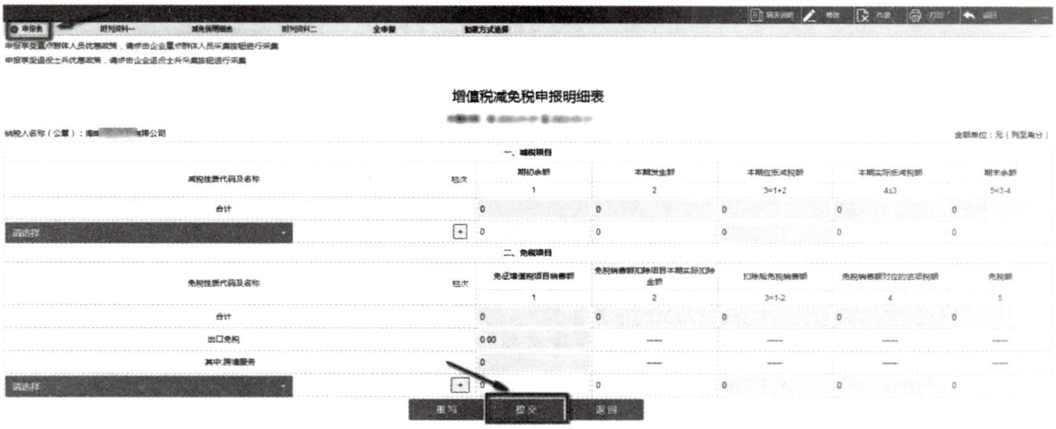

申报表　附列资料一　减免税明细表　附列资料二　全申报　扣款方式选择

申报享受重点群体人员优惠政策，请点击企业重点群体人员采集按钮进行采集

申报享受退役士兵优惠政策，请点击企业退役士兵采集按钮进行采集

增值税减免税申报明细表

纳税人名称（公章）：[illegible]有限公司　　金额单位：元（列至角分）

一、减税项目

减税性质代码及名称	栏次	期初余额	本期发生额	本期应抵减税额	本期实际抵减税额	期末余额
		1	2	3=1+2	4≤3	5=3-4
合计		0	0	0	0	0
请选择	+	0	0	0	0	0

二、免税项目

免税性质代码及名称	栏次	免征增值税项目销售额	免税销售额扣除项目本期实际扣除金额	扣除后免税销售额	免税销售额对应的进项税额	免税额
		1	2	3=1-2	4	5
合计		0	0	0	0	0
出口免税		0.00	——	——	——	——
其中:跨境服务		0	——	——	——	——
请选择	+	0	0	0	0	0

重写　提交　返回

图 3－27　“电子税务局”|“减免税明细表”

第五步：点击“增值税及附加税费申报表（小规模纳税人适用）附列资料（二）（附加税费情况表）”，系统会根据增值税主表申报数据自动计算出三项附加税数据，确认数据无误即可点击“提交”，弹出“保存成功”提示框，点击“确定”，如图 3－28 所示。

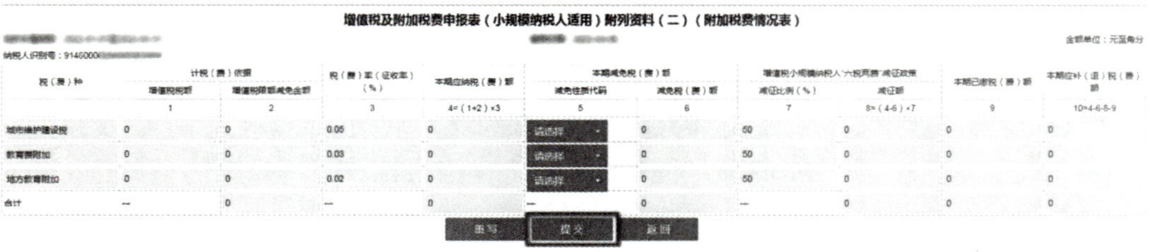

增值税及附加税费申报表（小规模纳税人适用）附列资料（二）（附加税费情况表）

纳税人识别号：9146000[illegible]　　金额单位：元至角分

税（费）种	计税（费）依据		税（费）率（征收率）（%）	本期应纳税（费）额	本期减免税（费）额		增值税小规模纳税人“六税两费”减征政策		本期已缴税（费）额	本期应补（退）税（费）额
	增值税税额	增值税限额减免金额			减免性质代码	减免税（费）额	减征比例（%）	减征额		
	1	2	3	4=（1+2）×3	5	6	7	8=（4-6）×7	9	10=4-6-8-9
城市维护建设税	0	0	0.05	0	请选择	0	50	0	0	0
教育费附加	0	0	0.03	0	请选择	0	50	0	0	0
地方教育附加	0	0	0.02	0	请选择	0	50	0	0	0
合计	—	0	—	0	—	0	—	0	0	0

重写　提交　返回

图 3－28　“电子税务局”|“附件资料二”

第六步：点击“全申报”，弹出“全申报成功”提示框，点击“确定”，申报成功。

温馨提示：

“附列资料一”，一般在申报中不需要填写。

二、财务报表

第一步：在电子税务局中依次点击“我要办税”→“税费申报及缴纳”→“常规申报”→“财务报表报送及信息采集”。

第二步：填写“利润表”，表中“本月金额”栏根据2021年第四季度汇总数据填写，“本年累计金额”栏会自动弹出合计数，填写完成点击“提交”，弹出“保存成功”提示框，点击“确定”，如图3－29、图3－30所示。

资产负债表　利润表　财务报表数据转换　附件资料　全申报

利　润　表

编制单位:海南[illegible]有限公司　　单位：元

项目	行次	本月金额	本年累计金额
一、营业收入	1	0.00	0
减：营业成本	2	0.00	0
税金及附加	3	0.00	0
其中：消费税	4	0.00	0
营业税	5	0.00	0
城市维护建设税	6	0.00	0
资源税	7	0.00	0
土地增值税	8	0.00	0
城镇土地使用税、房产税、车船税、印花税	9	0.00	0
教育费附加、矿产资源补偿费、排污费	10	0.00	0
销售费用	11	0.00	0
其中：商品维修费	12	0.00	0
广告费和业务宣传费	13	0.00	0
管理费用	14	0.00	0
其中：开办费	15	0.00	0
业务招待费	16	0.00	0

图3－29　“电子税务局”|“附件资料二”

研究费用	17	0.00	0
财务费用	18	0.00	0
其中：利息费用（收入以“-”号填列）	19	0.00	0
加：投资收益（损失以“-”号填列）	20	0.00	0
二、营业利润（亏损以“-”号填列）	21	0.00	0
加：营业外收入	22	0.00	0
其中：政府补助	23	0.00	0
减：营业外支出	24	0.00	0
其中：坏账损失	25	0.00	0
无法收回的长期债券投资损失	26	0.00	0
无法收回的长期股权投资损失	27	0.00	0
自然灾害等不可抗力因素造成的损失	28	0.00	0
税收滞纳金	29	0.00	0
三、利润总额（亏损总额以“-”号填列）	30	0.00	0
减：所得税费用	31	0.00	0
四、净利润（净亏损以“-”号填列）	32	0.00	0

重写　提交　返回

图3－30　“电子税务局”|“附件资料二”

第三步：点击“资产负债表”，表中“年初余额”栏根据上年（2020年）申报数据自动生成，在“期末余额”栏，填写2021年12月31日的期末数据，确认无误，点击“提交”，弹出“保存成功”提示框，点击“确定”。

第四步：点击“全申报”，弹出“全申报成功”提示框，点击“确定”，申报成功。

温馨提示：

"财务报表数据转换""附件资料"，一般在申报中不需要填写。

三、企业所得税

第一步：在电子税务局中依次点击"我要办税"→"税费申报及缴纳"→"常规申报"→"企业所得税"。

第二步：填写附表"A201020 资产加速折旧、摊销（扣除）优惠明细表"，将符合政策加速折旧和一次性可扣除的资产情况按要求填写进表格，点击"提交"，弹出"保存成功"提示框，点击"确定"，如图 3－31 所示。

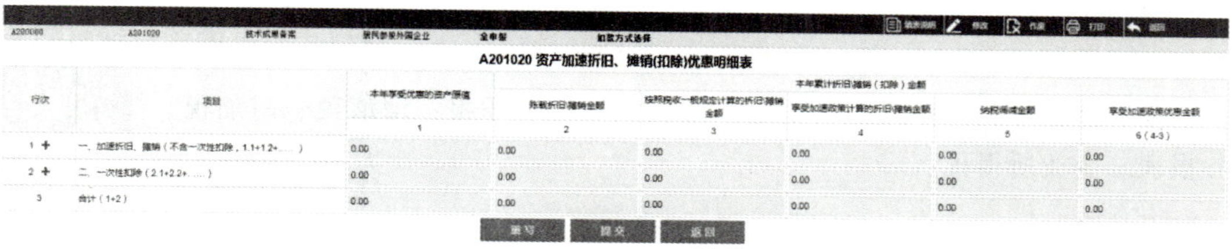

图 3－31 "企业所得税"|"附表 A201020"

第三步：点击"A200000"，依据表 3－7 提供的数据，填报"企业所得税月（季）度预缴纳税申报表"，"从业人数"栏按照个人所得税 APP 申报人数填报，"资产总额"栏数据按照资产负债表数据填报，"营业收入"栏填写"10 000 元"，"营业成本"栏填写"5 000 元"，"利润总额"栏填写"1 000 元"。

第四步：填写成功点击"提交"，弹出"该企业符合小型微利企业优惠政策条件，在不享受其他优惠情况下，不得放弃享受小型微利企业优惠政策！"提示框，点击"确定"，第十三行会自动匹配计算出"减免所得税额"数据，再次点击"确定"，弹出"保存成功"提示框，点击"确定"。

第五步：点击"全申报"，弹出"全申报成功"提示框，点击"确定"，申报成功。

温馨提示：

1. "企业所得税月（季）度预缴纳税申报表"中不需要填报"费用项目"的合计数。
2. "技术成果备案""居民参股外国企业"，一般在申报中不需要填写。

活动评价：

结合自己在操作过程中的实际完成情况评分，如表 3－8 所示。

表 3－8　　活动评价表

评分项目（10 分）		得分
知识评价	1. 是否能够表述增值税、企业所得税申报的流程（1 分）	
	2. 是否能够准备税务申报季报的资料（1 分）	
	3. 是否了解税务申报的相关法律法规（1 分）	

续表

评分项目（10 分）		得分
技能评价	1. 是否会查阅税务申报相关网站并搜集资料（1 分）	
	2. 是否会登录电子税务局办理税务申报月报事项（2 分）	
	3. 是否会咨询税务局工作人员解决问题（1 分）	
素养评价	1. 是否具有良好的责任意识（1 分）	
	2. 是否具有政策法规、法律意识（1 分）	
	3. 是否具有谨慎细致的工作态度（1 分）	
小　　计		

活动拓展：

扫描右侧二维码，登录中联仿真系统，完成税务季报：增值税、附加税、财务报表、企业所得税。

3.13 申报税务季报

活动升华：

查一查：

企业符合小型微利企业时，可享受的优惠政策条件。

活动 3.2.3　申报税务年报

思政小贴士：

仔细查阅使用规定，要做到合法合规哦！

活动要求：

2022 年 1 月初，根据海口宏宇公司 2021 年的经营状况，代其在电子税务局平台完成 2021 年财务报表、企业所得税的年度税务申报工作。

活动准备：

查看《中华人民共和国税收征收管理法》《中华人民共和国企业所得税法》，了解税收相关法规规定。

活动实施：

一、财务报表

第一步：在电子税务局中依次点击“我要办税”→“税费申报及缴纳”→“常规申报”→“年度财务报表 2013（小企业会计准则）”。

第二步：填报“现金流量表”，根据账务汇总数据填写在“本年累计金额”栏，“上年金额”栏为上年同期金额，需要查询2020年的数据填报，填写完成点击“提交”，弹出“保存成功”提示框，点击“确定”，如图3－32所示。

填表说明　修改　作废　打印　返回

资产负债表　利润表　现金流量表　财务报表数据转换　附件资料　全申报

现 金 流 量 表

会小企03表

编制单位海南[redacted]有限公司　　2021-01-01 至 2021-12-31　　单位:元

项目	行次	本年累计金额	上年金额
一、经营活动产生的现金流量:	1	0.00	0.00
销售产成品、商品提供劳务收到的现金	2	0.00	0.00
购买原材料、商品接受劳务支付的现金	3	0.00	0.00
支付的职工薪酬	4	0.00	0.00
支付的税费	5	0.00	0.00
支付其他经营活动有关的现金	6	0.00	0.00
经营活动产生的现金流量净额	7	0.00	0.00
二、投资活动产生的现金流量:			
收回短期投资、长期债券投资和长期股权投资收到的现金	8	0.00	0.00
取得投资收益收到的现金	9	0.00	0.00
处置固定资产、无形资产和其他非流动资产收回的现金净额	10	0.00	0.00
短期投资、长期债券投资和长期股权投资支付的现金	11	0.00	0.00
购建固定资产、无形资产和其他非流动资产支付的现金	12	0.00	0.00
投资活动产生的现金流量净额	13	0.00	0.00
三、筹资活动所产生的的现金流量:			
取得借款收到的现金	14	0.00	0.00
吸收投资者投资收到的现金	15	0.00	0.00
偿还借款本金支付的现金	16	0.00	0.00
偿还借款利息支付的现金	17	0.00	0.00
分配利润支付的现金	18	0.00	0.00
筹资活动产生的现金流量净额	19	0.00	0.00
四、现金净增加额	20	0.00	0.00
加：期初现金余额	21	0.00	0.00
五、期末现金余额	22	0.00	0.00

重写　提交　返回

图3－32　“企业所得税”|“现金流量表”

第三步：填写“利润表”，表中的“本年累计金额”栏会自动合计弹出，“上年金额”栏为上年同期金额，需要查询2020年数据填报，填写完成点击“提交”，弹出“保存成功”提示框，点击“确定”，如图3－33所示。

利　润　表

[illegible]

单位：元

编制单位:海南[illegible]有限公司

项目	行次	本月金额	本年累计金额
一、营业收入	1	0.00	0
减：营业成本	2	0.00	0
税金及附加	3	0.00	0
其中：消费税	4	0.00	0
营业税	5	0.00	0
城市维护建设税	6	0.00	0
资源税	7	0.00	0
土地增值税	8	0.00	0
城镇土地使用税、房产税、车船税、印花税	9	0.00	0
教育费附加、矿产资源补偿费、排污费	10	0.00	0
销售费用	11	0.00	0
其中：商品维修费	12	0.00	0
广告费和业务宣传费	13	0.00	0
管理费用	14	0.00	0
其中：开办费	15	0.00	0
业务招待费	16	0.00	0

图 3－33　“企业所得税”|“利润表”

第四步：填写“资产负债表”，表中的“年初余额”栏会根据上年申报数据自动弹出，填写“期末数据”确认无误后，点击“提交”，弹出“保存成功”提示框，点击“确定”，如图 3－34 所示。

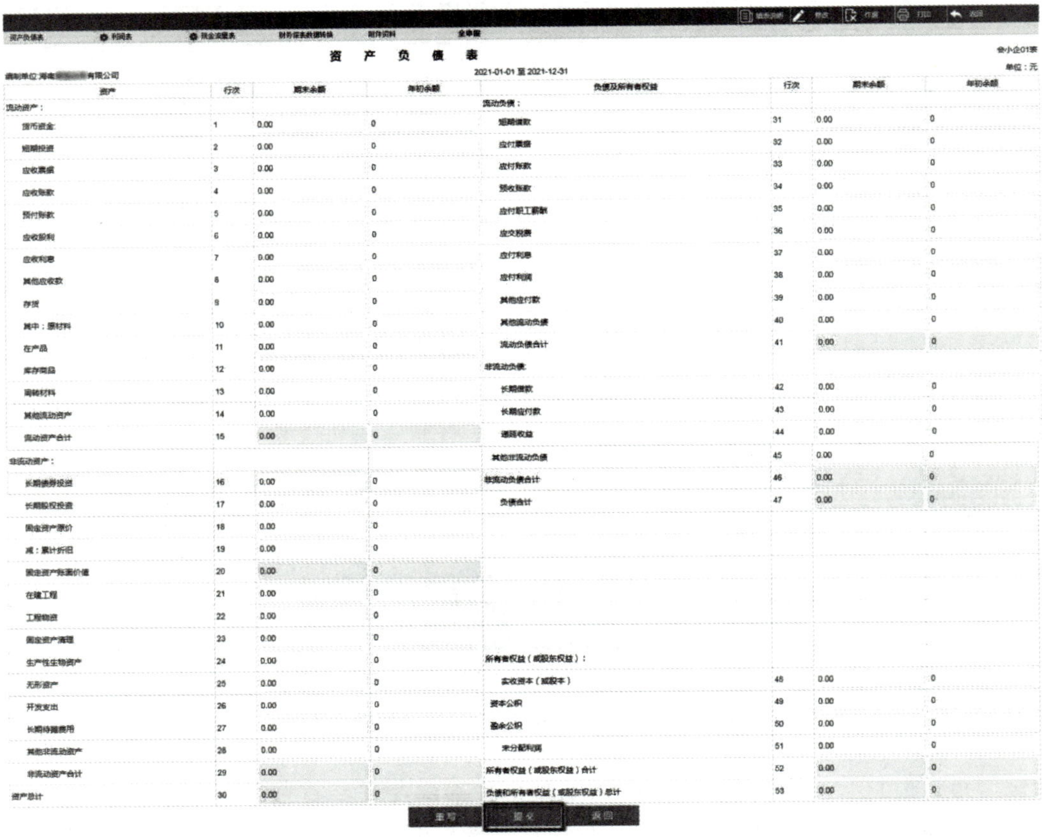

资　产　负　债　表

会小企01表

2021-01-01 至 2021-12-31

单位：元

编制单位:海南[illegible]有限公司

资产	行次	期末余额	年初余额	负债及所有者权益	行次	期末余额	年初余额
流动资产：				流动负债：			
货币资金	1	0.00	0	短期借款	31	0.00	0
短期投资	2	0.00	0	应付票据	32	0.00	0
应收票据	3	0.00	0	应付账款	33	0.00	0
应收账款	4	0.00	0	预收账款	34	0.00	0
预付账款	5	0.00	0	应付职工薪酬	35	0.00	0
应收股利	6	0.00	0	应交税费	36	0.00	0
应收利息	7	0.00	0	应付利息	37	0.00	0
其他应收款	8	0.00	0	应付利润	38	0.00	0
存货	9	0.00	0	其他应付款	39	0.00	0
其中：原材料	10	0.00	0	其他流动负债	40	0.00	0
在产品	11	0.00	0	流动负债合计	41	0.00	0
库存商品	12	0.00	0	非流动负债：			
周转材料	13	0.00	0	长期借款	42	0.00	0
其他流动资产	14	0.00	0	长期应付款	43	0.00	0
流动资产合计	15	0.00	0	递延收益	44	0.00	0
非流动资产：				其他非流动负债	45	0.00	0
长期债券投资	16	0.00	0	非流动负债合计	46	0.00	0
长期股权投资	17	0.00	0	负债合计	47	0.00	0
固定资产原价	18	0.00	0				
减：累计折旧	19	0.00	0				
固定资产账面价值	20	0.00	0				
在建工程	21	0.00	0				
工程物资	22	0.00	0				
固定资产清理	23	0.00	0				
生产性生物资产	24	0.00	0	所有者权益（或股东权益）：			
无形资产	25	0.00	0	实收资本（或股本）	48	0.00	0
开发支出	26	0.00	0	资本公积	49	0.00	0
长期待摊费用	27	0.00	0	盈余公积	50	0.00	0
其他非流动资产	28	0.00	0	未分配利润	51	0.00	0
非流动资产合计	29	0.00	0	所有者权益（或股东权益）合计	52	0.00	0
资产总计	30	0.00	0	负债和所有者权益（或股东权益）总计	53	0.00	0

图 3－34　“企业所得税”|“资产负债表”

第五步：点击“全申报”，弹出“全申报成功”提示框，点击“确定”，申报成功。

二、企业所得税

第一步：在电子税务局中依次点击“我要办税”→“税费申报及缴纳”→“常规申报”→“中华人民共和国企业所得税年度纳税申报表（A类，2017年版）”。

第二步：点击“基础信息”，在“企业基础信息表”中填写的项目包括以下7项，如图3－35所示。

（1）103按照资产负债表数据填写；

（2）104按照全年平均人数填写；

（3）106选择“否”；

（4）07选择“小企业会计准则”；

（5）108选择“否”；

（6）109选择“是”；

（7）110选择“否”。

基础信息	填报表单	年度申报表	A10500	A105050	A10600	政策风险提示扫描	全申报	扣款方式选择

企业基础信息表			
基本经营情况（必填项目）			
101纳税申报企业类型（填写代码）	100非跨地区经营企业	102分支机构就地纳税比例（%）	0
103资产总额（填写平均值，单位：万元）	0.01	104从业人数（填写平均值，单位：人）	1
105所属国民经济行业（填写代码）	5181 贸易代理	106从事国家限制或禁止行业	☐是 ☑否
107适用会计准则或会计制度（填写代码）	200小企业会计准则	108采用一般企业财务报表格式（2019年版）	☐是 ☑否
109小型微利企业	☑是 ☐否	110上市公司	是（☐境内 ☐境外）☑否

图3－35 “企业所得税”|“企业信息基础表”

第三步：填报及勾选完成后，弹出提示框，点击“确认”，跳转出“保存成功”提示框，点击“确定”。

第四步：默认已勾选申报附表，点击“提交”，跳转出“保存成功”提示框，点击“确定”，如图3－36所示。

第五步：按报表顺序依次填报“职工薪酬支出及纳税调整明细表”→“纳税调整项目明细表”→“企业所得税弥补亏损明细表”→“中华人民共和国企业所得税年度纳税申报表（A类）”的相关数据。

第六步：依次点击“政策风险提示扫描”→“发起扫描”→“查询上次扫描结果”。

第七步：依次点击“全申报”，弹出“无发生关联往来”提示框，点击“取消”，弹跳出“全申报成功”界面，申报成功。

活动评价：

结合自己在操作过程中的实际完成情况评分，如表3－9所示。

填表说明 修改 作废 打印 返回

基础信息　填报表单　年度申报表　政策风险提示扫描　全申报　扣款方式选择

您的基础信息表(109 小型微利企业)选择为"是"，表单《一般企业收入明细表》(A101010)、《金融企业收入明细表》(A101020)、《一般企业成本支出明细表》(A102020)、《事业单位、民间非营利组织收入、支出明细表》(A103000) 及《期间费用明细表》(A104000) 免于填报。

企业所得税年度纳税申报表填报表单

表单编号	表单名称	是否填报
A000000	企业所得税年度纳税申报基础信息表	☑
A100000	中华人民共和国企业所得税年度纳税申报表(A 类)	☑
A101010	一般企业收入明细表	☐
A101020	金融企业收入明细表	☐
A102010	一般企业成本支出明细表	☐
A102020	金融企业支出明细表	☐
A103000	事业单位,民间非营利组织收入、支出明细表	☐
A104000	期间费用明细表	☐
A105000	纳税调整项目明细表	☑
A105010	视同销售和房地产开发企业特定业务纳税调整明细表	☐
A105020	未按权责发生制确认收入纳税调整明细表	☐
A105030	投资收益纳税调整明细表	☐
A105040	专项用途财政性资金纳税调整明细表	☐
A105050	职工薪酬支出及纳税调整明细表	☑
A105060	广告费和业务宣传费等跨年度纳税调整明细表	☐
A105070	捐赠支出及纳税调整明细表	☐
A105080	资产折旧、摊销及纳税调整明细表	☐
A105090	资产损失税前扣除及纳税调整明细表	☐
A105100	企业重组及递延纳税事项纳税调整明细表	☐
A105110	政策性搬迁纳税调整明细表	☐
A105120	贷款损失准备金及纳税调整明细表	☐
A106000	企业所得税弥补亏损明细表	☑
A107010	免税、减计收入及加计扣除优惠明细表	☐
A107011	符合条件的居民企业之间的股息、红利等权益性投资收益优惠明细表	☐
A107012	研发费用加计扣除优惠明细表	☐
A107020	所得减免优惠明细表	☐
A107030	抵扣应纳税所得额明细表	☐
A107040	减免所得税优惠明细表	☐
A107041	高新技术企业优惠情况及明细表	☐
A107042	软件、集成电路企业优惠情况及明细表	☐
A107050	税额抵免优惠明细表	☐
A108000	境外所得税收抵免明细表	☐
A108010	境外所得纳税调整后所得明细表	☐
A108020	境外分支机构弥补亏损明细表	☐
A108030	跨年度结转抵免境外所得税明细表	☐
A109000	跨地区经营汇总纳税企业年度分摊企业所得税明细表	☐
A109010	企业所得税汇总纳税分支机构所得税分配表	☐
	受控外国企业信息报告表	☐
	非货币性资产投资递延纳税调整明细表	☐
	居民企业海产（股权）划转特殊性税务处理申报表	☐
	企业重组所得税特殊性税务处理报告表	☐

说明：企业应当根据实际情况选择需要填表的表单。

重写　提交　返回

图 3－36 "企业所得税"|"申报附表"

表 3－9　　活动评价表

评分项目（10 分）		得分
知识评价	1. 是否能够表述财务报表、企业所得税申报的流程（1 分）	
	2. 是否能够准备税务申报年报的资料（1 分）	
	3. 是否了解税务申报的相关法律法规（1 分）	
技能评价	1. 是否会查阅税务申报相关网站并搜集资料（1 分）	
	2. 是否会登录电子税务局办理税务申报月报事项（2 分）	
	3. 是否会咨询税务局工作人员解决问题（1 分）	
素养评价	1. 是否具有良好的责任意识（1 分）	
	2. 是否具有政策法规、法律意识（1 分）	
	3. 是否具有谨慎细致的工作态度（1 分）	
小　　计		

活动拓展：

扫描右侧二维码，登录中联仿真系统，完成税务年报：财务报表、企业所得税。

3.14　申报税务年报

活动升华：

想一想：

如何通过电子税务局平台查询上年数据？

任务 3.3 其他涉税事项

3.15　其他涉税事项动画

任务情境：

海南智博贸易有限责任公司负责人接到税源管理科张科长电话，被告知公司第三季度增值税报表税务申报数据与金税盘数据存在比对异常，要求公司将证明材料递交到国家税务总局海口市龙华第二分局税源二科。

海南智博贸易有限责任公司负责人接到通知后，立即联系了财务公司办税服务专员并说明情况，财务公司收到通知后，马上准备对应材料分析出现异常情况的原因，根据具体原因准备证明材料及解决方案。

活动 3.3.1 编写涉税文书

思政小贴士：

仔细查阅使用规定，要做到合法合规哦！

活动要求：

财务公司办税服务专员根据税务局的要求编写和提交情况说明书。

活动准备：

一、准备佐证材料

准备说明出现申报信息比对异常情况原因的如下佐证材料：

（1）金税盘开票数据清单；

（2）公司第三季度增值税申报表记录；

（3）公司本年度纳税入库记录。

二、情况说明（格式范文）

国家税务总局×××分局：

我公司×××××，纳税人识别号：×××××××××。注册资本×××万元，存在×××××问题，做出说明如下：

说明正文：

××

特此说明！

单位（签章）：×××××××××××××

××××年××月××日

温馨提示：

说明正文包括：

1. 剖析出现异常的原因；

2. 解决问题的方案。

活动实施：

一、准备说明出现申报信息比对异常情况原因的佐证材料

（1）UKEY 开票数据清单，如图 3－37、图 3－38 所示。

发票资料查询统计

增值税专用发票　增值税普通发票　增值税电子专用发票

按月度统计　2021年　8月　查询

正数发票份数 0　正数废票份数 0　负数发票份数 0　负数废票份数 0　合计发票份数 0

项目名称	合计	16%	13%	10%	9%	其它
销项正数金额	173592.24	0.00	0.00	0.00	0.00	173592.24
销项正数税额	5207.76	0.00	0.00	0.00	0.00	5207.76
销项正废金额	0.00	0.00	0.00	0.00	0.00	0.00
销项正废税额	0.00	0.00	0.00	0.00	0.00	0.00
销项负数金额	0.00	0.00	0.00	0.00	0.00	0.00
销项负数税额	0.00	0.00	0.00	0.00	0.00	0.00
销项负废金额	0.00	0.00	0.00	0.00	0.00	0.00
销项负废税额	0.00	0.00	0.00	0.00	0.00	0.00
实际销售金额	173592.24	0.00	0.00	0.00	0.00	173592.24
实际销售税额	5207.76	0.00	0.00	0.00	0.00	5207.76

图 3－37　"UKEY：8 月份发票汇总数据"

发票资料查询统计

增值税专用发票　增值税普通发票　增值税电子专用发票

按月度统计　2021年　9月　查询

正数发票份数 0　正数废票份数 0　负数发票份数 0　负数废票份数 0　合计发票份数 0

项目名称	合计	16%	13%	10%	9%	其它
销项正数金额	177029.70	0.00	0.00	0.00	0.00	177029.70
销项正数税额	1770.30	0.00	0.00	0.00	0.00	1770.30
销项正废金额	88514.85	0.00	0.00	0.00	0.00	88514.85
销项正废税额	885.15	0.00	0.00	0.00	0.00	885.15
销项负数金额	-173592.24	0.00	0.00	0.00	0.00	-173592.24
销项负数税额	-5207.76	0.00	0.00	0.00	0.00	-5207.76
销项负废金额	0.00	0.00	0.00	0.00	0.00	0.00
销项负废税额	0.00	0.00	0.00	0.00	0.00	0.00
实际销售金额	3437.46	0.00	0.00	0.00	0.00	3437.46
实际销售税额	-3437.46	0.00	0.00	0.00	0.00	-3437.46

图 3－38　"UKEY：9 月份发票汇总数据"

（2）8 月份和 9 月份的增值税申报表，如图 3－39、图 3－40 所示。

增值税纳税申报表

（适用于小规模纳税人）

纳税人识别号: 91460000[redacted]

纳税人名称（公章）：海南[redacted]有限公司

税款所属期：2021-08-01 至 2021-08-31　　填表日期：2021-09-14　　金额单位：元（列至角分）

	项　目	栏　次	本期数		本年累计	
			货物及劳务	服务、不动产和无形资产	货物及劳务	服务、不动产和无形资产
一、计税依据	（一）应征增值税不含税销售额（3%征收率）	1	0	173592.24	0	173592.24
	增值税专用发票不含税销售额	2	0	173592.24	0	173592.24
	其他增值税发票不含税销售额	3	0	0	0	0
	（二）应征增值税不含税销售额（5%征收率）	4	——	0	——	0
	增值税专用发票不含税销售额	5	——	0	——	0
	其他增值税发票不含税销售额	6	——	0	——	0
	（三）销售使用过的固定资产不含税销售额	7(7≥8)	0	——	0	——
	其中：其他增值税发票不含税销售额	8	0	——	0	——
	（四）免税销售额	9=10+11+12	0	0	0	0
	其中：小微企业免税销售额	10	0	0	0	0
	未达起征点销售额	11	0	0	0	0
	其他免税销售额	12	0	0	0	0
	（五）出口免税销售额	13(13≥14)	0	0	0	0
	其中：其他增值税发票不含税销售额	14	0	0	0	0
二、税款计算	本期应纳税额	15	0	5207.77	0	5207.77
	本期应纳税额减征额	16	0	0	0	0
	本期免税额	17	0	0	0	0
	其中：小微企业免税额	18	0	0	0	0
	未达起征点免税额	19	0	0	0	0
	应纳税额合计	20=15-16	0	5207.77	0	5207.77
	本期预缴税额	21	0	0	——	——
	本期应补（退）税额	22=20-21	0	5207.77	0	0
附加税费	城市维护建设税本期应补（退）税额	23	130.19		130.19	
	教育费附加本期应补（退）税额	24	78.11		78.11	
	地方教育费附加本期应补（退）税额	25	52.08		52.08	

纳税人或代理人声明：	如纳税人填报，由纳税人填写以下各栏：
本纳税申报表是根据国家税收法律法规及相关规定填报的，我确定它是真实的、可靠的、完整的。	办税人员：　　财务负责人： 法定代表人：　　联系电话：
	如委托代理人填报，由代理人填写以下各栏：
	代理人名称（公章）：　　经办人： 联系电话：

图 3－39　“8 月份增值税申报表”

增值税纳税申报表

（适用于小规模纳税人）

纳税人识别号: 91460000[redacted]

纳税人名称（公章）：海南[redacted]有限公司

税款所属期：2021-09-01 至 2021-09-30　　填表日期：2021-12-13　　金额单位：元（列至角分）

	项　目	栏　次	本期数		本年累计	
			货物及劳务	服务、不动产和无形资产	货物及劳务	服务、不动产和无形资产
一、计税依据	（一）应征增值税不含税销售额（3%征收率）	1	0	-114582.33	0	59009.91
	增值税专用发票不含税销售额	2	0	0	0	173592.24
	其他增值税发票不含税销售额	3	0	0	0	0
	（二）应征增值税不含税销售额（5%征收率）	4	——	0	——	0
	增值税专用发票不含税销售额	5	——	0	——	0
	其他增值税发票不含税销售额	6	——	0	——	0
	（三）销售使用过的固定资产不含税销售额	7(7≥8)	0	——	0	——
	其中：其他增值税发票不含税销售额	8	0	——	0	——
	（四）免税销售额	9=10+11+12	0	0	0	0
	其中：小微企业免税销售额	10	0	0	0	0
	未达起征点销售额	11	0	0	0	0
	其他免税销售额	12	0	0	0	0
	其中：小微企业免税销售额	10	0	0	0	0
	未达起征点销售额	11	0	0	0	0
	其他免税销售额	12	0	0	0	0
	（五）出口免税销售额	13(13≥14)	0	0	0	0
	其中：其他增值税发票不含税销售额	14	0	0	0	0
二、税款计算	本期应纳税额	15	0	-3437.47	0	1770.3
	本期应纳税额减征额	16	0	0	0	0
	本期免税额	17	0	0	0	0
	其中：小微企业免税额	18	0	0	0	0
	未达起征点免税额	19	0	0	0	0
	应纳税额合计	20=15-16	0	-3437.47	0	1770.3
	本期预缴税额	21	0	0	——	——
	本期应补（退）税额	22=20-21	0	-3437.47	0	0
附加税费	城市维护建设税本期应补（退）税额	23	-85.94		44.25	
	教育费附加本期应补（退）税额	24	-51.56		26.55	
	地方教育费附加本期应补（退）税额	25	-34.38		17.7	

纳税人或代理人声明：	如纳税人填报，由纳税人填写以下各栏：
本纳税申报表是根据国家税收法律法规及相关规定填报的，我确定它是真实的、可靠的、完整的。	办税人员：　　财务负责人： 法定代表人：　　联系电话：
	如委托代理人填报，由代理人填写以下各栏：
	代理人名称（公章）：　　经办人： 联系电话：

图 3－40　“9 月份增值税申报表”

(3) 纳税入库记录，如图 3－41 所示。

中华人民共和国
税收完税证明

22(0413)46 证明 66[redacted]

税务机关	国家税务总局海南省税务局	填发日期	[redacted]
纳税人名称	海南[redacted]有限公司	纳税人识别号	9146000[redacted]

税种	税款所属期	入(退)库日期	实缴(退)税款	征收机关
增值税	2021-08-01 至 2021-08-31	2021-10-26	5207.77	国家税务总局海口市龙华区税务局
城市维护建设税	2021-08-01 至 2021-08-31	2021-10-26	130.19	国家税务总局海口市龙华区税务局
教育费附加	2021-08-01 至 2021-08-31	2021-10-26	78.11	国家税务总局海口市龙华区税务局
地方教育附加	2021-08-01 至 2021-08-31	2021-10-26	52.08	国家税务总局海口市龙华区税务局

图 3－41 “纳税入库记录”

二、情况说明（见表 3－10）

表 3－10 情况说明

国家税务总局海南省税务局：

我公司为小规模纳税人自开专票，于 2020 年 8 月 11 日开具了两张增值税专用发票，增值税税率为 3% 两张发票的具体信息如下：

发票号码 00741805，不含税金额 86 796.12 元，税额 2 603.9 元；

发票号码 00741806，不含税金额 86 796.12 元，税额 2 603.9 元。

我公司在 9 月份进行了月报，已缴纳入库税款增值税 5 207.8 元，因会计失误未享受疫情期间小规模减按 1% 征收增值税，故在 9 月发票申请冲红后重开，情况如下：

发票号码 00741807，不含税金额 －86 796.12 元，税额 －2 603.9 元；

发票号码 00741808，不含税金额 －86 796.12 元，税额 －2 603.9 元；

发票号码 00741810，不含税金额 88 514.85 元，税额 885.15 元；

发票号码 00741811，不含税金额 88 514.85 元，税额 885.15 元。

我公司于 2020 年 8 月 5207.8 元增值税已缴纳入库，9 月已进行冲红，另重新开具 1% 税率发票，应申请误收退税 3 437.5元。

情况属实，特此申请！

海南××××装饰有限公司

2020 年 11 月 18 日

活动 3.3.2 解决税务异常

思政小贴士：

仔细查阅使用规定，要做到合法合规哦！

任务情境：

海南万煌贸易有限公司注册于澄迈县，因未按照规定进行申报纳税，被税务机关列入非正常名单。2020 年 12 月 1 日，海南万煌贸易有限公司找到海口博亿代理记账有限公司，委托解除非正常户及补申报。

活动要求：

财务公司办税服务专员根据相关规定进行补申报纳税，提交解除非正常户申请。

（1）查看《税务登记管理办法》，了解相关规定。

（2）税务责令期限改正通知书，如图 3－42 所示。

国家税务总局澄迈县税务局[redacted]分局

责令限期改正通知书

澄迈税[redacted]限改[redacted]号

海南[redacted]有限公司（纳税人识别号：9146[redacted]）：

你（单位）违反税收管理，未按照规定期限办理纳税申报和报送纳税资料。

根据《中华人民共和国税收征收管理法》（中华人民共和国主席令〔2001〕第49号）第六十二条，限你（单位）于2020年12月21日前携带相关资料至我局申报办理逾期未申报的所属期2016年11月01日至2017年04月30日个人所得税逾期未申报；2019年06月06日之后未按规定期限办理纳税申报。

如对本通知不服，可自收到本通知之日起，六十日内依法向国家税务总局澄迈县税务局申请行政复议；或者自收到本通知之日起，六个月内依法向人民法院起诉。

二〇二〇年十二月十四日

[redacted]

图 3－42 “税务责令期限改正通知书”

（3）税务行政处罚决定书，如图3－43所示。

国家税务总局澄迈县税务局[redacted]税务分局
税务行政处罚决定书
澄迈税[redacted]局罚[redacted]号

海南[redacted]有限公司：（纳税人识别号：91469[redacted]）

经我局（所）对你（单位）申报纳税情况进行检查核实，你单位存在违法事实及处罚决定如下：

一、违法事实

所属期2016年11月01日至2017年04月30日个人所得税逾期未申报；2019年06月06日之后未按规定期限办理纳税申报。

二、处罚决定

根据《中华人民共和国税收征收管理法》第六十二条，决定罚款1260元。

以上应缴款项共计1 260.00元。限你单位自本决定书送达之日起15日内到国家税务总局澄迈县税务局缴纳入库。到期不缴纳罚款，我局（所）可依照《中华人民共和国行政处罚法》第五十一条第（一）项规定，每日按罚款数额的百分之三加处罚款。

如对本决定不服，可以自收到本决定书之日起六十日内依法向国家税务总局澄迈县税务局申请行政复议，或者自收到本决定书之日起六个月内依法向人民法院起诉。如对处罚决定逾期不申请复议也不向人民法院起诉、又不履行的，我局（所）将采取《中华人民共和国税收征收管理法》第四十条规定的强制执行措施，或者申请人民法院强制执行。

税务机关（签章）
二〇二〇年十二[redacted]

- 1 -

图3－43　“税务行政处罚决定书”

（4）准备解决税务异常的佐证材料：①填写税务申报表；②通用申报表。

活动实施：

（1）首先要带着《税务行政处罚决定书》到税务大厅缴纳罚款，罚款缴纳入库后，即可申请非正常户解除。

（2）带《营业执照副本》原件到税务局办理窗口，非正常户解除后，才能进行报表补报。

（3）收到《税收事项通知书》，如图 3－44 所示。

国家税务总局澄迈县税务局第一税务分局（办税服务厅）
税务事项通知书

澄迈税一局 税通 [redacted] 号

海南[redacted]有限公司：（纳税人识别号：91469[redacted]）

事由：取消非正常户通知

依据：《国家税务总局关于税收征管若干事项的公告》

通知内容：经审查，你（单位）符合取消非正常户的条件，准予取消非正常户。

特此通知。

税务机关

二〇二〇年十二月十五日

图 3－44 “税务事项通知书”

（4）填写《税务通用申报表》，完成申报，业务办结，如图 3－45 所示。

通用申报表（税及附征税费）

纳税人识别号：9146903315332111LS　　纳税人名称：海南万煌贸易有限公司　　金额单位：元

征收项目	征收品目	税（费）款所属期起	税（费）款所属期止	应税项（总数量或收入总额、应缴费人数、原值、面积、缴费基数等）	减除项（允许减除数量、金额、面积、已安排残疾人数等）	计税（费）依据	税（费）率或单位税额	应税所得率	速算扣除数	本期应纳税（费）额	减免税（费）额	减免性质	本期已缴税（费）额	本期应补（退）税（费）额
工会经费		2019.06.01	2020.12.31							0	0		0	0
个人所得税		2019.06.01	2020.12.31							0	0		0	0
增值税		2019.06.01	2020.12.31							0	0		0	0
企业所得税		2019.06.01	2020.12.31							0	0		0	0
城市维护建设税		2019.06.01	2020.12.31							0	0		0	0
教育费附加		2019.06.01	2020.12.31							0	0		0	0
地方教育费附加		2019.06.01	2020.12.31							0	0		0	0
合计	–	–	–	–	–	–	–	–	–	0	0	–	0	0

办税人：　　申报日期：2020 年 12 月 15 日　　受理人：　　受理日期：　　受理税务机关：

图 3－45 “通用申报表”

活动评价：

结合自己在操作过程中的实际完成情况评分，如表3－11所示。

表3－11　　活动评价表

评分项目（10分）		得分
知识评价	1. 是否能够表述解除非正常户申请的流程（1分）	
	2. 是否能够准备解除非正常户申请的资料（1分）	
	3. 是否了解税收登记管理的相关法律法规（1分）	
技能评价	1. 是否会查阅税收登记管理相关网站并搜集资料（1分）	
	2. 是否会到税务大厅办理解除非正常户申请事项（2分）	
	3. 是否会咨询税务局工作人员解决问题（1分）	
素养评价	1. 是否具有良好的责任意识（1分）	
	2. 是否具有守法合规（1分）	
	3. 是否具有谨慎细致的工作态度（1分）	
小　计		

活动拓展：

小组内通过角色扮演，完成税务、代账公司办税员沟通事项情景。

活动升华：

查一查：

公司多长时间没有报税会被税务机关列入非正常户？

活动3.3.3　开具完税证明

思政小贴士：

仔细查阅使用规定，要做到合法合规哦！

活动要求：

根据公司业务需要，登录电子税务局平台开具完税证明。

活动准备：

（1）开具完税证明期间。

（2）开具完税证明用途。

活动实施：

在电子税务局中的操作路径："我要办税"→"证明开具"→"开具税收完税证明（文书式）"→"在线办理"→"选择日期"→"下载"→"保存"，开具证明完成，如图3－46至图3－49所示。

图3－46 "电子税务局"|"在线办理"

图3－47 "在线办理"|"选择日期"

图 3－48　“在线办理”|“下载”

中 华 人 民 共 和 国

税 收 完 税 证 明

22(0326)46 证明 [redacted]

税务机关	国家税务总局海南省税务局	填发日期	2022年03月26日
纳税人名称	海南[redacted]有限公司	纳税人识别号	914[redacted]

税种	税款所属期	入（退）库日期	实缴（退）税款	征收机关
增值税	2020-01-01 至 2020-03-31	2020-04-26	3874.66	国家税务总局海口市秀英区税务局
增值税	2020-01-01 至 2020-03-31	2020-04-26	11549.34	国家税务总局海口市秀英区税务局
增值税	2020-07-01 至 2020-09-30	2020-10-27	4951.46	国家税务总局海口市秀英区税务局
增值税	2020-10-01 至 2020-12-31	2021-01-19	7273.63	国家税务总局海口市秀英区税务局
增值税	2020-10-01 至 2020-12-31	2021-01-19	69297.22	国家税务总局海口市秀英区税务局

本页以下内容为空

妥善保管　　　　手写无效

金额合计（大写）　玖万陆仟玖佰肆拾陆元叁角壹分　　￥96946.31

国家税务总局海南省税务局 税务机关（盖章） 业务专用章

备注：本完税证明信息可在国家税务总局海南省电子税务局（https://[illegible].gov.cn）的“公众服务”—“证明信息查询”栏目进行查验

填票人：海南省电子税务局01

本凭证不作纳税人记账、抵扣凭证

图 3－49　“在线办理”|“税收完税证明”

活动评价:

结合自己在操作过程中的实际完成情况评分，如表 3－12 所示。

表 3－12 活动评价表

评分项目（10 分）		得分
知识评价	1. 是否能够表述开具税收完税证明的流程（1 分）	
	2. 是否能够准备开具税收完税证明的资料（1 分）	
技能评价	1. 是否会在电子税务平台办理开具税收完税证明事项（4 分）	
	2. 是否会咨询税务局工作人员解决问题（1 分）	
素养评价	1. 是否具有良好的责任意识（1 分）	
	2. 是否具有政策法规、法律意识（1 分）	
	3. 是否具有谨慎细致的工作态度（1 分）	
小　　计		

活动拓展:

扫描右侧二维码，熟悉开具税收完税证明的相关操作。

3.16 开具完税证明

活动升华:

议一议：

能不能重复开具税收完税证明?

活动 3.3.4 申请退抵税

思政小贴士：

仔细查阅使用规定，要做到合法合规哦！

活动要求:

根据公司业务发生情况，在电子税务局平台完成 9 487.50 元退抵税申请。

活动准备:

查看《中华人民共和国税收征收管理法》，了解税收相关法规规定。

活动实施:

第一步：在电子税务局中依次点击“我要办税”→“一般退（抵）税管理”→“退抵税费申请（汇算清缴）”→“在线办理”，如图 3－50 所示。

图 3－50　“电子税务局”|“在线办理”

第二步：点击“在线办理”，弹出“纳税人存在未确认的汇算清缴结算多缴，金额为 9 487.5 元，请核实”提示框，确认后点击“确定”。

第三步：填写退抵税费申请（汇算清缴），填写标红色“＊”的内容，完成后，点击“附件资料”，上传申请表扫描件，如图 3－51、图 3－52 所示。

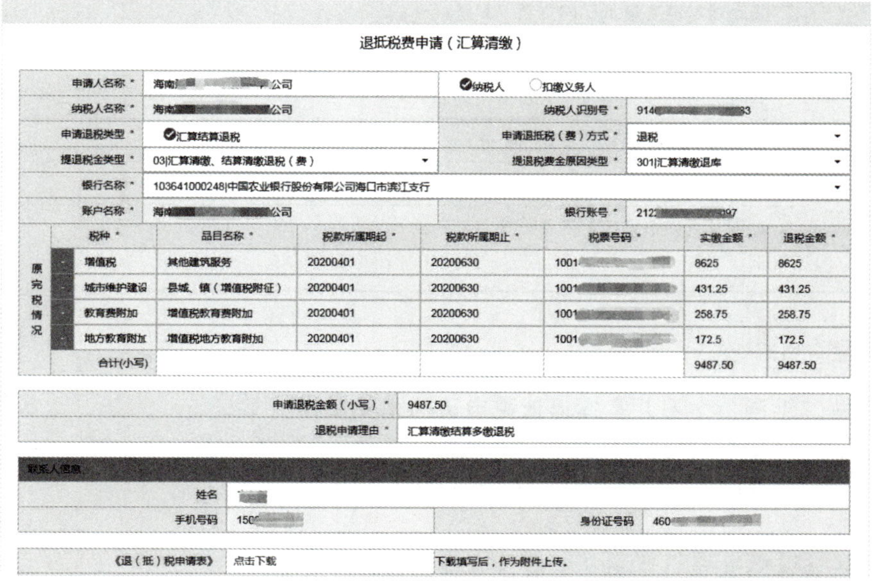

退抵税费申请（汇算清缴）

申请人名称 *	海南[redacted]公司	纳税人　扣缴义务人	
纳税人名称 *	海南[redacted]公司	纳税人识别号 *	914[redacted]33
申请退税类型 *	汇算结算退税	申请退抵税（费）方式 *	退税
提退税金类型 *	03|汇算清缴、结算清缴退税（费）	提退税费金原因类型 *	301|汇算清缴退库
银行名称 *	103641000248|中国农业银行股份有限公司海口市滨江支行		
账户名称 *	海南[redacted]公司	银行账号 *	212[redacted]97

原完税情况	税种 *	品目名称 *	税款所属期起 *	税款所属期止 *	税票号码 *	实缴金额 *	退税金额 *
	增值税	其他建筑服务	20200401	20200630	1001[redacted]	8625	8625
	城市维护建设	县城、镇（增值税附征）	20200401	20200630	1001[redacted]	431.25	431.25
	教育费附加	增值税教育费附加	20200401	20200630	1001[redacted]	258.75	258.75
	地方教育附加	增值税地方教育附加	20200401	20200630	1001[redacted]	172.5	172.5
	合计(小写)					9487.50	9487.50

申请退税金额（小写） *	9487.50
退税申请理由 *	汇算清缴结算多缴退税

联系人信息

姓名	[redacted]		
手机号码	150[redacted]	身份证号码	460[redacted]
《退（抵）税申请表》	点击下载	下载填写后，作为附件上传。	

图 3－51　“在线办理”|“退抵税费申请（汇算清缴）”

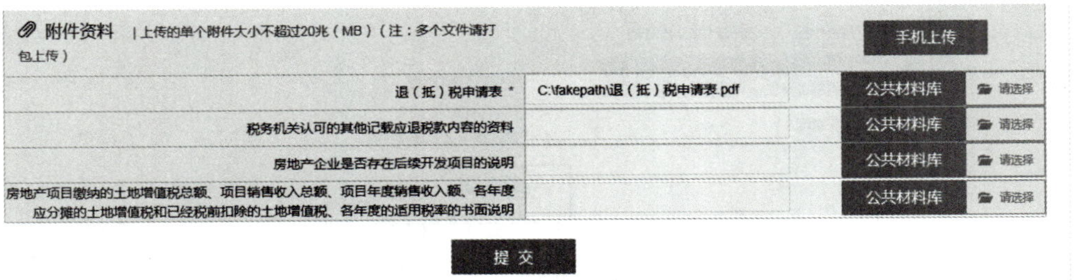

图 3－52 “在线办理”|“上传申请表扫描件”

温馨提示：

在线办理退抵税时，需要准备一份有单位盖章的退抵税费申请（汇算清缴）扫描件。

第四步：点击“提交”，系统弹出“经办人系本人，此项业务真实，我（单位）愿承担由此产生的一切法律责任”提示框，点击“确定”，弹出“您的申请已成功递交！”提示框，点击“确定”，完成申请。

活动评价：

结合自己在操作过程中的实际完成情况评分，如表 3－13 所示。

表 3－13　　活动评价表

评分项目（10 分）		得分
知识评价	1. 是否能够表述退抵税的流程（1 分）	
	2. 是否能够准备退抵税的资料（1 分）	
技能评价	1. 是否会在电子税务平台提交退抵税的申请（4 分）	
	2. 是否会咨询税务局工作人员解决问题（1 分）	
素养评价	1. 是否具有良好的责任意识（1 分）	
	2. 是否具有守法合规意识（1 分）	
	3. 是否具有谨慎细致的工作态度（1 分）	
小　　计		

活动拓展：

扫描右侧二维码，学习并掌握退抵税申请的相关操作。

3.17 申请退抵税

活动升华：

议一议：

如何在电子税务平台上查询办税进度及结果？

实战演练

一、单项选择题

1. 已经开具的发票存根联和发票登记簿，应当保存（　　）年。

A. 10　　B. 20　　C. 5　　D. 3

2. 纳税人因有特殊困难，不能按期缴纳税款的，经省、自治区、直辖市主管税务机关批准，可以延期缴纳税款，但是最长不得超过（　　）个月。

A. 1　　B. 6　　C. 5　　D. 3

3. 企业发生的公益性捐赠支出，在年度利润总额（　　）以内的部分，准予在计算应纳税所得额时扣除。

A. 10%　　B. 12%　　C. 5%　　D. 15%

4. 企业纳税年度发生的亏损，准予向以后年度结转，用以后年度的所得弥补，但结转年限最长不得超过（　　）年。

A. 5　　B. 3　　C. 6　　D. 10

5. 下列收入中，为免税收入的是（　　）。

A. 转让财产收入　　B. 销售货物收入

C. 提供劳务收入　　D. 国债利息收入

二、多项选择题

1. 领用发票的方式有（　　）。

A. 邮寄　　B. 办税大厅自取

C. 自助终端　　D. 以上答案都对

2. 办税人员登录电子税务局的验证方式有（　　）。

A. 手机扫二维码验证登录　　B. 手机短信验证码登录

C. 密码登录　　D. 以上答案都对

3. 任何单位和个人应当按照发票管理规定使用发票，下列行为中，错误的是（　　）。

A. 转借、转让、介绍他人转让发票、发票监制章和发票防伪专用品

B. 知道或者应当知道是私自印制、伪造、变造、非法取得或者废止的发票而受让、开具、存放、携带、邮寄、运输

C. 不可以拆本使用发票

D. 扩大发票使用范围

4. 在计算应纳税所得额时，下列支出中，不得税前扣除的有（　　）。

A. 向投资者支付的股息、红利等权益性投资收益款项

B. 被没收财物的损失

C. 税收滞纳金

D. 罚金、罚款

5. 下列固定资产中，不得计提折旧的有（　　）。

A. 房屋、建筑物以外未投入使用的固定资产

B. 以经营租赁方式租入的固定资产

C. 以融资租赁方式租入的固定资产

D. 已足额提取折旧仍继续使用的固定资产

三、判断题

1. 需要领购发票的单位和个人，应当持税务登记证件、经办人身份证明、按照国务院税务主管部门规定式样制作的发票专用章的印模，向主管税务机关办理发票领购手续。(　　)

2. 开具发票应当按照规定的时限、顺序、栏目，全部联次一次性如实开具，并加盖发票专用章。(　　)

3. 开具发票的单位和个人应当按照税务机关的规定存放和保管发票，不得擅自损毁；已经开具的发票存根联和发票登记簿，应当保存10年。(　　)

4. 2021年8月1日起，增值税及附加税（费）分别申报。(　　)

5. 与经营活动无关的固定资产不得计算折旧并税前扣除。(　　)

实战演练答案：

一、单项选择题

1. C　2. D　3. B　4. A　5. D

二、多项选择题

1. ABCD　2. ABCD　3. ABD　4. ABCD　5. ABD

三、判断题

1. √　2. √　3. ×　4. ×　5. √

项目 4 商事主体登记事务代理

思政导入：

从前，有两个饥饿的人得到了一位长者的恩赐：一根鱼竿和一篓鲜活硕大的鱼。其中，一个人要了一篓鱼，另一个人要了一根鱼竿，于是他们分道扬镳了。得到鱼的人狼吞虎咽，把鱼吃了个精光。吃完鱼又没有什么办法维持生活，不久便饿死了。另一个人则提着鱼竿继续忍饥挨饿，一步一步艰难地向海边走去，还没走到海边就饿死了。

又有两个饥饿的人，他们同样得到了长者恩赐的一根鱼竿和一篓鱼。只是他们并没有各奔东西，而是商定共同去找寻大海，他俩每次只煮一条鱼，经过了遥远的跋涉，终于来到了海边。从此，两人开始了捕鱼为生的日子，几年后，他们盖起了房子，有了各自的家庭、子女、自己建造的渔船，过上了幸福安康的生活。

思政启示：

这是一个活生生的“合作”才能生存的例子。一个人走得快，一群人才能走得远。一个人没有团队精神难成大事，一个企业没有团队精神将成为一盘散沙，一个民族没有团队精神将难以强大。

名人名言：

五人团结一只虎，十人团结一条龙，百人团结像泰山。

——邓中夏

知识目标：

1. 能够表述注册、变更、注销商事主体，年度报告和经营异常移出的流程
2. 能够准备注册、变更、注销商事主体，年度报告和经营异常移出的资料

3. 了解注册、变更、注销商事主体，年度报告和经营异常移出的相关法律法规

技能目标：

1. 会查阅市监、税务和银行等相关网站并搜集资料
2. 会使用 e 登记和国家企业信用信息公示系统
3. 会咨询市监、税务和银行等部门工作人员解决问题

思政目标：

1. 培养良好的服务、责任意识
2. 树立政策法规、法律意识
3. 培养谨慎细致的工作态度

思维导图：

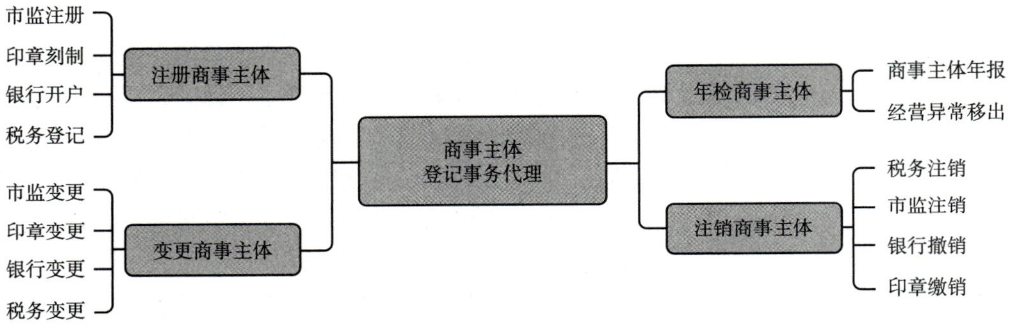

任务 4.1 注册商事主体

4.1 注册公司任务动画

任务情境：

2021 年 1 月 20 日，中共中央、国务院强调在海南建设自由贸易港，吸引越来越多的企业进驻海南，现有一客户需要在海口注册一家贸易公司，委托海口博亿代理记账有限公司代理服务，资料如表 4－1 所示。

表 4－1 注册公司基本信息表

公司名称	1. 海南智博贸易有限责任公司		
	2. 海南智联贸易有限责任公司（备用）		
	3. 海南博易贸易有限责任公司（备用）		
法定代表人	谢 * 新	职务	总经理
注册资本	500 万	公司类型	有限责任公司
公司地址	海南省海口市 ************ 1005 房		

续表

经营范围	货物进出口，养老服务及护理，健康管理服务，医疗保健服务，健康咨询，酒店管理，餐饮服务，烟草制品零售

股东出资情况

姓 名	出资时间	出资方式	认缴出资额（万元）	出资比例
谢*新	2041 年 12 月 1 日	货币	150 万	30%
郑*林	2041 年 12 月 1 日	货币	150 万	30%
沈*军	2041 年 12 月 1 日	货币	200 万	40%

法定代表人信息

姓 名	谢*新	固定电话	0898－62 **** 56
移动电话	199 **** 6666	电子邮箱	10 **** 841@ qq. com
身份证件类型	中华人民共和国居民身份证	身份证号码	510 *********** 4912

财务负责人信息

姓 名	许*兵	固定电话	0898－63 **** 48
移动电话	138 **** 1155	电子邮箱	10 **** 541@ qq. com
身份证件类型	中华人民共和国居民身份证	身份证号码	35 *********** 0501

监事信息

姓 名	郑*林	固定电话	0898－62 **** 32
移动电话	173 **** 777	电子邮箱	10 **** 041@ qq. com
身份证件类型	中华人民共和国居民身份证	身份证号码	46 *********** 1079

续表

股东身份证信息			

税务登记信息			
纳税人类型	小规模纳税人	财务、会计制度	小企业会计制度
折旧方法	平均年限法	低值易耗品摊销方法	一次摊销
报税期	季报	成本核算方法	全月一次平均法
办税人员信息			
姓　名	张＊雨	移动电话	186 **** 666
身份证件类型	中华人民共和国居民身份证	身份证号码	36 *********** 6538

活动 4.1.1　市监注册

思政小贴士：

与客户有效沟通，一定要保质保量按时完成任务哦！

活动要求：

根据客户需求以及提供的相关资料信息，使用 e 登记完成市监注册并领取营业执照。

活动准备：

一、公司核名

查看《企业名称相同相近比对规则》和《企业名称禁限用规则》相关规定，熟悉企业名称使用相关要求。

4.2　企业名称相同相近比对规则　　4.3　企业名称禁限用规则

二、公司设立

查看《中华人民共和国市场主体登记管理条例》相关规定，熟悉公司设立相关要求，查看《企业类型》相关规定，熟悉公司类型相关要求。

4.4 市场主体登记管理条例　　　　4.5 企业类型

思政小贴士：

仔细查阅法律法规，一定要做到知法守法哦！

活动实施：

市监注册流程分为两种情况：一是名称自主申报，系统自动审核；二是名称自主申报，全岛通办注册官审核。如有字号有授权使用情形，需要上传非格式化文书的，需要全岛通办随机分派注册官审核，如图4－1所示。

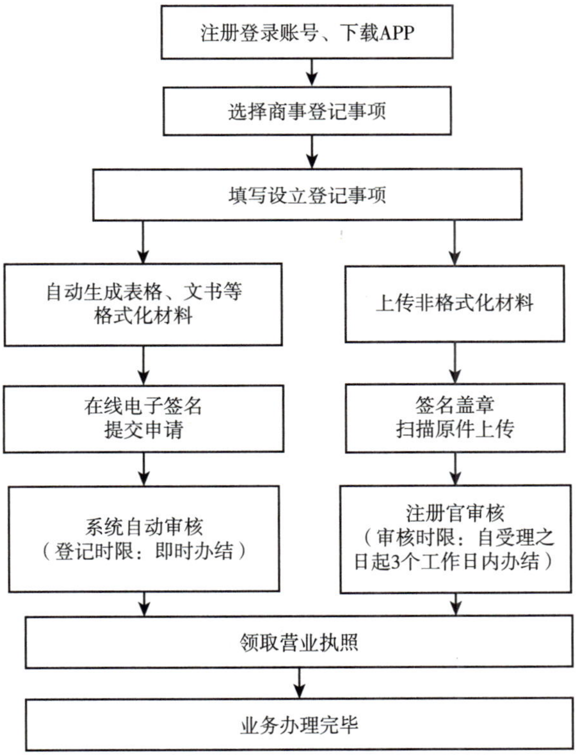

图4－1 市监注册流程图

一、公司核名

（一）新用户注册

2019年1月开始，国家实行网上自主申报登记业务。本案例以海南为例，用户可在互联网登录“海南省市场监督管理局”（以下简称市监局）官方网站，点击主页面下方“海南e登记”图标进入，如图4－2所示。

图 4－2 “海南市场监督管理局”|“海南 e 登记”

第一步：打开海南 e 登记主网页，第一次进入该网页的用户，在页面的右侧有“用户密码登录”菜单栏目，选择点击该菜单栏目的右下角文字“新用户注册”，进入“新用户注册”页面，如图 4－3 所示。

图 4－3 “海南 e 登记”|“新用户注册”

第二步：进入新用户注册页面，请按照“用户注册”页面中的内容填写，带红色“＊”的内容都是必须填写的项目，所有人注册账号都是一个身份证件号注册一个账号，这个账号可以同时在官网、移动端 APP 等方式的海南 e 登记进行登录，如图 4－4 所示。

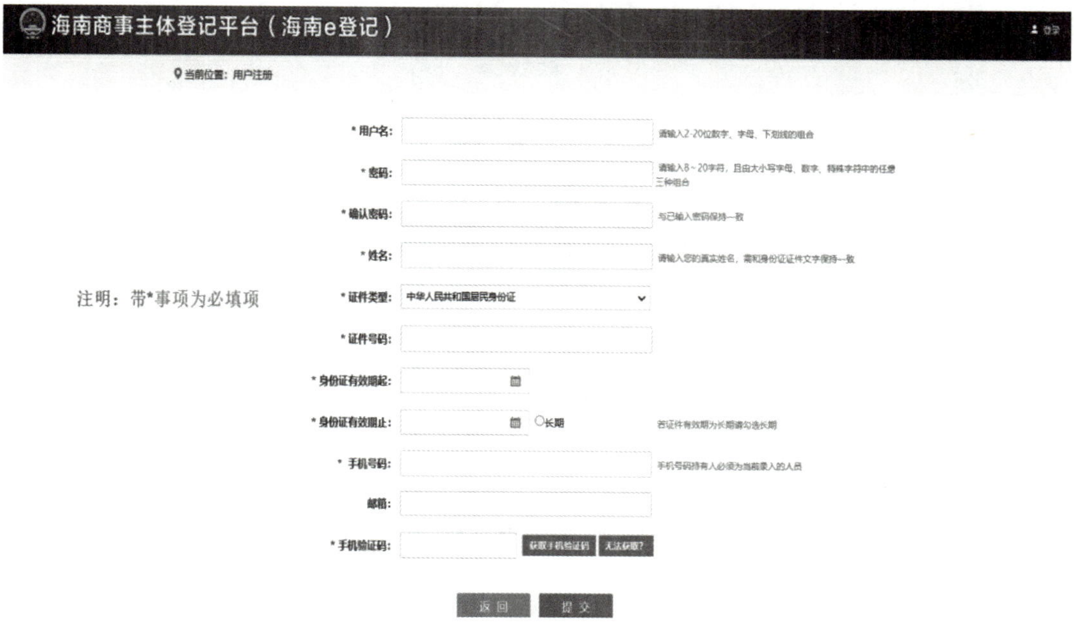

图 4－4　新用户注册

第三步：如实填写后，点击“获取手机验证码”，申请人将手机中收到的验证码填入到“手机验证码”框中，申请人须填写正确的本人手机号，才能收到验证码短信。填写完毕后，点击“提交”。

第四步：提交后新用户注册成功，系统提示申请人记住自己的账号和密码，返回主页面，在右侧的“账号登录”栏目中进行登录，登录后可自主申报登记业务。

想一想：

如何在手机上下载海南 e 登记 APP？

- 第一步：用手机在官网上扫二维码下载“海南 e 登记 APP”。
- 第二步：安装完成，用在官网注册的账号和密码登录“海南 e 登记 APP”。
- 第三步：登录账号后，可以进行“云证书申请”或者“身份认证”操作。

（二）名称登记

在海南 e 登记“名称自主申报”页面中依次填写名称信息和补充信息，生成电子文档，进行电子签名并提交申请。

思政小贴士：

认真填写各项信息，养成谨慎细致的工作态度哦！

第一步：进入“申请企业名称”录入页面，填录相关信息，如图 4－5 所示。

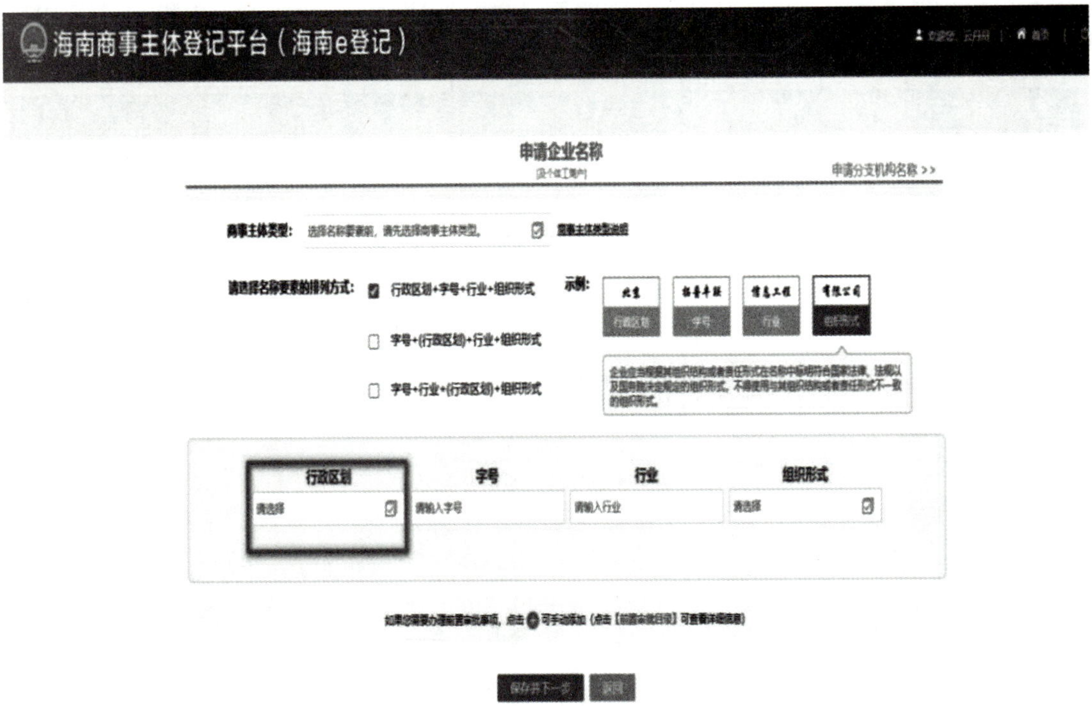

图 4－5 “名称自主申报”|“申请企业名称”

商事主体类型。填录方式为选择式，系统会弹出“商事主体类型”选择窗口，包含内资企业、农民专业合作社和个体工商户三大类型。

行政区划。填录方式为选择式，系统会弹出包含“企业住所所在地”和“名称行政区划”两类候选内容的选择窗口。经办人以先选“企业住所所在地”后选“名称行政区划”的顺序完成选择后，点击确定即完成填录。

字号。填录方式为自行输入任意中文字段。

行业。填录方式为半选择式，经办人自行输入任意中文字段，系统联想读取行业代码和行业名称，提供规范名称候选框供经办人选取。经办人从候选框中选择行业名称来进行规范填录。

组织形式。填录方式为选择式，系统会根据前面选择的“商事主体类型”弹出对应的“组织形式”选择窗口。

名称检查。经办人仔细查看页面下方的“合成名称”，确认名称符合自己需求后。点击“检查是否可用”按钮来进行名称可用情况检查。系统会弹出窗口说明检查结果。如检查结果无任何异常，也不需要添加任何授权信息和前置审批事项信息，则可点击“保存并下一步”按钮。如检查结果存在异常或需要添加授权信息和前置审批事项，按要求进行更正，如图 4－6 所示。

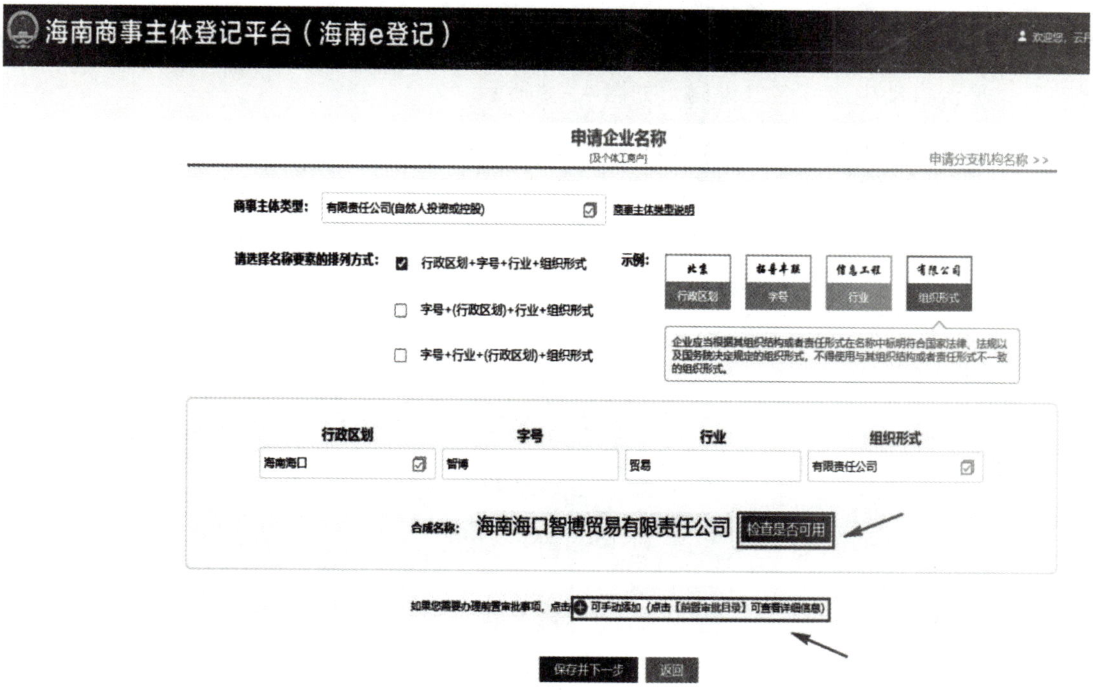

图 4－6　“名称自主申报”|“名称信息”

第二步：进入“补充信息”录入页面，填录相关信息，如图 4－7 所示。

图 4－7　“名称自主申报”|“补充信息”

第三步：进入预览和签名页面。

预览《商事主体名称自主申报申请书》等文书材料后，点击页面下方“签名”按钮进行签名，平台自动生成签名二维码，如图4－8所示。

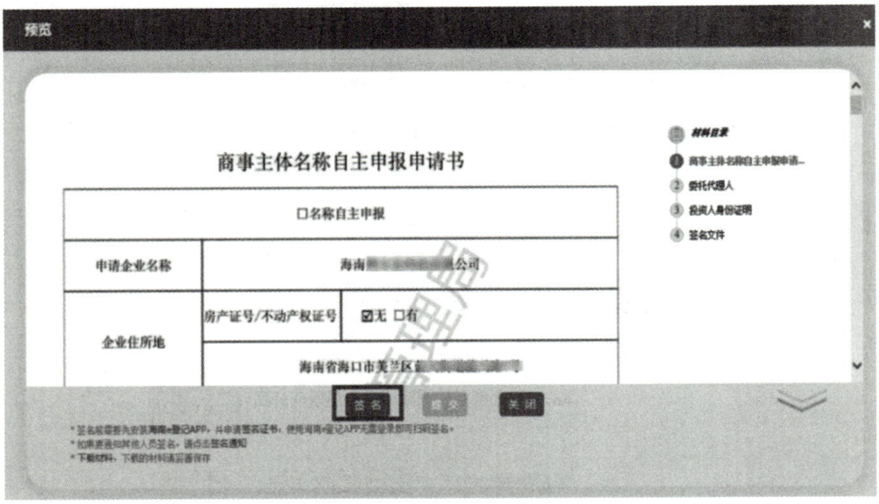

图4－8 “名称自主申报”|“签名”

打开手机版海南e登记APP登录后，点击页面“扫码”，扫描二维码签名，扫码成功后，进入“身份认证”和“电子签名”环节。

第四步：确认提交，系统自动审核。

二、公司设立

在海南e登记“设立登记”页面中依次填写基本信息、人员信息、章程、多证合一、证照分离、公积金信息、社保信息、税务发票信息、刻制印章、银行开户、领取方式和上传材料，生成电子文档，进行电子签名并提交申请，如图4－9所示。

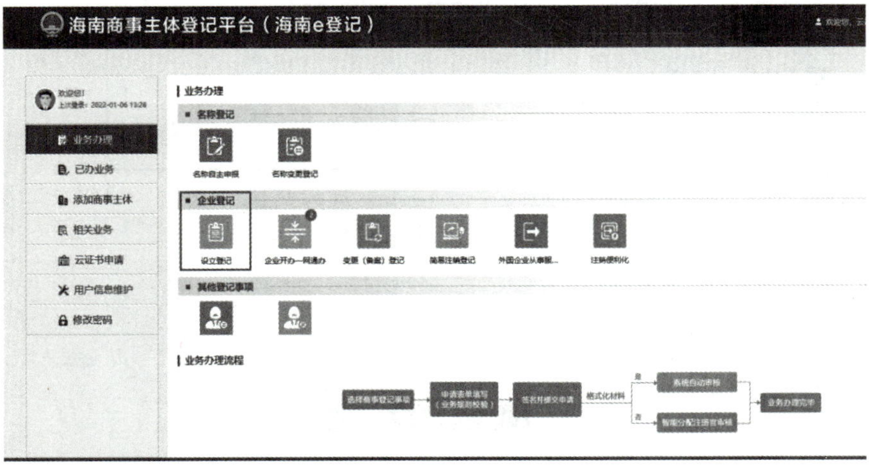

图4－9 设立登记

第一步：登录设立登记自主申报页面，填写基本信息，如图 4 – 10 所示。

图 4 – 10　“设立登记”|“基本信息”

第二步：填报“人员信息”，如图 4 – 11 所示。

图 4 – 11　“设立登记”|“人员信息”

议一议：

法定代表人只能由谁担任？法定代表人能否担任财务负责人？哪些人员不能担任监事？

- 总经理仅为1人，可由董事长、执行董事、董事兼任，法定代表人只能由执行董事、董事长或总经理担任。
- 法定代表人不可担任财务负责人。
- 法定代表人、财务负责人、管理人员（包括董事/理事、执行董事、总经理）不得担任监事。
- 如果董事、总经理、法定代表人、监事是股东，职务产生方式为选举，任免机构为股东会（股东）；如果董事、总经理、法定代表人、监事不是股东，职务产生方式为聘用，任免机构为股东会（股东）。

第三步：进入“章程”页面。如果勾选“自动合成”，系统根据经办人填报的信息自动生成格式化章程，确认无误后，点击“保存并预览”，预览无误后，点击“保存并下一步”，如图4－12所示。

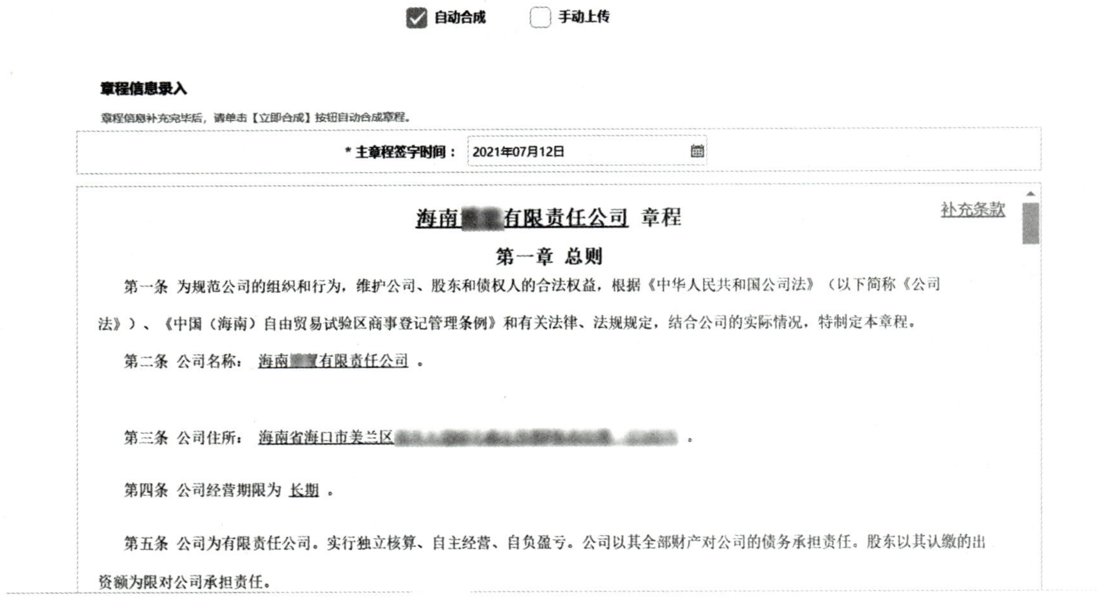
自动合成
手动上传
章程信息录入
章程信息补充完毕后，请单击【立即合成】按钮自动合成章程。
* 主章程签字时间：
2021年07月12日
海南有限责任公司 章程
补充条款
第一章 总则
第一条 为规范公司的组织和行为，维护公司、股东和债权人的合法权益，根据《中华人民共和国公司法》（以下简称《公司法》）、《中国（海南）自由贸易试验区商事登记管理条例》和有关法律、法规规定，结合公司的实际情况，特制定本章程。
第二条 公司名称：海南有限责任公司 。
第三条 公司住所：海南省海口市美兰区 。
第四条 公司经营期限为 长期 。
第五条 公司为有限责任公司。实行独立核算、自主经营、自负盈亏。公司以其全部财产对公司的债务承担责任。股东以其认缴的出资额为限对公司承担责任。

图4－12 “设立登记”|“章程”

第四步：检查补充“多证合一”页面。系统为商事主体登记经营范围，自动匹配“多证合一”信息，如存在遗漏，经办人可以添加许可事项，如图4－13所示。

图 4－13　“设立登记”|“多证合一”

第五步：检查补充“证照分离”页面。系统为商事主体类型和登记经营范围，自动匹配“证照分离”信息，如存在遗漏，经办人可以添加许可事项，如图 4－14 所示。

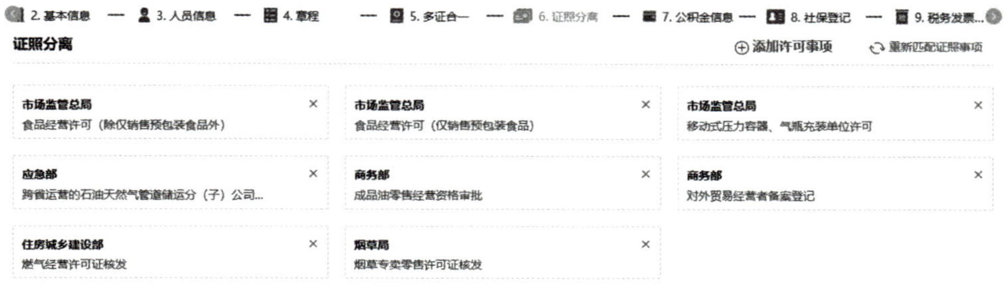

图 4－14　“设立登记”|“证照分离”

第六步：进入“公积金信息”页面，填写相关信息，如图 4－15 所示。

图 4－15　“设立登记”|“公积金信息”

第七步：进入“社保登记”页面。录入单位参保信息，带＊号为必填项。如有职工参保，点击“新增”，没有跳过即可，后续有职工需要参保再行办理，如图 4－16 所示。

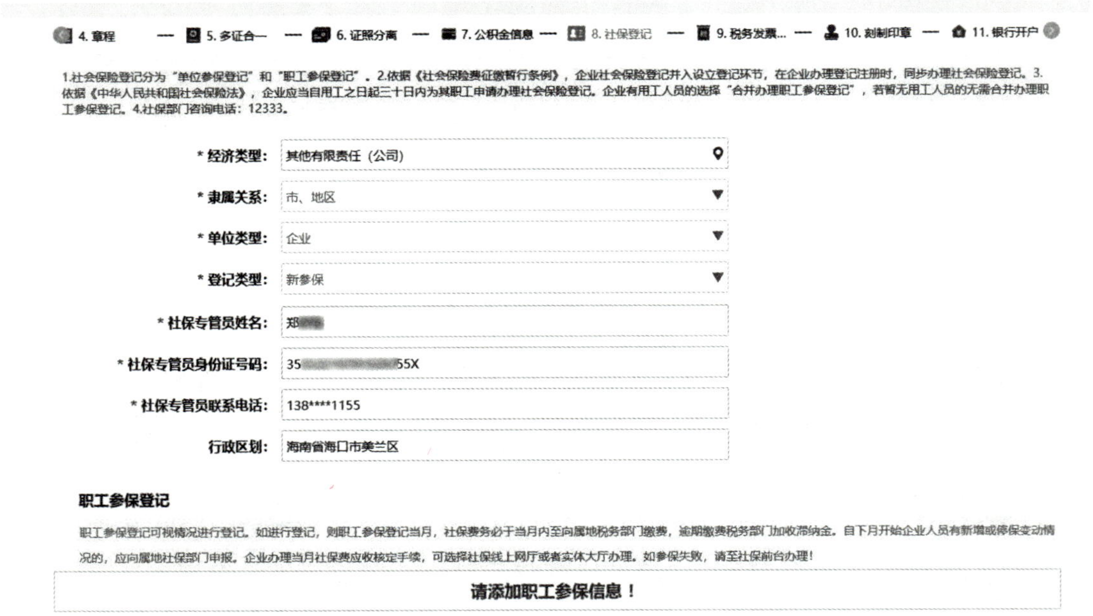
4. 章程
5. 多证合一
6. 证照分离
7. 公积金信息
8. 社保登记
9. 税务发票...
10. 刻制印章
11. 银行开户
1.社会保险登记分为“单位参保登记”和“职工参保登记”。2.依据《社会保险费征缴暂行条例》，企业社会保险登记并入设立登记环节，在企业办理登记注册时，同步办理社会保险登记。3.依据《中华人民共和国社会保险法》，企业应当自用工之日起三十日内为其职工申请办理社会保险登记。企业有用工人员的选择“合并办理职工参保登记”，若暂无用工人员的无需合并办理职工参保登记。4.社保部门咨询电话：12333。
* 经济类型：其他有限责任（公司）
* 隶属关系：市、地区
* 单位类型：企业
* 登记类型：新参保
* 社保专管员姓名：郑
* 社保专管员身份证号码：35 55X
* 社保专管员联系电话：138****1155
行政区划：海南省海口市美兰区
职工参保登记
职工参保登记可视情况进行登记。如进行登记，则职工参保登记当月，社保费务必于当月内至向属地税务部门缴费，逾期缴费税务部门加收滞纳金。自下月开始企业人员有新增或停保变动情况的，应向属地社保部门申报。企业办理当月社保费应收核定手续，可选择社保线上网厅或者实体大厅办理。如参保失败，请至社保前台办理！
请添加职工参保信息！

图 4－16 “设立登记”|“社保信息”

第八步：进入“税务发票”页面。填写税务登记信息，如图 4－17 所示。

5. 多证合一
6. 证照分离
7. 公积金信息
8. 社保登记
9. 税务发票...
10. 刻制印章
11. 银行开户
12. 领取方式
说明：1.税务登记已纳入“多证合一”事项，企业登记注册的同时需在线补充填报税务登记信息，确认后营业执照上加载的统一社会信用代码就是企业的纳税人识别号。2.若需“申领发票”的，申领发票信息、申领税控设备及购票人信息为必填项；若“暂不申领发票”的，待需要发票时再前往办税服务厅或登录电子税务局申请。3.若需领用增值税普通发票、增值税电子普通发票的，可在线免费申领赠送的税务Ukey设备用于开具发票；若需领用增值税专用发票的，在线提交申请后需前往政务中心领购相应的税控盘用于开具发票，税控盘由航天信息和百旺金赋两家税控设备服务商提供。4.企业应当依法履行纳税义务，按期申报、缴纳税款；同时，企业可在经营地税务机关接受纳税辅导，办理发票、税收优惠等相关业务；如在办理涉税事宜时遇到问题和困难，请拨打咨询电话：12366。
税务登记信息（确认）
税务登记信息（确认）信息
* 会计制度名称：小企业会计准则
* 办税人姓名 杜
* 身份证件类型 中华人民共和国居民身份证
* 身份证件号码 46 021
* 移动电话 151****3285
* 固定电话 151 85

图 4－17 “设立登记”|“税务发票”|“税务登记信息”

如果需要现在领取发票，选择“预约税务开票”，如果不需要现在领取发票，选择“暂不预约税务开票”；如果为一般纳税人，是否登记为一般纳税人处选择“是”，如果为小规模纳税人，是否登记为一般纳税人处选择“否”，如图 4－18 所示。

预约税务开票　暂不预约税务开票
一般纳税人登记信息
"温馨提示"：自企业办理开业登记起，为小规模纳税人的，按照3%征收率计算增值税应纳税额。如企业选择登记为一般纳税人的，自一般纳税人生效之日起，按照增值税一般计税方法计算应纳税额，自2019年4月1日起，增值税一般纳税人税率共3档，分别为：13%、9%、6%。生效之日，是指办理登记的当月1日或者次月1日，由企业在办理登记手续时自行选择；企业登记为一般纳税人后，不得转为小规模纳税人，国家税务总局另有规定的除外。请您结合实际情况，慎重选择！
* 是否登记为一般纳税人　是　否
申请发票信息
序号　票种种类　最高限额　发票份数　操作
1　2016版增值税普通发票（二联折叠票）　十万元　50　删除
2　增值税电子普通发票　十万元　50　删除
温馨提示：发票种类名称可选择2016版增值税普通发票（二联折叠票）、2016版增值税普通发票（五联折叠票）、增值税电子普通发票、增值税专用发票（中文三联无金额限制版）、增值税专用发票（中文六联无金额限制版）和增值税电子专用发票，初次申领发票限量限额。
申领税控设备
温馨提示：国家税务总局在增值税发票管理系统2.0版（简称发票系统2.0版）的基础上进行升级改造，搭建增值税电子发票公共服务平台为纳税人免费提供增值税发票基础服务。税务Ukey是纳税人在公共服务平台的身份证及加密设备，是增值税发票数据安全存储载体，是具有承载发票数据读写、抄报税、开票控制和密码验证功能的发票开具钥匙。若您申请了增值税普通发票（纸质发票或电子发票），您须申领税务Ukey（免费领取），以便于办理普通发票开具等业务。
* 是否领取免费Ukey　领取税务Ukey　不领取税务Ukey
购票人信息
序号　姓名　证件种类　证件号码　移动电话　操作
1　杜　中华人民共和国居民身份证　46　021　151****3285　删除

图 4－18　“设立登记”|“税务发票”|“申请发票信息”

第九步：进入“刻制印章”页面。公司根据实际需要选择“政府免费刻章”“企业自费刻章”“暂不刻制印章”，如图 4－19 所示。

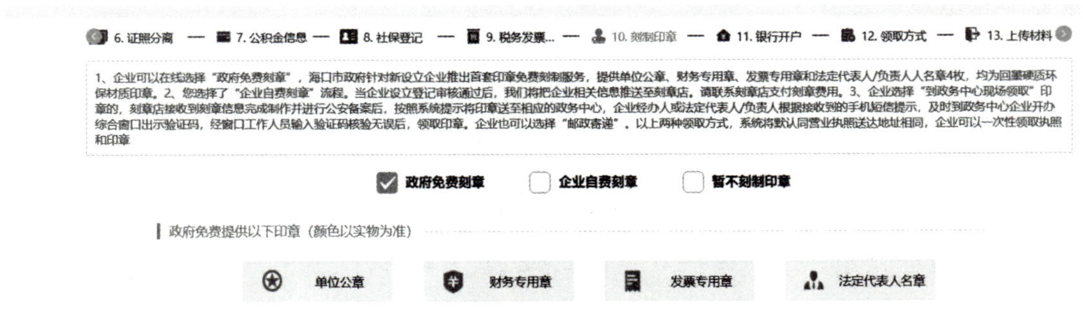
6. 证照分离 — 7. 公积金信息 — 8. 社保登记 — 9. 税务发票... — 10. 刻制印章 — 11. 银行开户 — 12. 领取方式 — 13. 上传材料
1、企业可以在线选择"政府免费刻章"，海口市政府针对新设立企业推出首套印章免费刻制服务，提供单位公章、财务专用章、发票专用章和法定代表人/负责人人名章4枚，均为回墨硬质环保材质印章。2、您选择了"企业自费刻章"流程。当企业设立登记审核通过后，我们将把企业相关信息推送至刻章店。请联系刻章店支付刻章费用。3、企业选择"到政务中心现场领取"印章的，刻章店接收到刻章信息完成制作并进行公安备案后，按照系统提示将印章送至相应的政务中心，企业经办人或法定代表人/负责人根据接收到的手机短信提示，及时到政务中心企业开办综合窗口出示验证码，经窗口工作人员输入验证码核验无误后，领取印章。企业也可以选择"邮政寄递"。以上两种领取方式，系统将默认同营业执照送达地址相同，企业可以一次性领取执照和印章
政府免费刻章　企业自费刻章　暂不刻制印章
政府免费提供以下印章（颜色以实物为准）
单位公章　财务专用章　发票专用章　法定代表人名章

图 4－19　“设立登记”|“刻制印章”

第十步：进入“银行开户”页面。公司根据实际需要选择“预约办理银行开户业务”“暂不办理银行开户业务”，如图 4－20 所示。

7. 公积金信息 — 8. 社保登记 — 9. 税务发票... — 10. 刻制印章 — 11. 银行开户 — 12. 领取方式 — 13. 上传材料 — 14. 电子文档
说明：1、以下银行将为您提供企业银行结算账户开户服务；2、当您选择办理银行开户业务时，视为同意系统同步推送您在市场监管局注册的设立登记信息至您选择开户的银行，以便您顺利办理开户，并免于您到银行柜台重复提交纸质申请材料；3、当您通过本平台申报银行开户后，银行将以送短信的方式告知您获得预开户的企业银行账号，您需要按短信提示内容在规定时间内携带公章印鉴等必要的资料到银行柜台激活账号，银行依其程序核实后办理；4、在线申请银行开户免收开户手续费。5、账户应依法合规使用：①严禁向他人出租、出借、出售账户；严禁组织他人注册公司、办理银行对公账户进行贩卖。违反上述规定构成犯罪的将被追究刑事责任。②假冒他人身份或虚构代理关系开立银行账户的单位，五年内暂停银行账户非柜面结算业务，并不得开立新账户；人民银行将单位、个人信息移送金融信用信息基础数据库，并向社会公布。③请务必妥善保管您单位名下银行账户，并充分了解银行账户管理使用风险，不得利用银行账户进行洗钱、偷逃税款、逃废债务、电信网络诈骗及其他违法犯罪活动。
预约办理银行开户业务
暂不办理银行开户业务
BANK
上一步
下一步
返回

图 4－20 “设立登记”|“银行开户”

第十一步：进入“领取方式”页面，如图 4－21 所示。

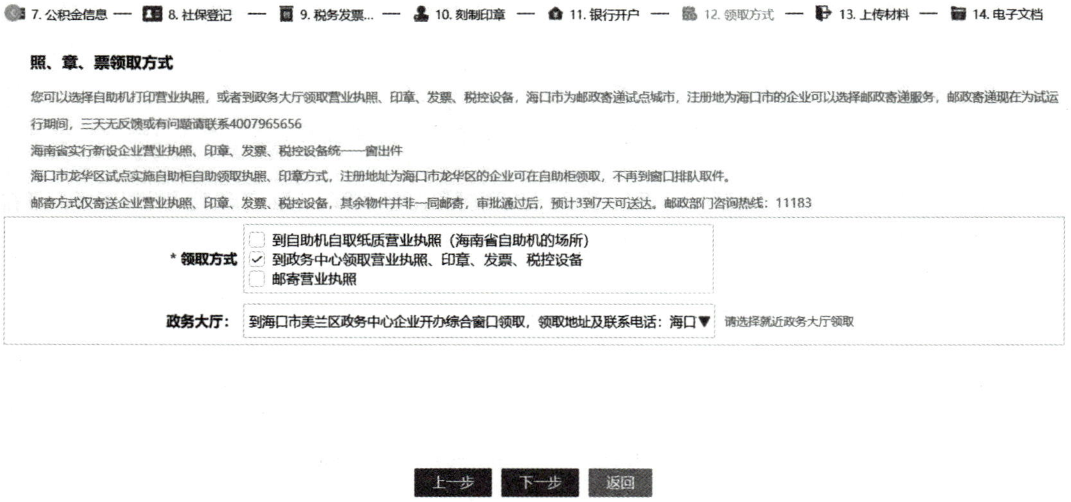
7. 公积金信息 — 8. 社保登记 — 9. 税务发票... — 10. 刻制印章 — 11. 银行开户 — 12. 领取方式 — 13. 上传材料 — 14. 电子文档
照、章、票领取方式
您可以选择自助机打印营业执照，或者到政务大厅领取营业执照、印章、发票、税控设备，海口市为邮政寄递试点城市，注册地为海口市的企业可以选择邮政寄递服务，邮政寄递现在为试运行期间，三天无反馈或有问题请联系4007965656
海南省实行新设企业营业执照、印章、发票、税控设备统一窗出件
海口市龙华区试点实施自助柜自助领取执照、印章方式，注册地址为海口市龙华区的企业可在自助柜领取，不再到窗口排队取件。
邮寄方式仅寄送企业营业执照、印章、发票、税控设备，其余物件并非一同邮寄，审批通过后，预计3到7天可送达。邮政部门咨询热线：11183
* 领取方式
到自助机自取纸质营业执照（海南省自助机的场所）
到政务中心领取营业执照、印章、发票、税控设备
邮寄营业执照
政务大厅：
到海口市美兰区政务中心企业开办综合窗口领取，领取地址及联系电话：海口
请选择就近政务大厅领取
上一步
下一步
返回

图 4－21 “设立登记”|“领取方式”

第十二步：进入“上传材料”页面。经办人不上传材料，登记业务系统自动审核，直接点击“保存并预览”即可。如果经办人在本页面上传任何非格式化材料，将转入人工审核流程，如图 4－22 所示。

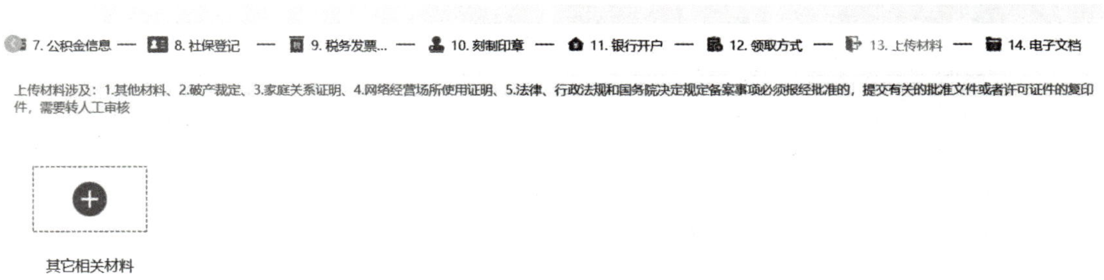

图 4－22 “设立登记”|“上传材料”

第十三步：生成电子文档，进行电子签名。进入预览，《公司登记（备案）申请书》、章程、承诺书等平台自动生成的格式化文书材料，经办人确认无误后，点击预览页面下方“签名”按钮进行签名，向所有符合电子签名的人员发送电子签名链接，如图 4－23 所示。

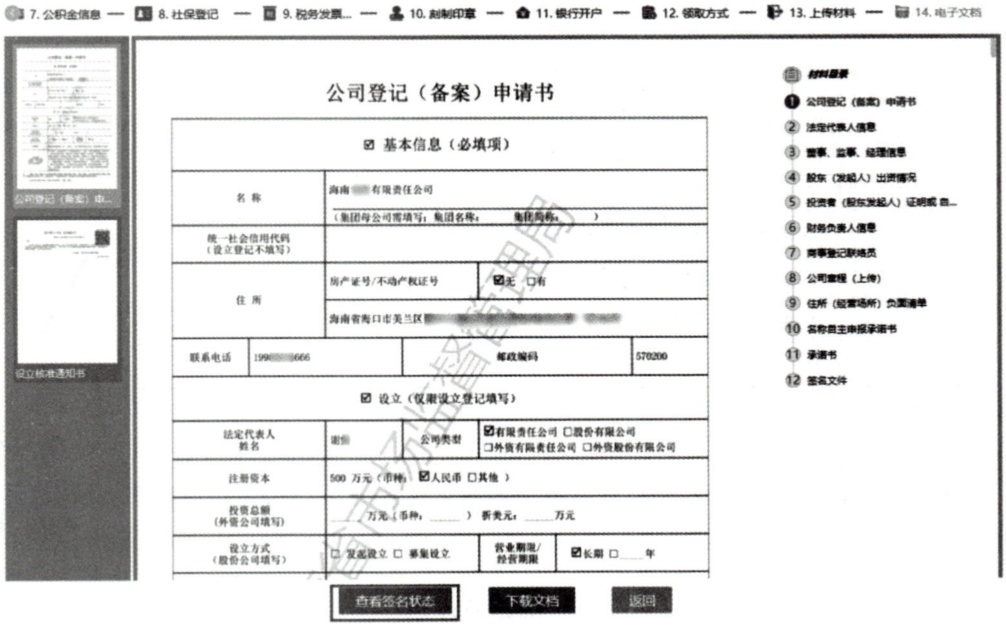

图 4－23 “设立登记”|“电子文档”

第十四步：提交申请，系统自动审核。

温馨提示：

公司设立登记后，登记平台自动生成电子营业执照。若需要申领纸质营业执照的，由经办人到属地领取纸质营业执照，电子营业执照与纸质营业执照具有同等法律效力。

议一议：

领取营业执照需要准备哪些资料？

- 准予设立登记通知书
- 企业登记颁证及归档记录表
- 经办人身份证原件

活动评价：

结合自己在操作过程中的实际完成情况评分，如表4－2所示。

表4－2　　活动评价表

评分项目（10分）		得分
知识评价	1. 是否能够表述市监注册的流程（1分）	
	2. 是否能够准备市监注册的资料（1分）	
	3. 是否能够了解市监注册的相关法律法规（1分）	
技能评价	1. 是否会查阅市监注册的相关网站并搜集资料（1分）	
	2. 是否会使用e登记进行市监注册（1分）	
	3. 是否会咨询市场监督部门工作人员解决问题（1分）	
素养评价	1. 是否具有良好的服务意识（1分）	
	2. 是否具有良好的责任意识（1分）	
	3. 是否具有政策法规、法律意识（1分）	
	4. 是否具有谨慎细致的工作态度（1分）	
小　计		

活动拓展：

扫描右侧二维码，登录中联仿真系统，完成软件开发公司的市监注册。

4.6 软件开发公司市监注册

活动升华：

登录中联仿真系统，完成个体工商户的市监注册，资料如表4－3所示。

表4－3　　注册个体户基本信息表

个体户名称	1. 海南海口百味快餐店		
	2. 海南海口美味快餐店（备用）		
	3. 海南海口大众快餐店（备用）		
经营者	冯*小	注册日期	2022年1月5日
注册资本	30万		
个体户地址	海南省海口市************102房		
经营范围	餐饮服务		

续表

经营者信息			
姓 名	冯 * 小	固定电话	0898 - 62 **** 38
移动电话	186 **** 2451	电子邮箱	22 **** 854@ qq. com
身份证件类型	中华人民共和国居民身份证	身份证号码	460 *********** 2154

税务登记信息			
征收方式	核定征收	应纳税经营额	5 万/月

想一想：

- 公司市监注册和个体户市监注册的流程有哪些相同点？
- 公司市监注册和个体户市监注册的流程有哪些不同点？

活动 4.1.2　印章刻制

思政小贴士：

仔细阅读印章使用规定，要做到合法合规哦！

活动要求：

根据客户需求以及提供的相关资料信息，完成印章刻制。

活动准备：

一、公章

公章是公司处理内外部事务的印鉴，单位对外的正式信函、文件、报告使用此章，盖了此章的文件具有法律效力。

二、法定代表人人名章

法定代表人人名章是刻有单位法定代表人姓名的方形印鉴。如果单独使用，代表法定代表人自己，如果与公章一同使用则代表公司行为。

三、财务专用章

财务专用章是公司处理财务事务所使用的印章。用于单位或集团内部的现金、银行收付业务（内部借款、往来结算）；单位对外的现金、银行收付业务（预留银行印鉴、支票、汇票、业务委托书等）以及其他外部业务等。

四、发票专用章

发票专用章是发票使用单位和个人按税务机关规定刻制的印章，印章印模里含有其公司单位名称、发票专用章字样、纳税识别号，在领购或开具发票时需加盖此印章。

五、合同专用章

合同当事人经过协商，在达成的书面合同上加盖各自本公司的专用印章。若公司没有此章应使用公章。

活动实施：

企业如果在海南 e 登记“刻制印章”页面，选择了“政府免费刻章”，政府对新设立企业推出首套印章免费刻制服务，提供单位公章、财务专用章、发票专用章和法定代表人人名章 4 枚；如果选择了“企业自费刻章”，当企业设立登记审核通过后，将把企业相关信息推送至刻章店，企业联系刻章店支付刻章费用。

企业选择“到政务中心现场领取”印章的情况下，刻章店接收到刻章信息完成制作并进行公安备案后，按照系统提示将印章送至相应的政务中心，企业经办人或法定代表人根据接收到的手机短信提示，及时到政务中心企业开办综合窗口出示验证码，经窗口工作人员输入验证码核验无误后，领取印章；企业也可以选择“邮政寄送”，系统将默认印章寄送地址同营业执照送达地址相同，如图 4-24 所示。

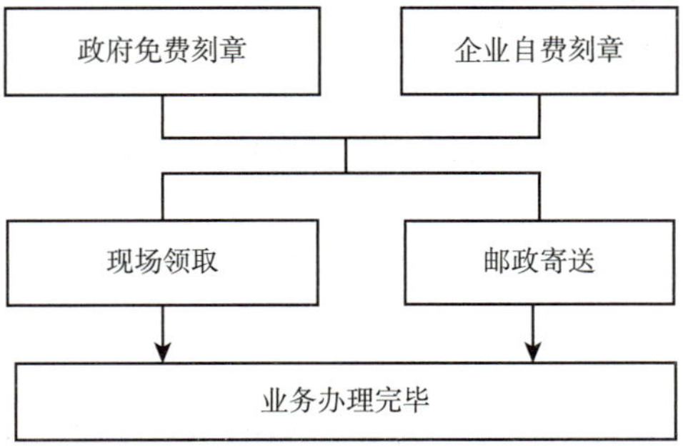

图 4-24　印章刻制流程图

议一议：

领取印章需要准备哪些资料？

- 法人身份证原件及复印件
- 营业执照副本原件及复印件
- 若经办人领取的，需携带委托书和经办人身份证原件及复印件

活动评价：

结合自己在操作过程中的实际完成情况评分，如表 4－4 所示。

表 4－4　　活动评价表

评分项目（10 分）		得分
知识评价	1. 是否能够表述印章刻制的流程（1 分）	
	2. 是否能够准备印章刻制的资料（1 分）	
	3. 是否能够了解印章刻制的相关法律法规（1 分）	
技能评价	1. 是否会查阅印章刻制的相关网站并搜集资料（1 分）	
	2. 是否会使用 e 登记进行印章刻制登记（1 分）	
	3. 是否会咨询刻章店工作人员解决问题（1 分）	
素养评价	1. 是否具有良好的服务意识（1 分）	
	2. 是否具有良好的责任意识（1 分）	
	3. 是否具有政策法规、法律意识（1 分）	
	4. 是否具有谨慎细致的工作态度（1 分）	
小　计		

活动拓展：

小组内通过角色扮演完成贸易公司的印章刻制。

思政小贴士：

领取的印章要妥善保管，要有良好的责任意识哦！

活动升华：

想一想：

- 个体户是否和公司一样必须要刻章？
- 个体户刻章的流程和公司刻章的流程是否一致？

活动 4.1.3 银行开户

活动要求:

根据客户需求以及提供的相关资料信息，完成在建设银行开户事宜并领取回执。

4.7 人民币银行结算账户开立和使用管理办法

活动准备:

查看《人民币银行结算账户开立和使用管理办法》，熟悉银行开户相关规定。

思政小贴士：

仔细查阅法律法规，要做到知法守法哦！

活动实施:

本案例以建设银行为例，首先提前跟银行预约好时间现场核查经营地址，核实拍照后跟银行客户经理预约银行开户时间，然后携带开户所需资料到银行开立基本存款账户，提交资料后待银行上级部门审核通过后，经办人携带公章和本人身份证即可领取银行开户回执，如图 4－25 所示。

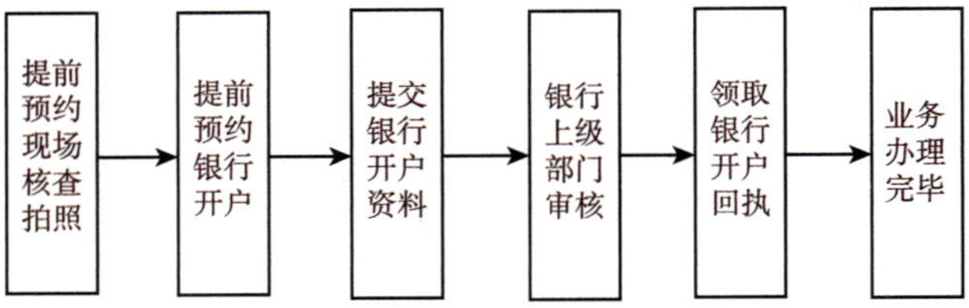

图 4－25 银行开户流程图

议一议：

银行开户需要准备哪些资料？

- 营业执照正本原件
- 法人身份证原件
- 企业机读档案登记资料
- 公章、财务章、法定代表人人名章
- 房屋租赁协议或无偿使用证明
- 印章备案回执原件
- 经办人身份证原件
- 公司章程
- 授权委托书
- 现场核实图片

活动评价:

结合自己在操作过程中的实际完成情况评分，如表 4－5 所示。

表4－5　　活动评价表

评分项目（10分）		得分
知识评价	1. 是否能够表述银行开户的流程（1分）	
	2. 是否能够准备银行开户的资料（1分）	
	3. 是否能够了解银行开户的相关法律法规（1分）	
技能评价	1. 是否会查阅银行的相关网站并搜集资料（1分）	
	2. 是否会填写银行开户相关表格资料（1分）	
	3. 是否会咨询银行工作人员解决问题（1分）	
素养评价	1. 是否具有良好的沟通意识（1分）	
	2. 是否具有良好的责任意识（1分）	
	3. 是否具有政策法规、法律意识（1分）	
	4. 是否具有谨慎细致的工作态度（1分）	
小　　计		

活动拓展：

小组内通过角色扮演完成贸易公司的银行开户工作。

活动升华：

想一想：

- 个体户是否和公司一样必须要办理银行开户？
- 个体户银行开户的流程和公司银行开户的流程是否一致？

活动4.1.4　税务登记

活动要求：

根据法律法规以及客户提供的相关资料信息，完成税务登记。

活动准备：

查看《税务登记相关规定》，熟悉税务登记事项相关要求。

4.8　税务登记相关规定

活动实施：

本案例以海南为例，国家推行网上办税政策后，新办企业可以登录“国家税务总局海南省电子税务局”（以下简称电子税务局）办理税务登记事项，如图4－26所示。

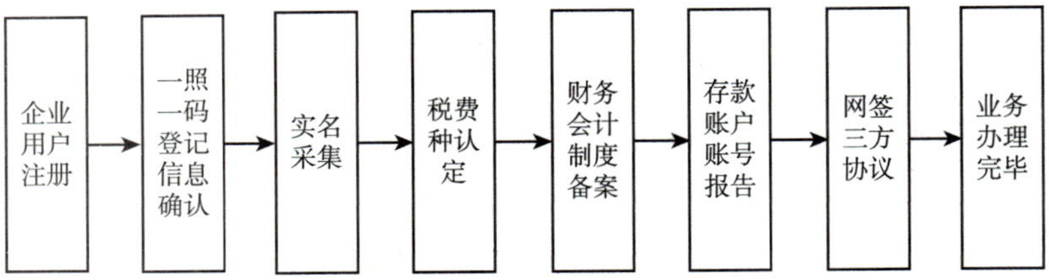

图 4-26　税务登记流程图

一、企业用户注册

登录电子税务局，点击右上角“登录”，进入企业用户界面。点击“注册”，选择“企业注册”，进入企业用户注册页面，依次完成填写信息、选择注册企业、企业授权和企业用户注册等操作，如图 4-27 所示。

图 4-27　企业用户注册

> 思政小贴士：
>
> 如实进行税务登记，要有依法纳税的意识哦！

二、一照一码户登记信息确认

新设立登记的企业和农民专业合作社首次办理涉税事宜时，税务机关依据市场监督部门共享的登记信息制作《一照一码户登记信息确认表》，提醒纳税人对其中不全的信息进行补充，对不准的信息进行更正，对需要更新的信息进行补正。在电子税务局中的操作路径：“我要办税”→“综合信息报告”→“身份信息报告”→“一照一码户登记信息确认”，如图 4-28 所示。

纳税人基本信息系统会自动取数赋值，涉及营业执照照面信息不能修改。带红色“*”的项目为必填项不可为空，灰色区域不可填写修改，白色区域可修改，如图 4-29 所示。

图 4－28　一照一码户登记信息确认

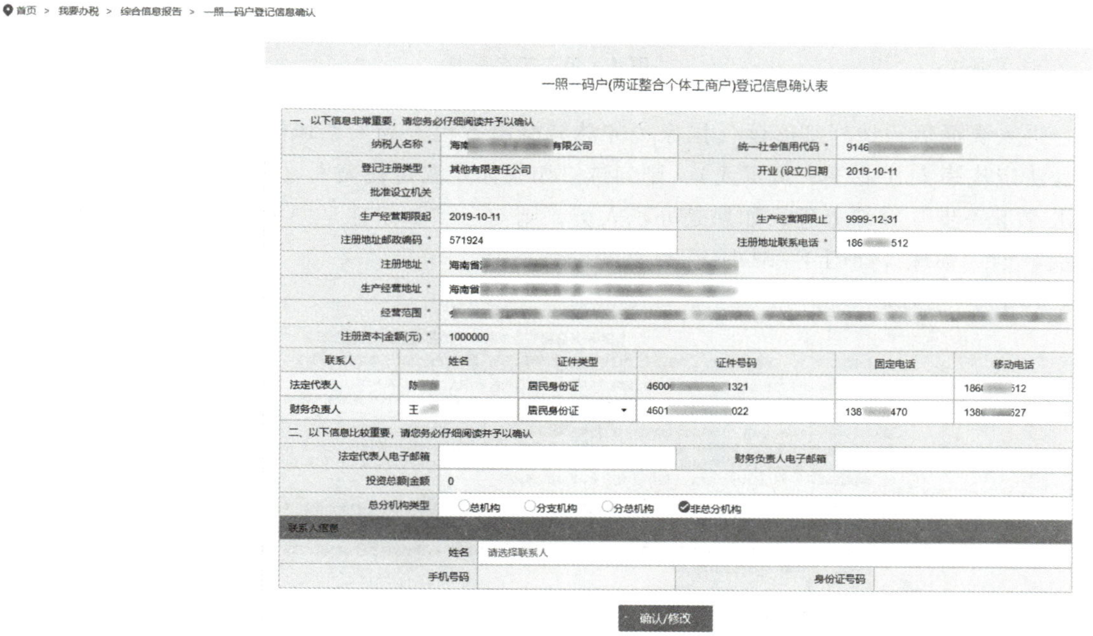

图 4－29　登记信息确认表

思政小贴士：

依法如实填写各项信息，要有社会责任感哦！

三、实名采集

在电子税务局上可以对法定代表人和办税人员的基本信息进行采集。在电子税务局中的操作路径：“我要办税”→“综合信息报告”→“身份信息报告”→“实名采集”，如图 4－30 所示。

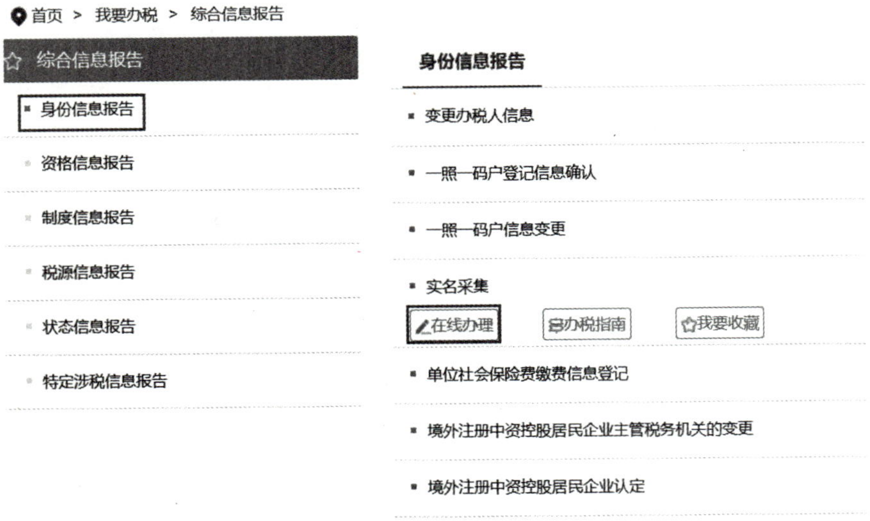
首页 > 我要办税 > 综合信息报告
综合信息报告
身份信息报告
资格信息报告
制度信息报告
税源信息报告
状态信息报告
特定涉税信息报告
身份信息报告
变更办税人信息
一照一码户登记信息确认
一照一码户信息变更
实名采集
在线办理
办税指南
我要收藏
单位社会保险费缴费信息登记
境外注册中资控股居民企业主管税务机关的变更
境外注册中资控股居民企业认定

图 4-30　实名采集

进入页面后，请仔细阅读《国家税务总局海南省税务局发票风险提示提醒告知书》，如您是法定代表人（业主、负责人），则勾选“如果你是法定代表人（业主、负责人）……”，点击“下一步”继续办理；如您是办税人员，则勾选“如果你是办税人员……”，点击“下一步”继续办理，如图 4-31 所示。

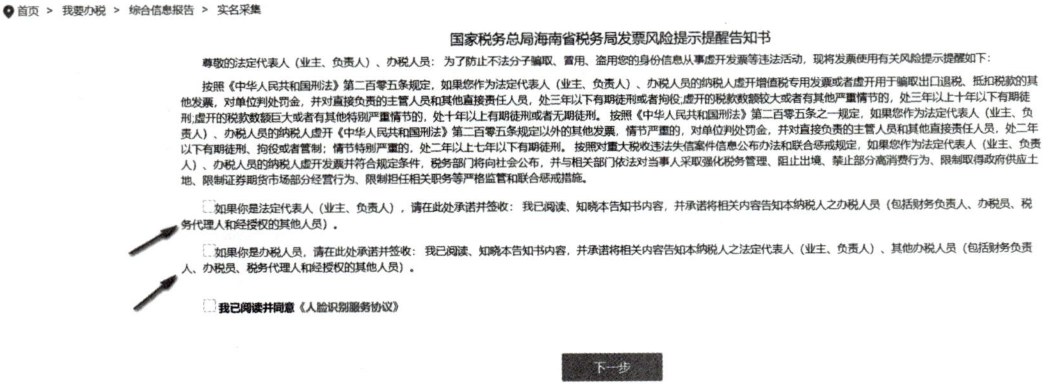
首页 > 我要办税 > 综合信息报告 > 实名采集
国家税务总局海南省税务局发票风险提示提醒告知书
尊敬的法定代表人（业主、负责人）、办税人员：为了防止不法分子骗取、冒用、盗用您的身份信息从事虚开发票等违法活动，现将发票使用有关风险提示提醒如下：
按照《中华人民共和国刑法》第二百零五条规定，如果您作为法定代表人（业主、负责人）、办税人员的纳税人虚开增值税专用发票或者虚开用于骗取出口退税、抵扣税款的其他发票，对单位判处罚金，并对直接负责的主管人员和其他直接责任人员，处三年以下有期徒刑或者拘役;虚开的税款数额较大或者有其他严重情节的，处三年以上十年以下有期徒刑;虚开的税款数额巨大或者有其他特别严重情节的，处十年以上有期徒刑或者无期徒刑。按照《中华人民共和国刑法》第二百零五条之一规定，如果您作为法定代表人（业主、负责人）、办税人员的纳税人虚开《中华人民共和国刑法》第二百零五条规定以外的其他发票，情节严重的，对单位判处罚金，并对直接负责的主管人员和其他直接责任人员，处二年以下有期徒刑、拘役或者管制；情节特别严重的，处二年以上七年以下有期徒刑。按照对重大税收违法失信案件信息公布办法和联合惩戒规定，如果您作为法定代表人（业主、负责人）、办税人员的纳税人虚开发票并符合规定条件，税务部门将向社会公布，并与相关部门依法对当事人采取强化税务管理、阻止出境、禁止部分高消费行为、限制取得政府供应土地、限制证券期货市场部分经营行为、限制担任相关职务等严格监管和联合惩戒措施。
如果你是法定代表人（业主、负责人），请在此处承诺并签收：我已阅读、知晓本告知书内容，并承诺将相关内容告知本纳税人之办税人员（包括财务负责人、办税员、税务代理人和经授权的其他人员）。
如果你是办税人员，请在此处承诺并签收：我已阅读、知晓本告知书内容，并承诺将相关内容告知本纳税人之法定代表人（业主、负责人）、其他办税人员（包括财务负责人、办税员、税务代理人和经授权的其他人员）。
我已阅读并同意《人脸识别服务协议》
下一步

图 4-31　“实名采集”|“发票风险提示提醒告知书”

录入新增的法定代表人或办税人员的基本信息，由新增人员使用手机“扫一扫”二维码进行实名采集，扫码后跳转到实名办税系统，系统自动带出已录入新增人员的姓名和身份证号码，经核对确认无误后，点击“下一步”进行扫脸采集。若有误则关闭，重复上述操作。完成扫脸后，对已采集信息进行核对，核对无误后获取手机验证码，录入验证码，点击“下一步”完成信息录入，如图 4-32 所示。

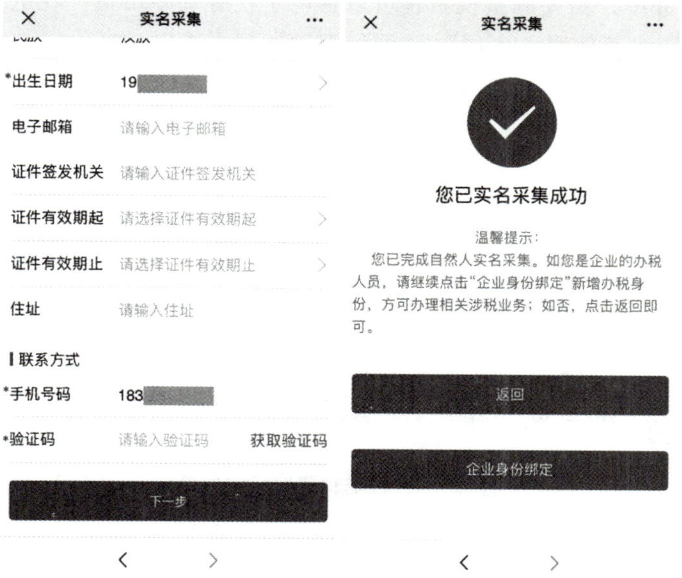

图 4－32　"实名采集"|"人脸识别信息核对"

四、税费种认定

（一）调整税费种认定

对于新设立的企业，税务机关会根据企业办理相关登记时所申报的行业、经营范围和应税行为（财产）等信息，以及在税收征管工作中依法取得的其他相关信息，对企业具有申报纳税（扣缴或代征）义务的税费种进行认定，只有经过税费种认定后才能进行纳税申报。小规模纳税人通常认定的税费种有：增值税、城市维护建设税、教育费附加、地方教育附加、印花税、个人所得税、企业所得税、工会经费、残疾人保障金等，纳税人在电子税务局即可查询，操作路径："我的信息"→"纳税人信息"→"税费种认定信息"，如图 4－33 所示。

首页 > 我的信息 > 纳税人信息

纳税人信息
- 注册信息
- 登记信息
- 管理员信息
- 税（费）种认定信息
- 核定信息
- 资格信息
- 我的评价

税（费）种认定信息

征收项目名称	征收品目名称	认定有效期起	认定有效期止	纳税期限名称	税率或单位税额	征收率	扣缴税款标志
其他收入	工会筹备金	2019-10-01	9998-12-31	月	0.02	0	自行申报
增值税	咨询服务	2021-07-01	9999-12-31	季	0.06	0.03	自行申报
增值税	经纪代理服务（6%、3%）	2021-10-01	9999-12-31	季	0.06	0.03	自行申报
企业所得税	应纳税所得额	2019-10-01	9999-12-31	季	0.25	0	自行申报
地方教育附加	增值税地方教育附加	2021-07-01	9999-12-31	季	0.02	0	自行申报
印花税	资金账簿	2019-10-01	9999-12-31	次	0.0005	0	自行申报
残疾人就业保障金	残疾人就业保障金	2020-01-01	9999-12-31	年	0.1	0	自行申报
城市维护建设税	县城、镇（增值税附征）	2021-07-01	9999-12-31	季	0.05	0	自行申报
教育费附加	增值税教育费附加	2021-07-01	9999-12-31	季	0.03	0	自行申报
个人所得税	工资薪金所得	2019-10-01	9999-12-31	月	0.1	0	代扣代缴

图 4－33　税费种认定信息

企业在日常业务中，需要调整税费种可以在电子税务局中申请。在电子税务局中的操作路径："我要办税"→"其他服务事项"→"涉税事项办理需求"，如图 4－34 所示。

图 4－34　税费种调整操作路径

（二）申请个人所得税申报密码

新设立企业需要在电子税务局上申请个人所得税申报密码，用于办理个人所得税日常申报业务。在电子税务局中的操作路径："我要办税"→"其他服务事项"→"涉税事项办理需求"，如图 4－35 所示。

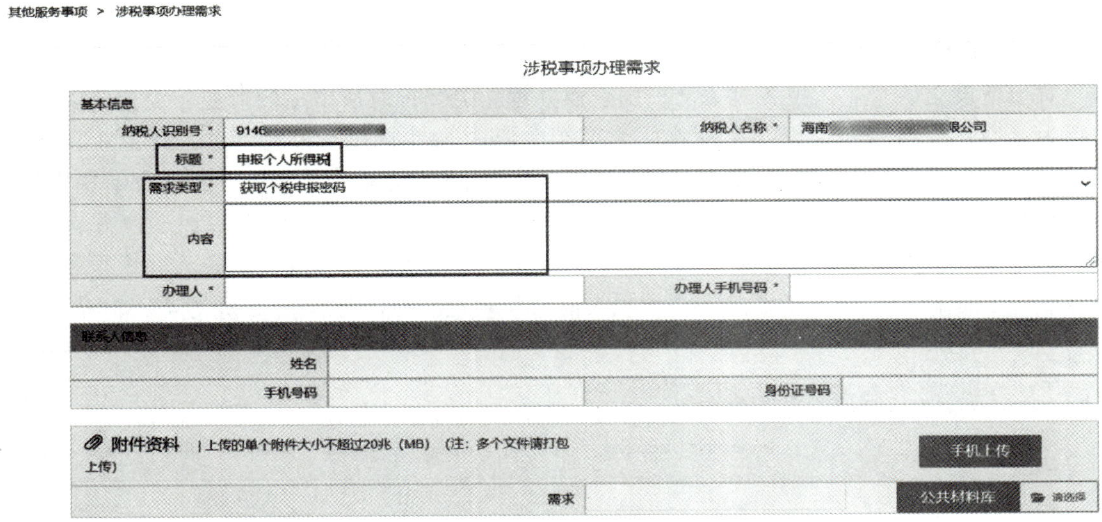

图 4－35　申请个人所得税申报密码

五、财务会计制度备案

纳税人在领取营业执照后，需要将其财务会计制度或者财务会计处理办法报主管税务机关备案。在电子税务局中的操作路径："我要办税"→"综合信息报告"→"制度信息报告"→"财务会计制度及核算软件备案报告"，如图 4－36 所示。

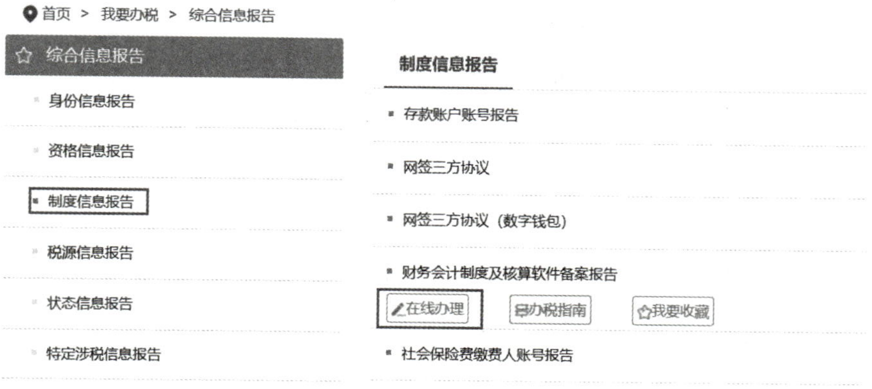

图 4－36　财务会计制度备案操作路径

纳税人基本信息系统会自动取数赋值，无需纳税人进行填写，纳税人只需要根据企业实际情况确认，对其中不全的信息进行补充，对不准的信息进行更正，对需要更新的信息进行补正，涉及营业执照照面信息不能修改，如图 4－37 所示。

财务会计制度备案

纳税人名称 *	海南[redacted]有限公司	纳税人识别号 *	9146[redacted]
有效期起 *	2019-10-31	有效期止 *	9999-12-31
资料	名称		备注
1、财务、会计制度 *	小企业会计准则		
2、低值易耗品摊销方法 *	一次摊销		
3、折旧方法 *	直线折旧法	平均年限法	
4、成本核算方法 *	全月一次平均法		
5、会计核算软件名称			
6、财务报表报送小类 *	财务报表报送与信息采集（小企业会计准则）		
会计报表名称 *	报送期限 *	会计报表类型 *	会计报表备注
资产负债表	季报|15日	季报表	null
利润表	季报|15日	季报表	null
现金流量表	季报|15日	季报表	null
资产负债表	年报|5个月	年报表	null
利润表	年报|5个月	年报表	null
现金流量表	年报|5个月	年报表	null
联系人信息			
姓名	[redacted]		
手机号码	18[redacted]12	身份证号码	46[redacted]321

图 4－37　财务会计制度备案

六、存款账户账号报告

从事生产经营的纳税人在开立或者变更存款账户后，依照法律、行政法规规定，将全部账号向税务机关报告。在电子税务局中的操作路径：“我要办税”→“综合信息报告”→“制度信息报告”→“存款账户账号报告”，如图 4－38 所示。

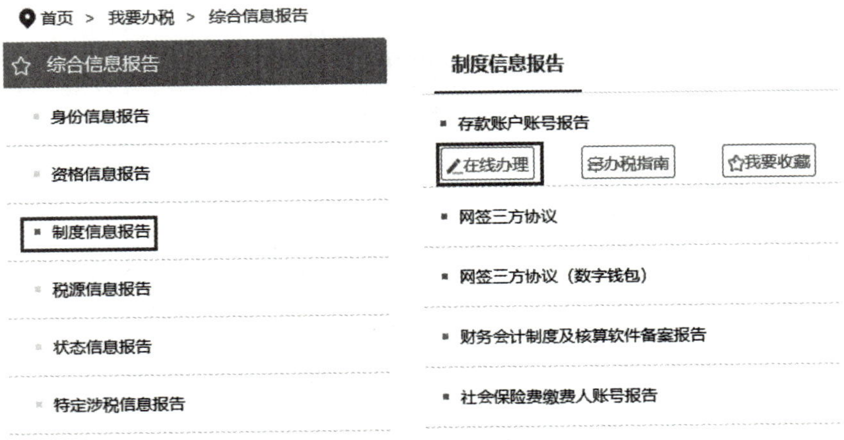

图 4－38　存款账户账号报告操作路径

若有多个存款账户，点击右侧红框内的“＋”新增纳税人信息、银行账户信息、账户详细等信息。相关信息填写完成后，点击右侧“请选择”上传本地对应的附件资料，如图 4－39 所示。

图 4－39　存款账户账号报告表

七、网签三方协议

纳税人需要使用电子缴税系统缴纳税费的，可以与税务机关、开户银行签署委托银行代缴税款三方协议（简称三方协议），使用电子缴税系统缴纳税费、滞纳金和罚款。该协议适用于所有纳税人（缴费人）缴纳的各类税费。在电子税务局中的操作路径：“我要办税”→“综合信息报告”→“制度信息报告”→“网签三方协议”，如图 4－40 所示。

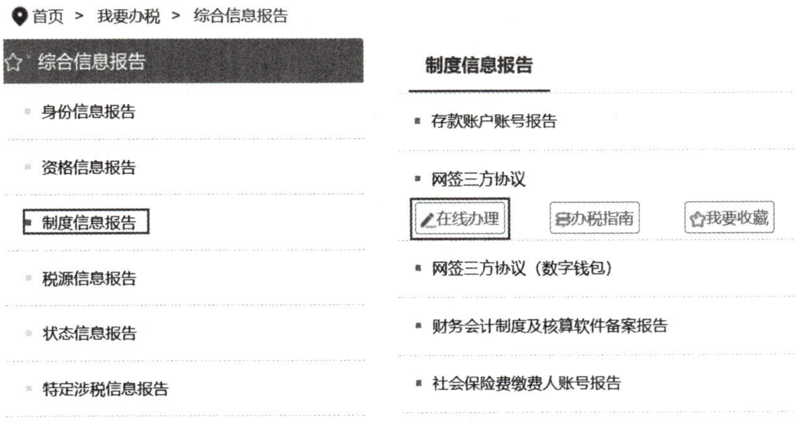

图 4－40　网签三方协议操作路径

如果企业有存款账户登记，点击“增加”后，系统会首先获取企业的存款账户列表。选择一条存款账户记录，点击“确认”，系统会自动获取缴款账户信息并进行填充。确认信息无误后，点击“获取三方协议号”，系统自动生成唯一的三方协议号，如图 4－41 所示。

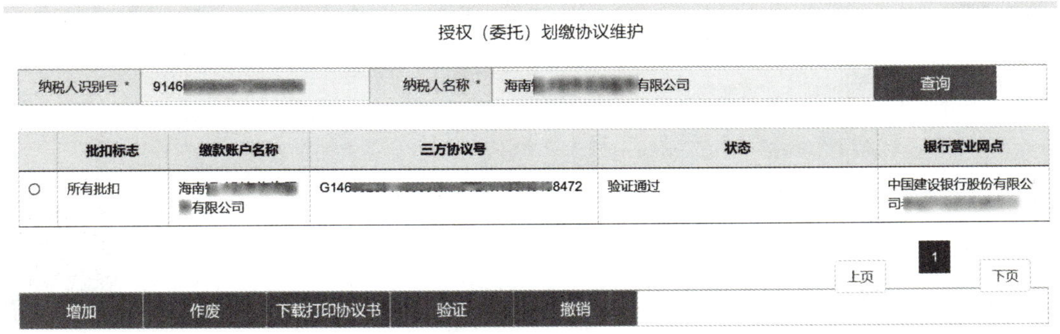

图 4－41　授权（委托）划缴协议维护

温馨提示：

为简化新办企业办事流程，电子税务局推出了“新办纳税人套餐服务”。对新办企业实现电子税务局开户、财务会计制度及核算软件备案、存款账户账号报告、委托缴税协议书（TIPS）、增值税一般纳税人登记、增值税专用发票（增值税税控系统）最高开票限额审批、增值税税控系统专用设备线上申请、增值税税控系统专用设备初始发行的一次性套餐办理。在电子税务局中的操作路径：“我要办税”→“个性服务”→“套餐及组合业务”→“新办纳税人套餐”。

思政小贴士：

依法纳税，是我们每个公民的义务哦！

活动评价：

结合自己在操作过程中的实际完成情况评分，如表 4－6 所示。

表 4－6　活动评价表

评分项目（10 分）		得分
知识评价	1. 是否能够表述税务登记的流程（1 分）	
	2. 是否能够准备税务登记的资料（1 分）	
	3. 是否能够了解税务登记的相关法律法规（1 分）	
技能评价	1. 是否会查阅税务的相关网站并搜集资料（1 分）	
	2. 是否会使用电子税务局进行税务登记（1 分）	
	3. 是否会咨询税务部门工作人员解决问题（1 分）	
素养评价	1. 是否具有依法纳税的意识（1 分）	
	2. 是否具有社会责任感（1 分）	
	3. 是否具有政策法规、法律意识（1 分）	
	4. 是否具有谨慎细致的工作态度（1 分）	
小　计		

活动拓展：

扫描右侧二维码，登录中联仿真系统，完成贸易公司的税务登记。

4.9　贸易公司税务登记

活动升华：

扫描右侧二维码，登录中联仿真系统，完成个体户的税务登记。

4.10　个体工商户税务登记

想一想：

- 个体户是否和公司一样必须要办理税务登记？
- 个体户税务登记的流程和公司税务登记的流程是否一致？

任务 4.2
变更商事主体

4.11　变更公司任务动画

任务情境:

2022 年 2 月 25 日，海南智博贸易有限责任公司因公司经营管理层发生变化，现需要变更法定代表人，委托海口博亿代理记账有限公司代理服务，资料如表 4－7 所示。

表 4－7　　　　变更公司基本信息表

变更后的法定代表人信息			
姓名	王＊雨	固定电话	0898－62 **** 85
移动电话	139 **** 2222	电子邮箱	45 **** 762@ qq. com
身份证件类型	中华人民共和国居民身份证	身份证号码	460 *********** 5416

监事身份证信息

续表

股东身份证信息

海南智博贸易有限责任公司 股东会决议 根据《中华人民共和国公司法》及本公司章程的有关规定，海南智博贸易有限责任公司于 2022 年 2 月 21 日在海南省海口市 ****** 1005 房办公室召开股东会。形成决议如下： 一、同意免去谢 * 新执行董事兼总经理（法定代表人）职务，聘任王 * 雨为新的执行董事兼总经理（法定代表人）职务。 二、通过修改的新公司章程。 全体股东签章： 股东签字按手印 公 章 海南智博贸易有限责任公司 2022 年 2 月 21 日

活动 4.2.1　市监变更

活动要求：

根据客户需求以及提供的相关资料信息，使用 e 登记完成市监变更并领取新的营业执照。

思政小贴士：

与客户有效沟通，一定要保质保量按时完成任务哦！

活动准备：

查看《企业变更法律法规》相关规定，熟悉企业变更相关要求。

活动实施：

企业名称、法定代表人、企业详细类型、经营范围、地址、经营期限、注册资本及股东目录发生变更，可以在“e 登记”线上办理，如自动生成格式化材料则系统自动审核，如上传非格式化材料则注册官审核，如图 4－42 所示。

4.12　企业变更法律法规

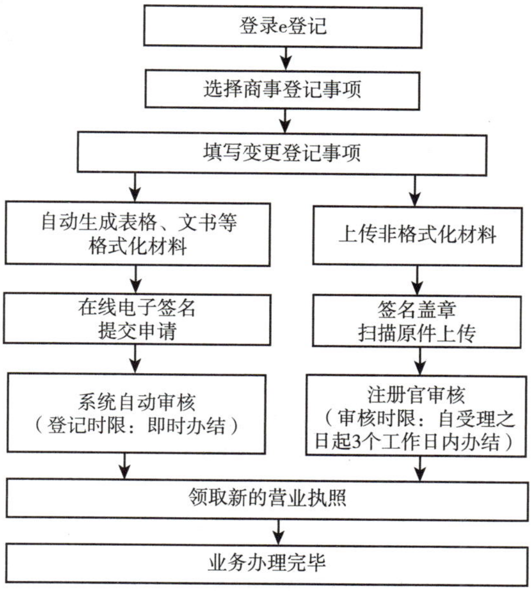

图 4－42　市监变更流程图

登录“e 登记”，选择“业务办理”页面中企业登记下的“变更（备案）登记”，如图 4－43 所示。

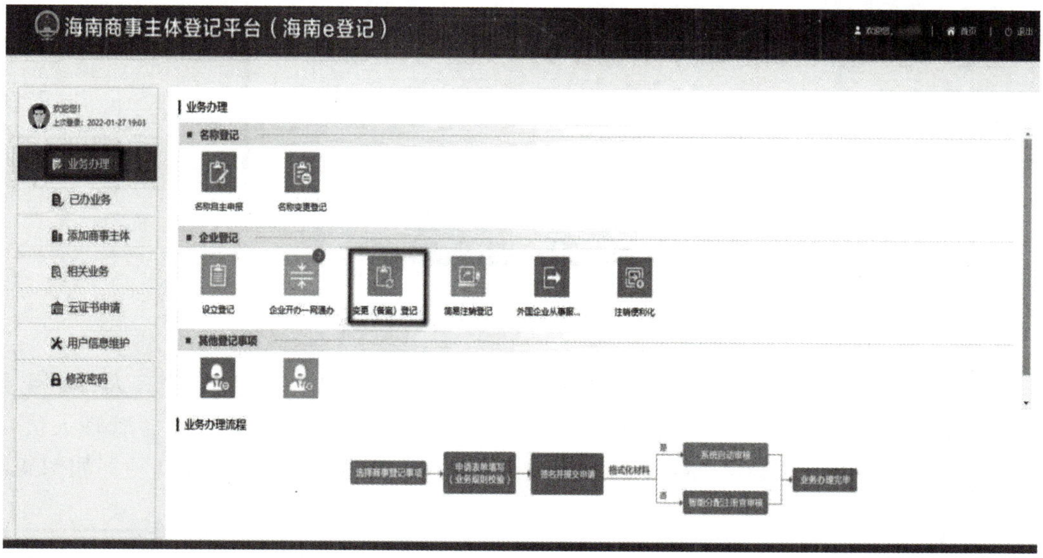

图 4－43　变更（备案）登记

如果曾在“e登记”上办理过该公司业务，则在“选择/绑定企业”页面会有该公司信息记录，勾选即可，如图4-44所示；如果未曾在“e登记”上办理过该公司业务，则点击“绑定商事主体”，填写相关信息，绑定需要办理变更业务的企业，如图4-45所示。

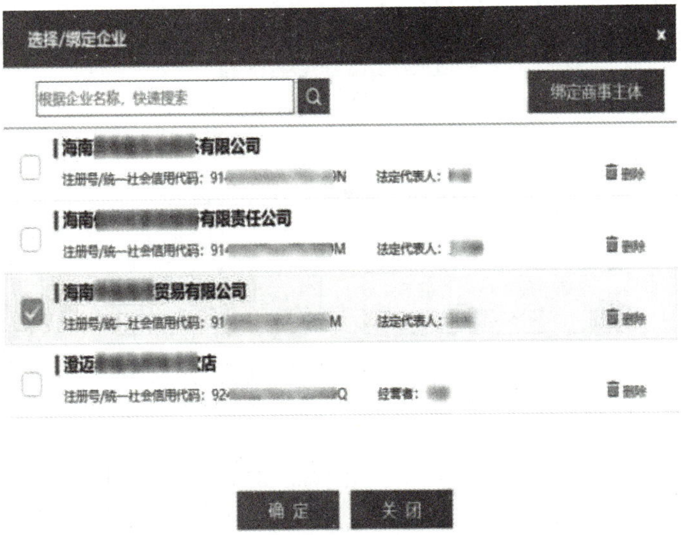

图4-44 勾选需要办理变更业务的企业

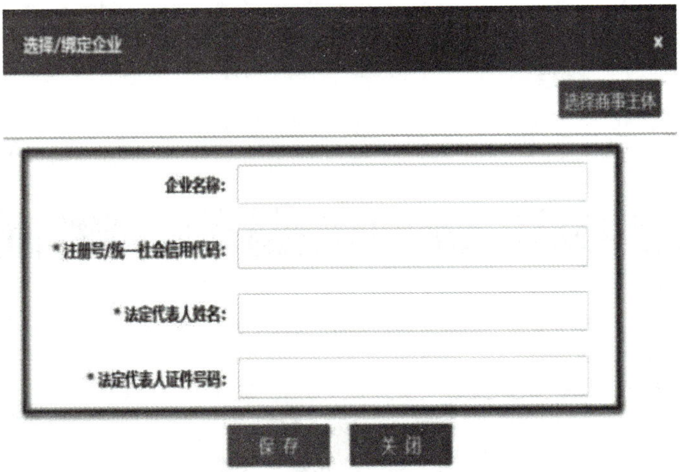

图4-45 绑定需要办理变更业务的企业

进入“变更（备案）事项”页面，根据需要选择变更项，如变更法定代表人，则变更事项勾选“法定代表人（含委托代表）变更”，备案事项勾选“章程备案”和“管理人员（合伙企业投资人）备案”，其中“章程备案”和“章程修正案备案”二者选其一，如图4-46所示。

进入“人员信息”页面，填写变更后的法定代表人信息，如图4-47所示。填写管理人员变更记录，如图4-48所示。

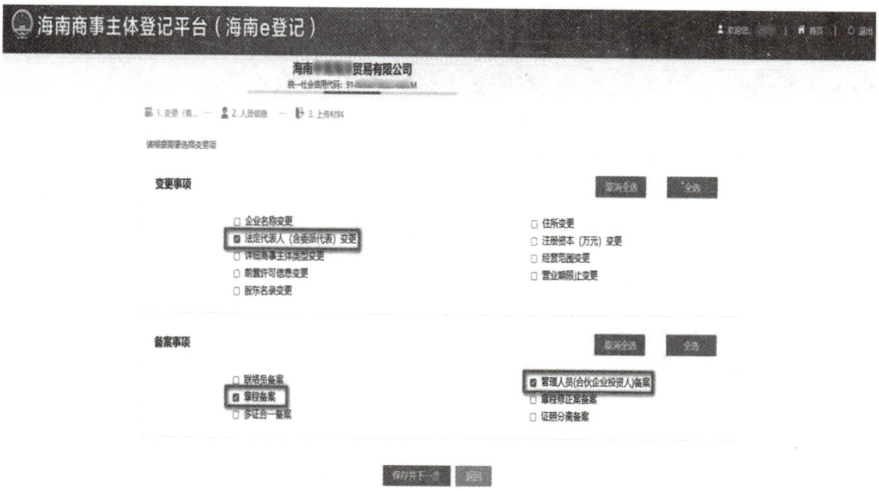

图 4－46　“变更业务”|“选择变更事项”

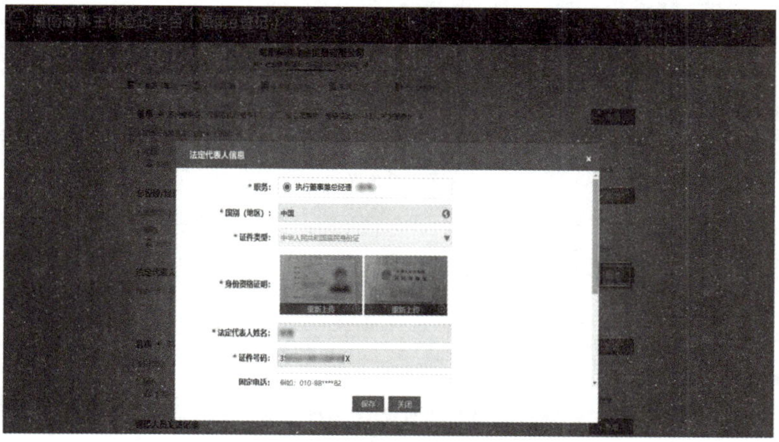

图 4－47　“变更业务”|“法定代表人信息”

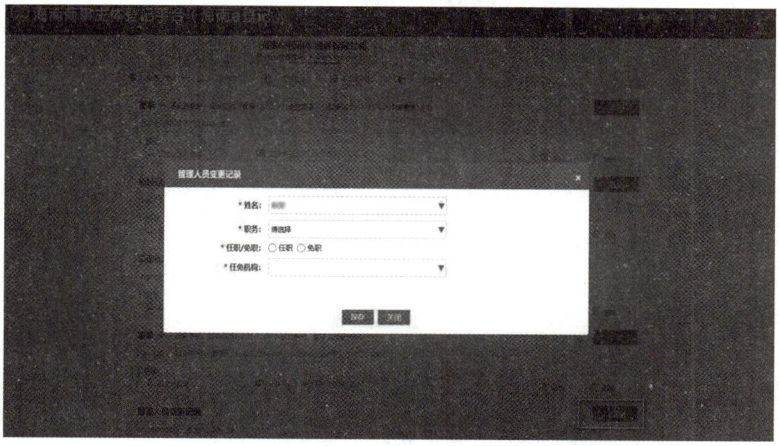

图 4－48　“变更业务”|“管理人员变更记录”

温馨提示：

管理人员变更记录每个职务必须录入任职和免职2条记录。

进入“章程及决议”页面，“决议合成方式”和“章程合成方式”勾选“自动合成”，录入章程或决议信息，系统根据经办人填报的信息自动生成格式化章程及决议，经办人确认无误后，点击“保存并下一步”，如图4-49所示。

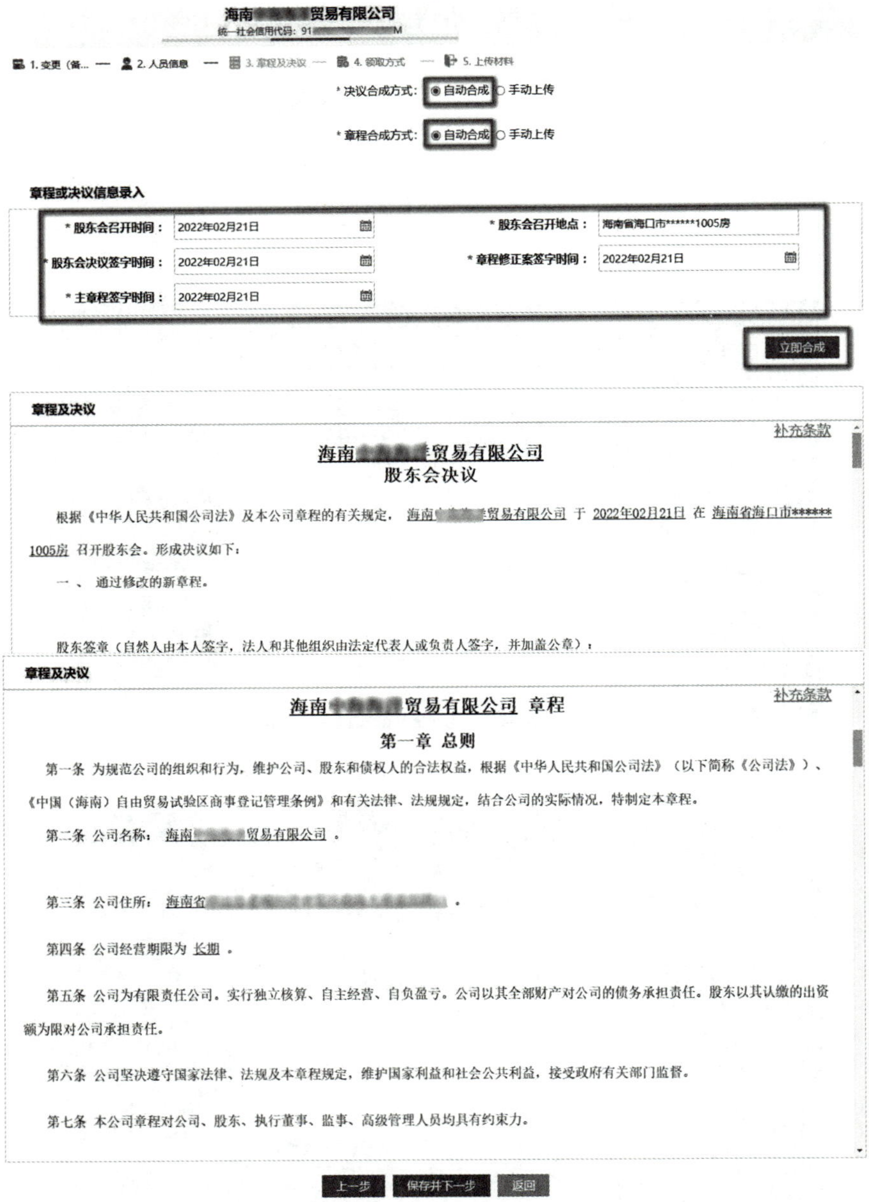
海南[redacted]贸易有限公司
统一社会信用代码：91[redacted]M
1. 变更（备...
2. 人员信息
3. 章程及决议
4. 领取方式
5. 上传材料
* 决议合成方式： 自动合成 手动上传
* 章程合成方式： 自动合成 手动上传
章程或决议信息录入
* 股东会召开时间： 2022年02月21日
* 股东会召开地点： 海南省海口市******1005房
* 股东会决议签字时间： 2022年02月21日
* 章程修正案签字时间： 2022年02月21日
* 主章程签字时间： 2022年02月21日
立即合成
章程及决议
补充条款
海南[redacted]贸易有限公司
股东会决议
根据《中华人民共和国公司法》及本公司章程的有关规定，海南[redacted]贸易有限公司 于 2022年02月21日 在 海南省海口市******1005房 召开股东会。形成决议如下：
一、通过修改的新章程。
股东签章（自然人由本人签字，法人和其他组织由法定代表人或负责人签字，并加盖公章）：
章程及决议
补充条款
海南[redacted]贸易有限公司 章程
第一章 总则
第一条 为规范公司的组织和行为，维护公司、股东和债权人的合法权益，根据《中华人民共和国公司法》（以下简称《公司法》）、《中国（海南）自由贸易试验区商事登记管理条例》和有关法律、法规规定，结合公司的实际情况，特制定本章程。
第二条 公司名称： 海南[redacted]贸易有限公司 。
第三条 公司住所： 海南省[redacted] 。
第四条 公司经营期限为 长期 。
第五条 公司为有限责任公司。实行独立核算、自主经营、自负盈亏。公司以其全部财产对公司的债务承担责任。股东以其认缴的出资额为限对公司承担责任。
第六条 公司坚决遵守国家法律、法规及本章程规定，维护国家利益和社会公共利益，接受政府有关部门监督。
第七条 本公司章程对公司、股东、执行董事、监事、高级管理人员均具有约束力。
上一步
保存并下一步
返回

图4-49 “变更业务”|“章程及决议”

思政小贴士：

变更公司与注册公司有很多相似点，学会举一反三哦！

进入“领取方式”页面，选择领取方式和领取地点，可以选择自助机打印营业执照，或者到政务大厅领取，或者邮政寄送，如图4－50所示。

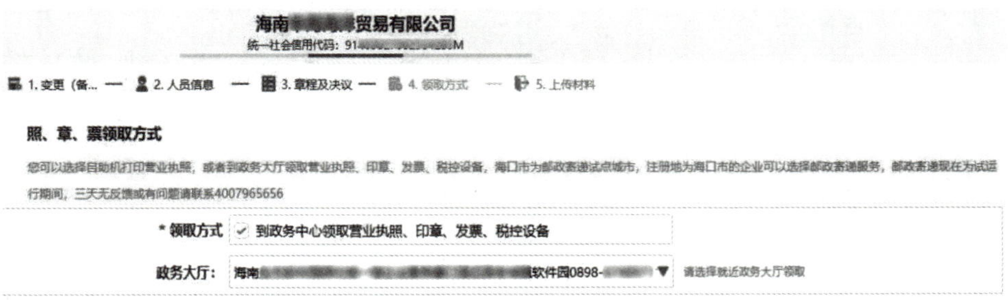

图4－50　“变更业务”|“领取方式”

进入“上传材料”页面，如果经办人不上传任何材料，变更业务系统自动审核，直接点击“保存”即可；如果经办人在本页面上传任何非格式化材料，将转入注册官审核流程，如图4－51所示。

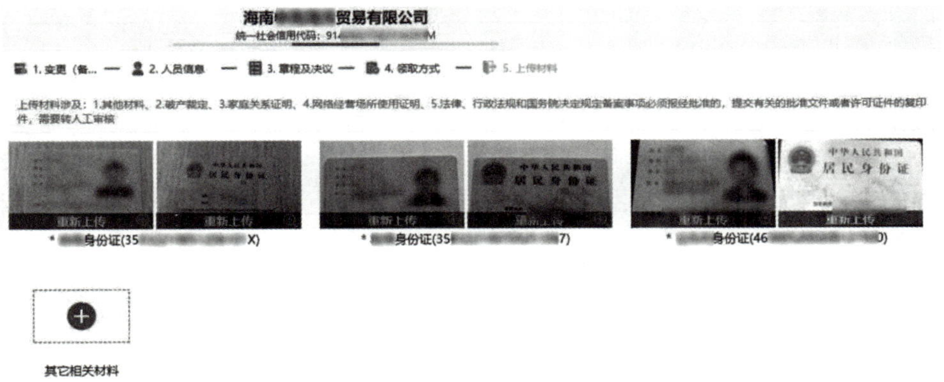

图4－51　“变更业务”|“上传材料”

平台自动生成格式化文书材料，经办人确认无误后，点击预览页面下方“签名”按钮进行签名，向所有符合电子签名的人员发送电子签名链接。签名完成后，提交申请，系统自动审核。

议一议：

公司变更领取新的营业执照需要准备如下资料：

- 准予变更登记通知书
- 企业登记领证及归档记录表
- 经办人身份证原件
- 旧的营业执照

活动评价：

结合自己在操作过程中的实际完成情况评分，如表 4－8 所示。

表 4－8　活动评价表

评分项目（10 分）		得分
知识评价	1. 是否能够表述市监变更的流程（1 分）	
	2. 是否能够准备市监变更的资料（1 分）	
	3. 是否能够了解市监变更的相关法律法规（1 分）	
技能评价	1. 是否会查阅市监变更的相关网站并搜集资料（1 分）	
	2. 是否会使用 e 登记进行市监变更（1 分）	
	3. 是否会咨询市场监督工作人员解决问题（1 分）	
素养评价	1. 是否具有良好的服务意识（1 分）	
	2. 是否具有良好的责任意识（1 分）	
	3. 是否具有政策法规、法律意识（1 分）	
	4. 是否具有谨慎细致的工作态度（1 分）	
小　计		

活动拓展：

扫描右侧二维码，登录中联仿真系统，完成信息科技公司的市监变更。

4.13　信息科技公司市监变更

活动升华：

举一反三，归纳总结个体户进行市监变更需进行的操作步骤。

活动 4.2.2　印章变更

活动要求：

根据客户需求以及提供的相关资料信息，完成印章变更。

活动准备：

当发生企业名称变更和法定代表人变更时，才需要变更印章，其余变更事项不需要变更印章。

活动实施：

经办人准备资料到刻章店刻制新的印章并领取印章备案回执，如发生法定代表人变更的，需要刻制新的法定代表人人名章，并将旧的法定代表人人名章予以注销，印章变更流程图如图 4－52 所示。

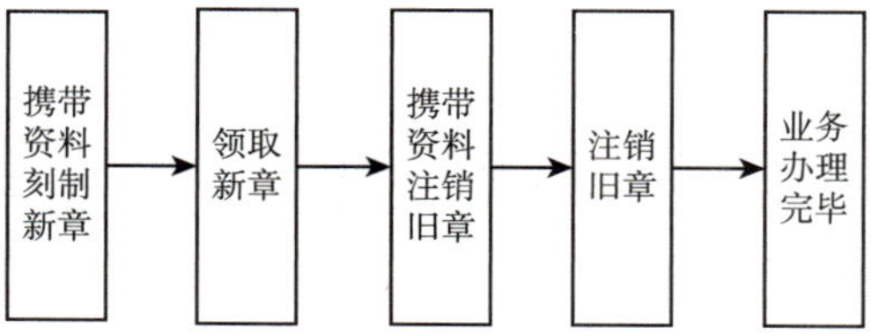

图 4－52　印章变更流程图

议一议：

领取新的法定代表人人名章需要准备哪些资料？

- 新法人身份证原件及复印件
- 营业执照副本原件及复印件
- 若经办人领取的，须携带委托书和经办人身份证原件及复印件
- 公司公章

活动评价：

结合自己在操作过程中的实际完成情况评分，如表 4－9 所示。

表 4－9　　活动评价表

评分项目（10 分）		得分
知识评价	1. 是否能够表述印章变更的流程（1 分）	
	2. 是否能够准备印章变更的资料（1 分）	
	3. 是否能够了解印章变更的相关法律法规（1 分）	
技能评价	1. 是否会查阅印章变更的相关网站并搜集资料（1 分）	
	2. 是否会妥善保管印章（1 分）	
	3. 是否会咨询刻章店工作人员解决问题（1 分）	
素养评价	1. 是否具有良好的服务意识（1 分）	
	2. 是否具有良好的责任意识（1 分）	
	3. 是否具有政策法规、法律意识（1 分）	
	4. 是否具有谨慎细致的工作态度（1 分）	
小　计		

活动拓展：

小组内通过角色扮演完成贸易公司的印章变更。

活动升华:

想一想：

- 个体户发生变更是否需要进行印章变更?
- 旧的印章如何注销?

思政小贴士：

旧的印章要及时注销，要有良好的法制意识哦！

活动 4.2.3　银行变更

活动要求:

根据客户需求以及提供的相关资料信息，完成贸易公司基本存款账户的变更。

活动准备:

存款人更改名称，但不改变开户银行及账号的，应于 5 个工作日内向开户银行提出银行结算账户的变更申请，并出具有关部门的证明文件。

单位的法定代表人或主要负责人、住址以及其他开户资料发生变更时，应于 5 个工作日内书面通知开户银行并提供有关证明。

银行接到存款人的变更通知后，应及时办理变更手续，并于 2 个工作日内向中国人民银行报告。

活动实施:

本案例以建设银行为例，经办人携带变更所需资料到银行办理变更，提交资料后待银行上级部门审核通过后，经办人携带公章和本人身份证即可领取银行变更回执，银行变更流程如图 4－53 所示。

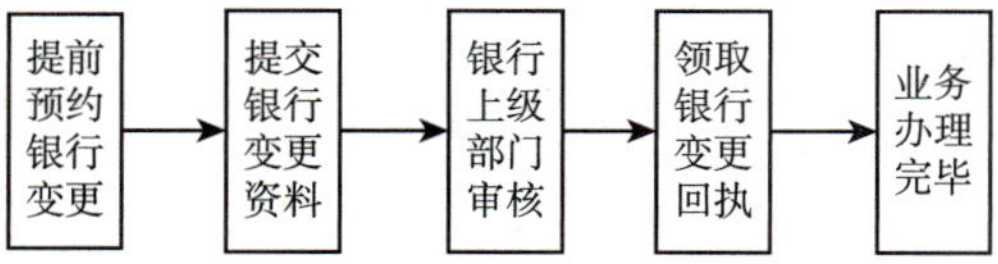

图 4－53　银行变更流程图

议一议：

（公司法定代表人发生变更）银行变更需要准备哪些资料?

- 新营业执照正本原件
- 新印章备案回执原件
- 新法人身份证原件
- 经办人身份证原件
- 新企业机读档案登记资料
- 授权委托书
- 公司公章、财务专用章、新法定代表人人名章

活动评价:

结合自己在操作过程中的实际完成情况评分，如表4－10所示。

表4－10　　活动评价表

评分项目（10分）		得分
知识评价	1. 是否能够表述银行变更的流程（1分）	
	2. 是否能够准备银行变更的资料（1分）	
	3. 是否能够了解银行变更的相关法律法规（1分）	
技能评价	1. 是否会查阅银行的相关网站并搜集资料（1分）	
	2. 是否会填写银行变更相关表格资料（1分）	
	3. 是否会咨询银行工作人员解决问题（1分）	
素养评价	1. 是否具有良好的沟通意识（1分）	
	2. 是否具有良好的责任意识（1分）	
	3. 是否具有政策法规、法律意识（1分）	
	4. 是否具有谨慎细致的工作态度（1分）	
小　　计		

活动拓展:

小组内通过角色扮演完成贸易公司的银行变更。

活动升华:

想一想：

- 个体户发生变更事项是否需要进行银行变更？
- 个体户银行变更的流程和公司银行变更的流程是否一致？

活动4.2.4　税务变更

活动要求:

根据法律法规以及客户提供的相关资料信息，完成税务变更。

活动准备:

查看《税务变更相关规定》，熟悉税务变更事项相关要求。

4.14　税务变更相关规定

活动实施:

企业市场监管等部门登记信息发生变更的，向市场监管等部门申报办理变更登记。税务机关接收市场监管等部门变更信息，经纳税人确认后更新系统内的对应信息。企业生产经营地、财务负责人等非市场监管等部门登记信息发生变更时，直接向主管税务机关申报办理变更，如图 4－54 所示。

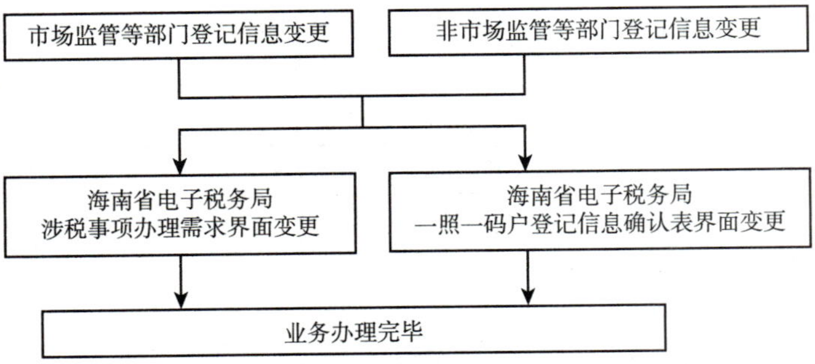

图 4－54　税务变更流程图

一、市场监管等部门登记信息变更

企业法定代表人、注册地址、股权等市场监管部门登记信息发生变更的，市场监管等部门办理变更登记后，纳税人在电子税务局提交税务变更申请。在电子税务局中的操作路径：“我要办税”→“其他服务事项”→“涉税事项办理需求”，如图 4－55 所示。

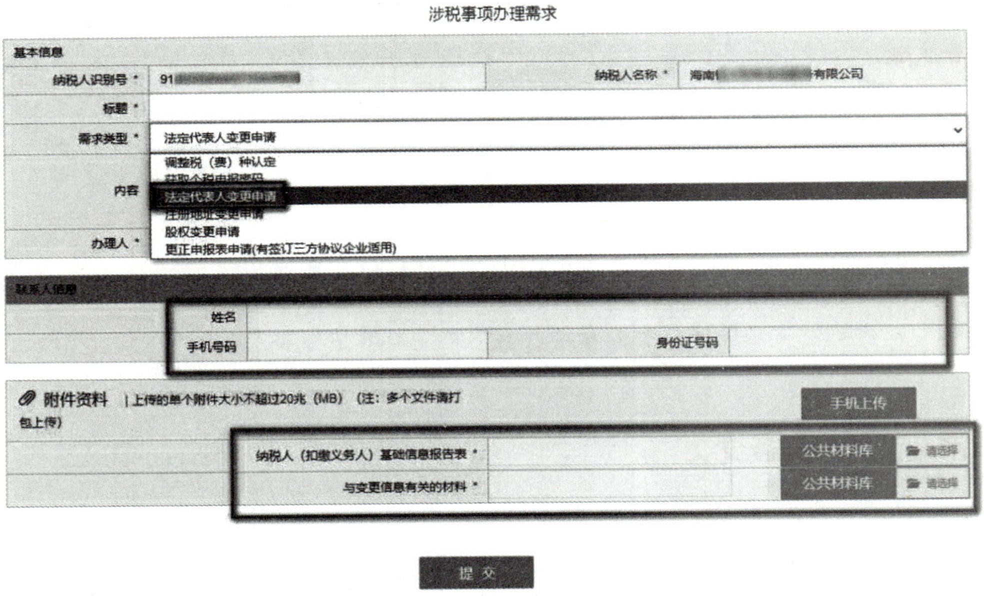

图 4－55　涉税事项办理需求

在涉税事项办理需求表中填写基本信息，如企业法定代表人发生变更，需求类型选择“法定代表人变更申请”，并上传附件资料。对于法定代表人变更和股权变更，纳税人须提交《纳税人（扣缴义务人）基础信息报告表》和市场监督部门核准变更通知书；对于注册地址变更，纳税人须提交《纳税人（扣缴义务人）基础信息报告表》和新营业执照，以照片形式上传并点击“提交”，如图 4－56 所示。

纳税人（扣缴义务人）基础信息报告表

新增☐ 变更☐

办理类型	☐单位纳税人登记	☐个体经营登记	☐临时税务登记	☐扣缴税款登记
纳税人/扣缴义务人名称		统一社会信用代码（纳税人识别号）		
登记注册类型		临时税务登记类型（在右侧栏勾选）	☐未办理营业执照未经有关部门批准设立 ☐承包租赁经营 ☐境外企业在中国境内承包工程或劳务 ☐异地非正常户 ☐非境内注册居民企业	

国标行业		注册地址		经营地址		
项目	姓名	身份证件名称	证件号码	固定电话	移动电话	电子邮箱
法定代表人（负责人、业主）						
财务负责人						

代扣代缴代收代缴税款业务情况	代扣代缴、代收代缴税款业务内容	代扣代缴、代收代缴税种

以下内容请分别填写

以下内容由扣缴税款登记纳税人如实填写

开户银行	账号	是否是缴税账号

以下内容由单位纳税人登记、临时税务登记纳税人如实填写

自然人投资比例		外资投资比例		国有投资比例	
核算方式	☐独立核算		☐非独立核算		
注册资本或投资总额	币种	金额	币种	金额	币种	金额

以下内容由单位纳税人登记、临时税务登记和个体经营登记纳税人如实填写：

批准设立机关		批准设立证明或文件号	
证照名称		证照号码	
注册地联系电话		经营地联系电话	
开业（设立）日期			
经营范围	（可根据内容调整表格大小）		

分支机构名称	分支机构纳税人识别号	分支机构注册地址

投资方名称	投资方经济性质	投资金额	投资比例	证件类型	证件号码	国籍或地址	投资期限	分配比例

总机构纳税人识别号		总机构名称	
总机构法定代表人（业主）姓名		总机构联系电话	
总机构注册地址		总机构经营范围	

受理税务机关：　　　　经办人：

受理人：　　　　纳税人（签章）

受理日期：　　年　月　日　　　　报告日期：　　年　月　日

图 4－56　纳税人（扣缴义务人）基础信息报告表

表内有关栏目填写说明：

（1）“纳税人名称”栏：指有关核准执业证书上的“名称”。

（2）“身份证件名称”栏：一般填写“居民身份证”，如无身份证，则填写“军官证”“士兵证”“护照”等有效身份证件。

（3）“注册地址”栏：指有关核准开业证照上的地址。

（4）“经营地址”栏：指从事经营的具体地址。

（5）“国籍或地址”栏：外国投资者填国籍，中国投资者填地址。

（6）“登记注册类型”栏：即经济类型，不需要领取营业执照的，选择“个人合伙”“非企业单位”或者“港、澳、台商企业常驻代表机构及其他”，如为分支机构，按总机构的经济类型填写；实施“两证整合”之前已经设立的个体工商户，按照营业执照的内容填写。

（7）“投资方经济性质”栏：单位投资的，按其登记注册类型填写；个人投资的，填写自然人。

（8）“证件类型”栏：单位投资的，填写其组织机构代码证或者其他批准证件；个人投资的，填写其身份证件名称。

（9）“国标行业”栏：按纳税人从事生产经营行业的主次顺序填写，其中第一个行业填写纳税人的主行业。

（10）“开户银行、账号”栏：扣缴义务人用于缴纳税款的开户银行的全称及银行账号。

二、非市场监管等部门登记信息变更

企业生产经营地址、法人电话号码、财务负责人等非市场监管等部门登记信息发生变更时，纳税人在电子税务局修改税务登记信息。在电子税务局中的操作路径：“我要办税”→“综合信息报告”→“身份信息报告”→“一照一码户登记信息确认”，如图 4－57 所示。

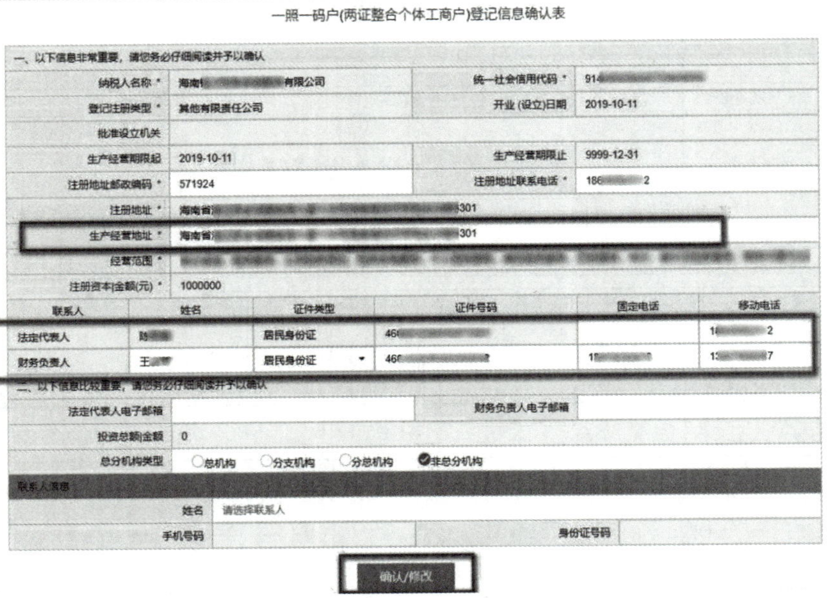

图 4－57　登记信息确认表

思政小贴士：

不同的企业，在进行信息变更、税务变更时，流程不一样哦！

活动评价：

结合自己在操作过程中的实际完成情况评分，如表4－11所示。

表4－11　　活动评价表

评分项目（10分）		得分
知识评价	1. 是否能够表述税务变更的流程（1分）	
	2. 是否能够准备税务变更的资料（1分）	
	3. 是否能够了解税务变更的相关法律法规（1分）	
技能评价	1. 是否会查阅税务的相关网站并搜集资料（1分）	
	2. 是否会使用电子税务局进行税务变更（1分）	
	3. 是否会咨询税务部门工作人员解决问题（1分）	
素养评价	1. 是否具有依法纳税的意识（1分）	
	2. 是否具有社会责任感（1分）	
	3. 是否具有政策法规、法律意识（1分）	
	4. 是否具有谨慎细致的工作态度（1分）	
小　计		

活动拓展：

扫描右侧二维码，登录中联仿真系统，完成科技公司的税务变更。

4.15　科技公司税务变更

活动升华：

试归纳个体户进行税务变更的操作步骤。

想一想：

- 个体户是否和公司一样必须要办理税务变更？
- 个体户税务变更的流程和公司税务变更的流程是否一致？

任务 4.3
年检商事主体

4.16　年检商事主体任务动画

任务情境：

2022 年 7 月 14 日，海南智博贸易有限责任公司被告知列入经营异常名录，委托海口博亿代理记账有限公司代办处理，资料如图 4－58、表 4－12 所示。

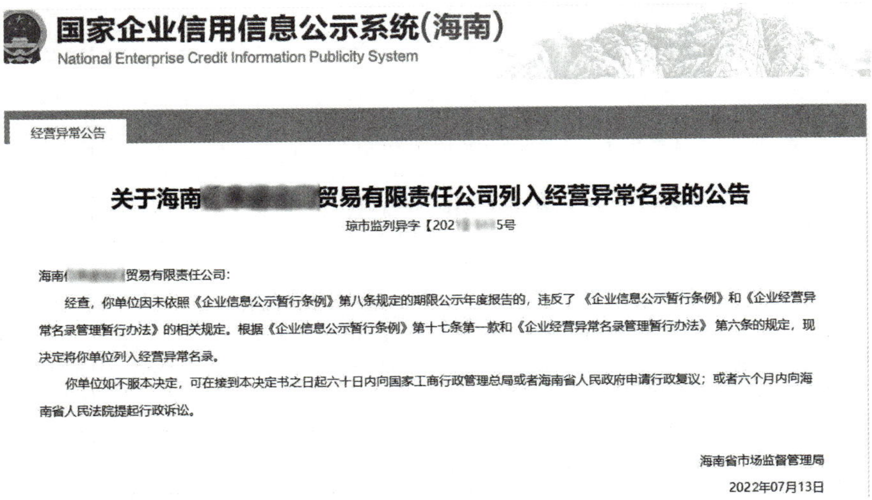

国家企业信用信息公示系统(海南)
National Enterprise Credit Information Publicity System

经营异常公告

关于海南[redacted]贸易有限责任公司列入经营异常名录的公告

琼市监列异字【202[redacted]5号

海南[redacted]贸易有限责任公司：

经查，你单位因未依照《企业信息公示暂行条例》第八条规定的期限公示年度报告的，违反了《企业信息公示暂行条例》和《企业经营异常名录管理暂行办法》的相关规定。根据《企业信息公示暂行条例》第十七条第一款和《企业经营异常名录管理暂行办法》第六条的规定，现决定将你单位列入经营异常名录。

你单位如不服本决定，可在接到本决定书之日起六十日内向国家工商行政管理总局或者海南省人民政府申请行政复议；或者六个月内向海南省人民法院提起行政诉讼。

海南省市场监督管理局

2022年07月13日

图 4－58　列入经营异常名录

表 4－12　企业年度报告基本信息表

<table>
<tr><td colspan="2">企业名称</td><td colspan="2">海南智博贸易有限责任公司</td><td colspan="2">统一社会信用代码/注册号</td><td colspan="2">91 ********** N</td></tr>
<tr><td colspan="2">企业通信地址</td><td colspan="2">海南省海口市 **** 1005 房</td><td colspan="2">邮政编码</td><td colspan="2">571100</td></tr>
<tr><td colspan="2">企业联系电话</td><td colspan="2">199 **** 6666</td><td colspan="2">电子邮箱</td><td colspan="2">10 **** 841@ qq. com</td></tr>
<tr><td colspan="2">企业主营业务活动</td><td colspan="2">货物进出口</td><td colspan="2">企业经营状态</td><td colspan="2">开业</td></tr>
<tr><td colspan="2">疫苗生产许可证</td><td colspan="2">无</td><td colspan="2">充装单位许可证</td><td colspan="2">无</td></tr>
<tr><td colspan="2">特种设备生产许可证</td><td colspan="2">无</td><td colspan="2">特种设备信息</td><td colspan="2">无</td></tr>
<tr><td rowspan="4">股东出资情况表（万元，币种应与注册资本币种相同）</td><td>股东</td><td>认缴出资额</td><td>认缴出资时间</td><td>认缴出资方式</td><td>实缴出资额</td><td>实缴出资时间</td><td>实缴出资方式</td></tr>
<tr><td>谢＊新</td><td>150 万</td><td>2014 年 12 月 1 日</td><td>货币</td><td>0</td><td></td><td>货币</td></tr>
<tr><td>郑＊林</td><td>150 万</td><td>2014 年 12 月 1 日</td><td>货币</td><td>0</td><td></td><td>货币</td></tr>
<tr><td>沈＊军</td><td>200 万</td><td>2014 年 12 月 1 日</td><td>货币</td><td>0</td><td></td><td>货币</td></tr>
<tr><td colspan="3">是否有网站或网店</td><td>否</td><td colspan="3">本年度是否发生股权转让</td><td>否</td></tr>
</table>

续表

企业是否购买其它公司股权	否		对外提供保证担保信息		否
资产状况信息	资产总额		73.0398 万元		选择不公示
	所有者权益合计		-80.4735 万元		选择不公示
	营业总收入		4.0644 万元		选择不公示
	其中：主营业务收入		4.0644 万元		选择不公示
	利润总额		-45.4159 万元		选择不公示
	净利润		-45.4159 万元		选择不公示
	纳税总额		0 万元		选择不公示
	负债总额		153.5133 万元		选择不公示
从业人数	6 人	不公示	其中女性从业人数	3 人	不公示
其中	高校毕业生人数		经营者 0 人	雇工 0 人	不公示
	退役士兵人数		经营者 0 人	雇工 0 人	不公示
	残疾人人数		经营者 0 人	雇工 0 人	不公示
	失业人员再就业人数		经营者 0 人	雇工 0 人	不公示
党建信息	中共党员（包括预备党员）人数		0 人		不公示
	党组织建制		未成立党组织		不公示
	法定代表人是否为党员		否		不公示
	法定代表人是否为党组织书记		否		不公示
企业控股情况			私人控股		
参保各险种人数	城镇职工基本养老保险		6 人		
	失业保险		6 人		
	职工基本医疗保险		6 人		
	工伤保险		6 人		
	生育保险		6 人		
单位缴费基数	单位参加城镇职工基本养老保险缴费基数		28.27 万元		不公示
	单位参加失业保险缴费基数		28.27 万元		
	单位参加职工基本医疗保险缴费基数		28.27 万元		
	单位参加生育保险缴费基数		28.27 万元		
期实际缴费金额	参加城镇职工基本养老保险本期实际缴费金额		4.5225 万元		不公示
	参加失业保险本期实际缴费金额		0.1413 万元		
	参加职工基本医疗保险本期实际缴费金额		2.2613 万元		
	参加工伤保险本期实际缴费金额		0.0565 万元		
	参加生育保险本期实际缴费金额		0.1413 万元		
单位累计欠缴金额	单位参加城镇职工基本养老保险累计欠缴金额		0 万元		不公示
	单位参加失业保险累计欠缴金额		0 万元		
	单位参加职工基本医疗保险累计欠缴金额		0 万元		
	单位参加工伤保险累计欠缴金额		0 万元		
	单位参加生育保险累计欠缴金额		0 万元		

活动 4.3.1 商事主体年报

思政小贴士：

一定要与客户充分沟通，获取年报所需信息哦！

活动要求：

根据客户需求以及提供的信息，使用国家企业信用信息公示系统完成年度报告。

活动准备：

商事主体应当于每年1月1日至6月30日通过国家企业信用信息公示系统向市场监督管理部门报送上一年度报告，并向社会公示。年度报告内容应真实反映企业存续经营实际情况，商事主体对其公示信息的真实性、及时性负责。商事主体发现其年度报告内容不准确的，应于报告当年的6月30日前进行更正，更正前后的信息同时公示。6月30日后，年度报告的更正功能关闭。

商事主体逾期报送年报的，由市场监管部门依据《中国（海南）自由贸易试验区商事登记管理条例》的有关规定，责令其改正；逾期不改正的，处以1万元以上5万元以下的罚款。商事主体公示信息隐瞒真实情况、弄虚作假的，由市场监管部门依据《中国（海南）自由贸易试验区商事登记管理条例》的有关规定，责令其改正；逾期不改正的，处以1万元以上5万元以下的罚款。

活动实施：

企业年度报告内容包括企业的基本信息、存续状态信息，投资设立企业和购买股权信息，股东或者发起人认缴和实缴的出资额、出资时间、出资方式等信息，股权变更信息，企业网站以及从事网络经营的网店名称、网址等信息，企业从业人数、对外提供保证担保、资产总额、负债总额、所有者权益合计、营业总收入、主营业务收入、利润总额、净利润、纳税总额信息，以及有关社保、统计、特种设备等相关信息，如图4-59所示。

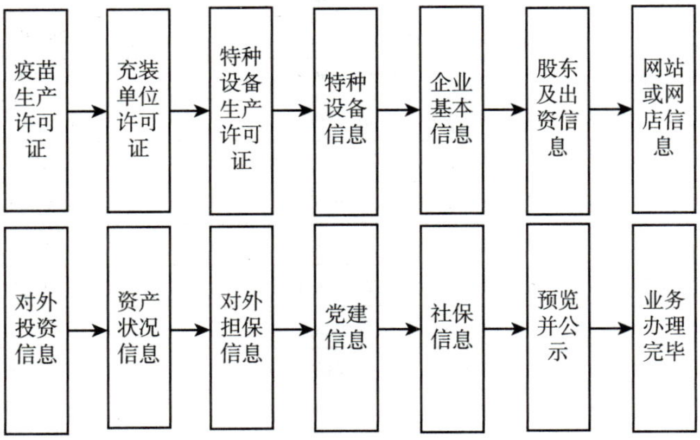

图4-59 年度报告流程图

登录国家企业信用信息公示系统（海南）页面，点击“企业信息填报”，如图4－60所示。

图4－60 企业信息填报

企业既可以采用商事登记联络员手机短信验证登录，也可以采用电子营业执照验证登录，在微信的小程序中找到“工商电子营业执照”扫一扫登录，或者在支付宝的小程序中找到“电子营业执照管理”扫一扫登录，如图4－61所示。

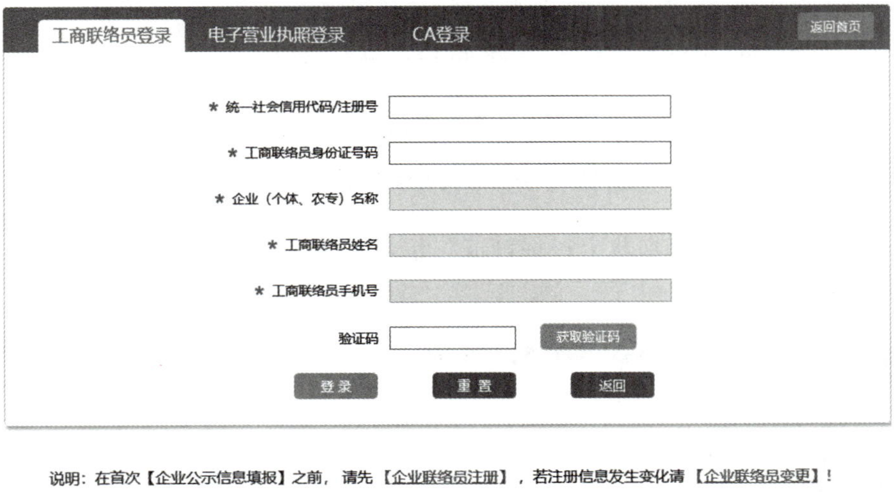

图4－61 登录界面

温馨提示：

企业在首次使用“企业公示信息填报”之前，需要先进行“企业联络员注册”；如果注册信息发生变化，需要进行“企业联络员变更”。

点击“年度报告填写”，如以前年度未填报，须先补报，如图4－62所示。

图4－62 年度报告填写

认真阅读“填写须知”，勾选“已阅”，如图4－63所示。

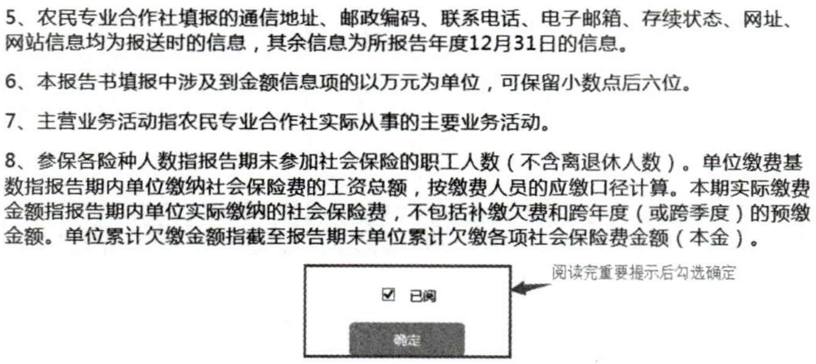
5、农民专业合作社填报的通信地址、邮政编码、联系电话、电子邮箱、存续状态、网址、网站信息均为报送时的信息，其余信息为所报告年度12月31日的信息。

6、本报告书填报中涉及到金额信息项的以万元为单位，可保留小数点后六位。

7、主营业务活动指农民专业合作社实际从事的主要业务活动。

8、参保各险种人数指报告期末参加社会保险的职工人数（不含离退休人数）。单位缴费基数指报告期内单位缴纳社会保险费的工资总额，按缴费人员的应缴口径计算。本期实际缴费金额指报告期内单位实际缴纳的社会保险费，不包括补缴欠费和跨年度（或跨季度）的预缴金额。单位累计欠缴金额指截至报告期末单位累计欠缴各项社会保险费金额（本金）。

图4－63 认真阅读填写须知

进入填报页面，填写“疫苗生产许可证”信息并保存。如果没有则录入下一项即可，如图4－64所示。

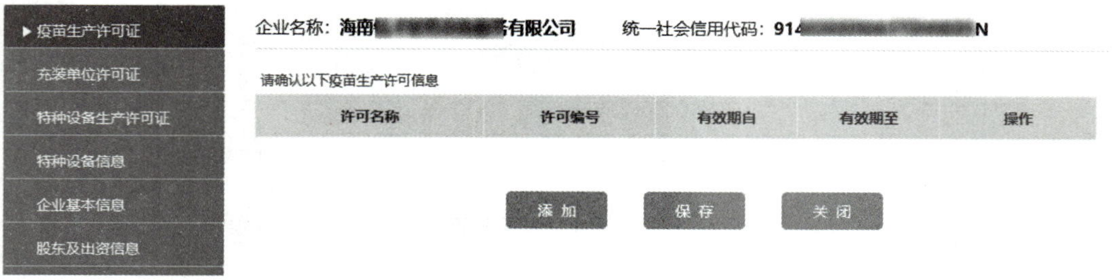

图4－64 疫苗生产许可证

填写“充装单位许可证”信息并保存。如果没有则录入下一项即可，如图 4－65 所示。

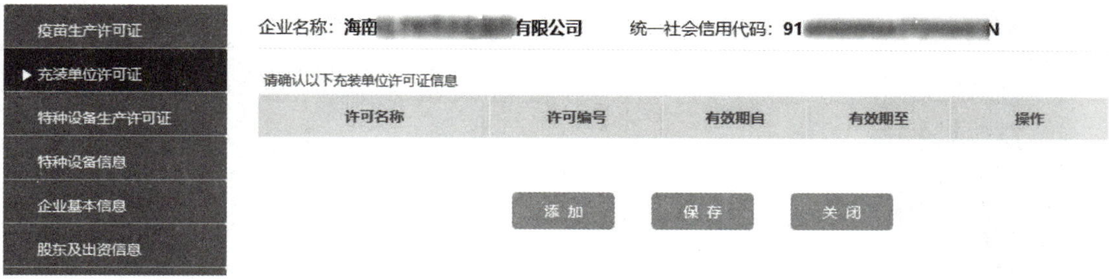

图 4－65　充装单位许可证

填写“特种设备生产许可证”信息并保存。如果没有则录入下一项即可，如图 4－66 所示。

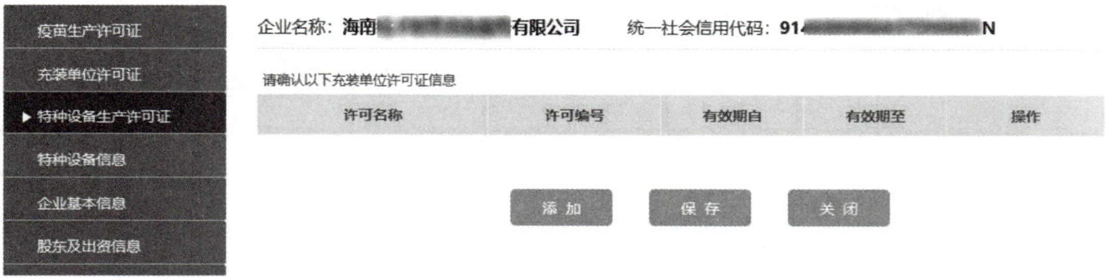

图 4－66　特种设备生产许可证

填写“特种设备信息”并保存。如果没有特种设备信息，可填写“0”，并进入下一项录入，如图 4－67 所示。

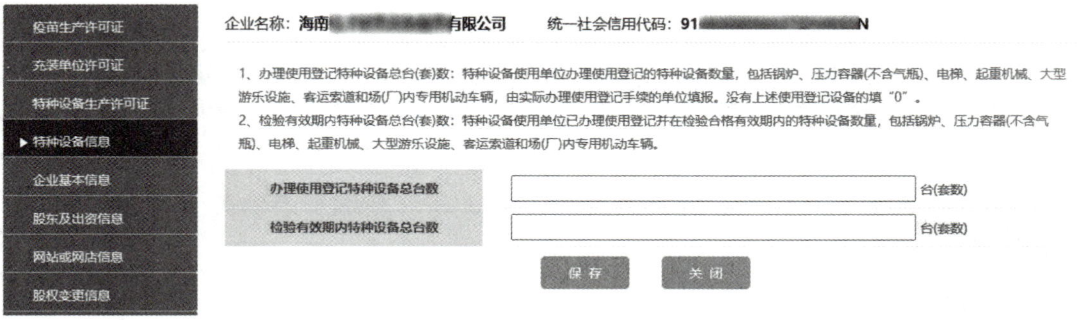

图 4－67　特种设备信息

企业根据实际情况选择“是否有网站或网店”“本年度是否发生股权转让”“是否有投资信息或购买其他公司股权”，如选择“是”，则必须填写相对应的信息，如图 4－68 所示。

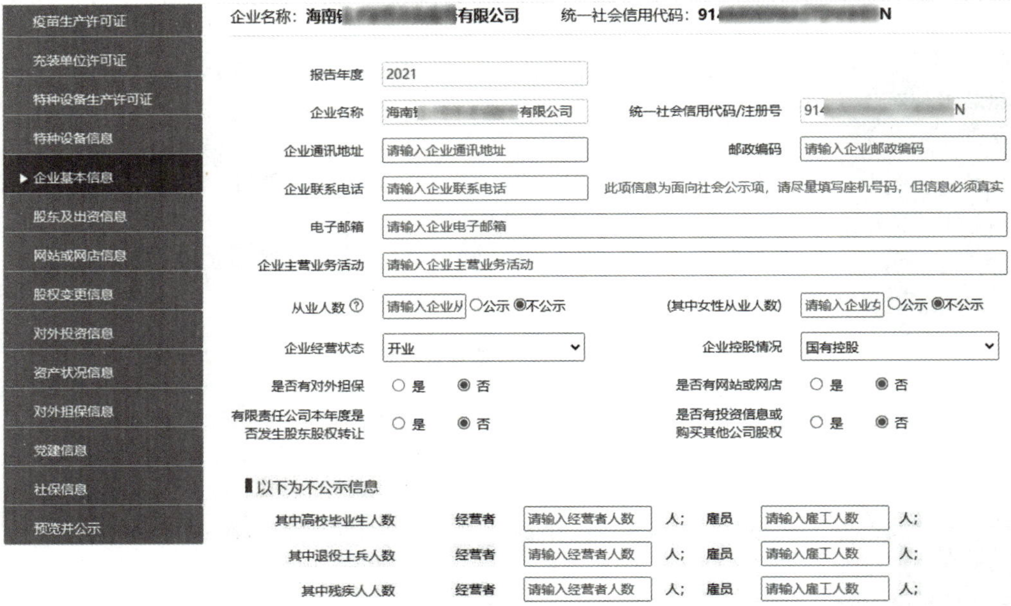

图 4－68　企业基本信息

思政小贴士：

通信地址、邮政编码、联系电话、电子邮箱、存续状态、网址、网站信息均为报送时的信息，其余信息为所报告年度 12 月 31 日的信息，注意时效性哦！

填写“股东及出资信息”，股东（发起人）的姓名或者名称应当与报告年度在市场监督管理部门登记的姓名或者名称一致。每位股东（发起人）的出资信息只需填报一条，股东（发起人）认缴和实缴出资额为截至报告年度 12 月 31 日的累计数额（如果实缴出资截止到当年度尚未缴付，请填“0”），其中外商投资企业认缴和实缴出资额的币种与注册资本一致；认缴和实缴出资时间为截至报告年度 12 月 31 日最后一次认缴和实缴时间，填写完成后点击“保存”，如图 4－69 所示。

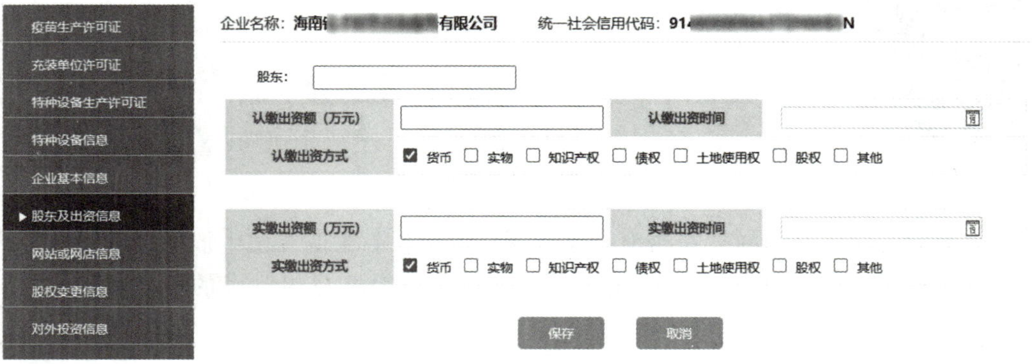

图 4－69　股东及出资信息

思政小贴士：

涉及金额项的以万元为单位，可保留小数点后六位，一定要谨慎细致哦！

填写“网站或网店信息”，可添加多条网站或网店信息，也可修改或删除信息，如图 4－70 所示。

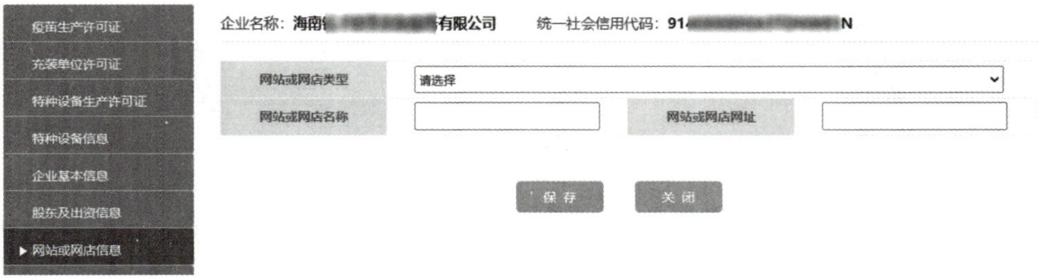

图 4－70　网站或网店信息

填写“股权变更信息”，企业填报上一年度的股权变更情况并保存。如果没有则录入下一项即可，如图 4－71 所示。

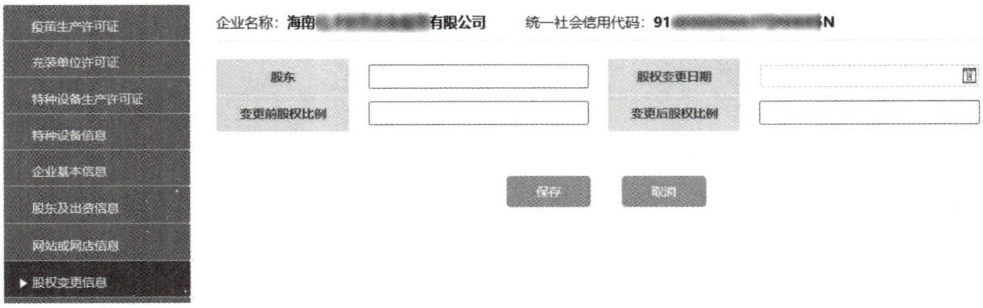

图 4－71　股权变更信息

填写“对外投资信息”并保存。如果没有则录入下一项即可，如图 4－72 所示。

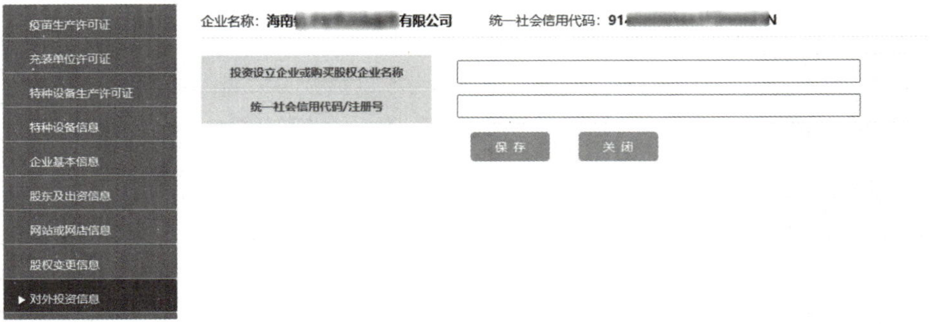

图 4－72　对外投资信息

填写“资产状况信息”并保存，资产金额应当是企业报告年度资产负债表和利润表中的期末数，纳税总额为企业全年实缴各类税金的总和，如图 4－73 所示。

图 4－73 资产状况资信息

填写“对外担保信息”并保存，如果没有则录入下一项即可，非强制性公示的事项，可选择是否向社会公示。对外担保信息可以选择某条具体信息是否向社会公示，如图 4－74 所示。

图 4－74 对外担保信息

填写“党建信息”，党建信息为不公示信息，主要采集企业党组织的建立情况，但属于抽查范围。其中，中共党员（包括预备党员）人数，为截至年度报告年份 12 月 31 日的人数，如图 4－75 所示。

图 4－75 党建信息

填写“社保信息”，非强制性公示的事项，企业自行选择是否向社会公示。参保各险种人数指报告期末参加社会保险的职工人数（不含离退休人数）。单位缴费基数指报告期内单位缴纳社会保险费的工资总额，按缴费人员的应缴口径计算。本期实际缴费金额指报告期内单位实际缴纳的社会保险费，不包括补缴欠费和跨年度（或跨季度）的预缴金额。单位累计欠缴金额指截至报告期末单位累计欠缴各项社会保险费金额（本金），如图 4－76 所示。

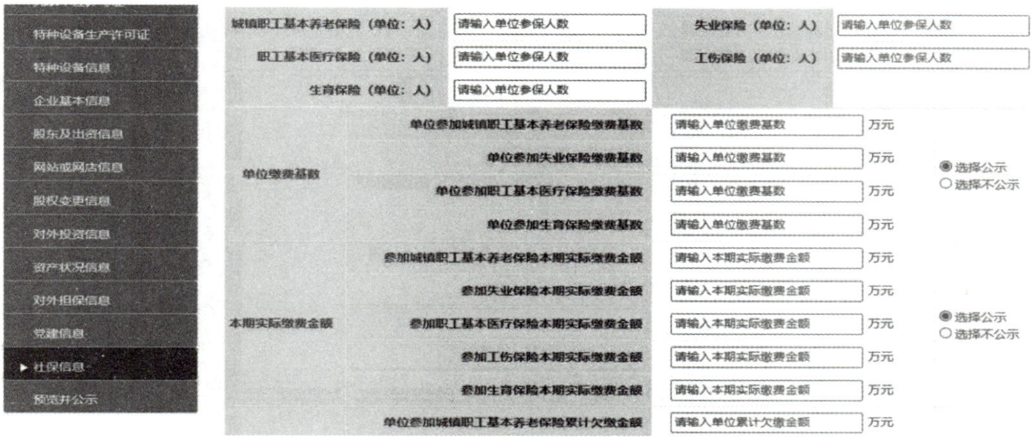

图 4－76　社保信息

预览并公示，企业确认信息无误，可提交并公示年报信息，如图 4－77 所示。

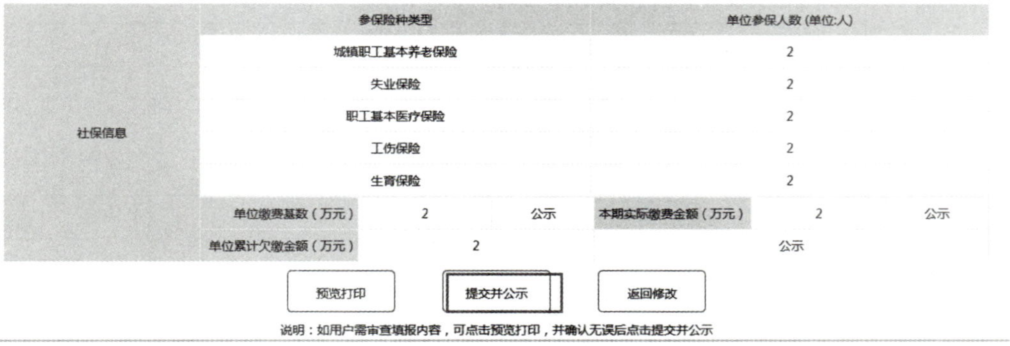

图 4－77　预览并公示

年报公示填报并提交成功，点击“查看”可打印相对应年份年报，如图 4－78 所示。

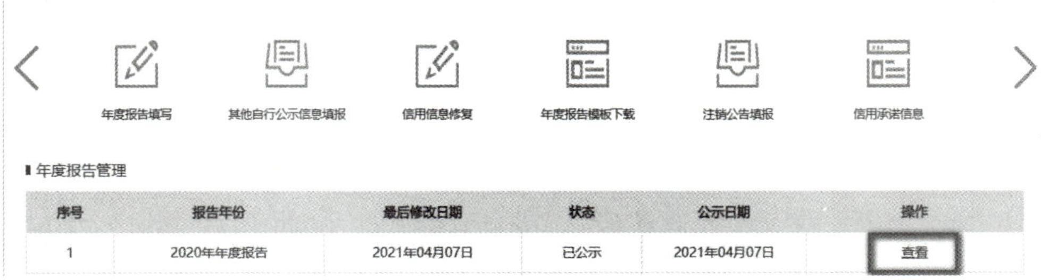

图 4－78　查看年报

将鼠标下拉至页面底端，选择“打印”，即可打印年度报告书，如图 4－79 所示。

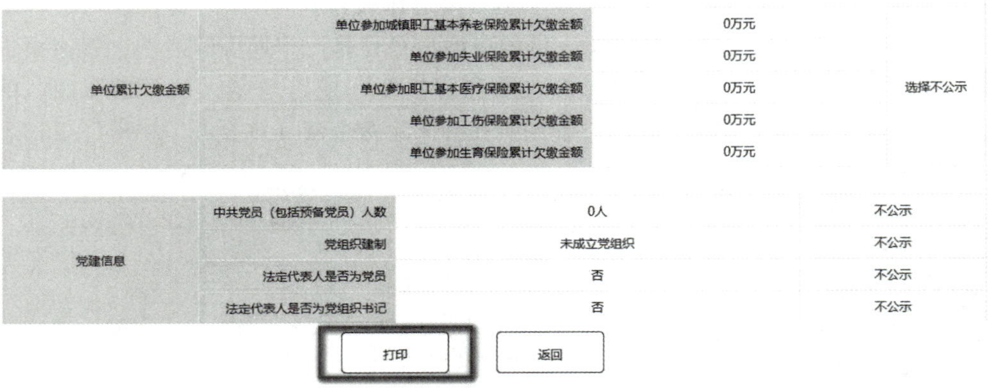

图 4－79　打印年报

活动评价：

结合自己在操作过程中的实际完成情况评分，如表 4－13 所示。

表 4－13　活动评价表

评分项目（10 分）		得分
知识评价	1. 是否能够表述年度报告的流程（1 分）	
	2. 是否能够准备年度报告的资料（1 分）	
	3. 是否能够了解年度报告的相关法律法规（1 分）	
技能评价	1. 是否会查阅国家企业公示系统并搜集资料（1 分）	
	2. 是否会使用国家企业公示系统进行年度报告（1 分）	
	3. 是否会咨询市场监督部门工作人员解决问题（1 分）	
素养评价	1. 是否具有良好的时效意识（1 分）	
	2. 是否具有良好的责任意识（1 分）	
	3. 是否具有政策法规、法律意识（1 分）	
	4. 是否具有谨慎细致的工作态度（1 分）	
小　　计		

活动拓展：

扫描右侧二维码，登录中联仿真系统，报送并公示贸易公司的年度报告。

4.17　贸易公司年度报告的报送与公示

活动升华：

扫描右侧二维码，登录中联仿真系统，完成海南海口百味快餐店（个体工商户）年度报告的报送工作，其基本信息如表 4－14 所示。

4.18　个体工商户年度报告的报送

表 4－14　　个体工商户年度报告基本信息表

<table>
<tr><td colspan="2">个体户名称</td><td colspan="2">海南海口百味快餐店</td><td>统一社会信用代码/注册号</td><td>91 *********** 6</td></tr>
<tr><td colspan="2">个体户通信地址</td><td colspan="2">海南省海口市 ****** 1089 房</td><td>邮政编码</td><td>571100</td></tr>
<tr><td colspan="2">个体户联系电话</td><td colspan="2">186 **** 2451</td><td>电子邮箱</td><td>22 **** 854@ qq. com</td></tr>
<tr><td colspan="2">企业主营业务活动</td><td colspan="2">餐饮服务</td><td>企业经营状态</td><td>开业</td></tr>
<tr><td colspan="2">特种设备信息</td><td colspan="2">无</td><td>是否有网站或网店</td><td>否</td></tr>
<tr><td colspan="2" rowspan="2">资产状况信息</td><td colspan="2">营业额或营业收入</td><td>25 万元</td><td>选择不公示</td></tr>
<tr><td colspan="2">纳税总额</td><td>0 万元</td><td>选择不公示</td></tr>
<tr><td colspan="2">从业人数</td><td colspan="4">2 人</td></tr>
<tr><td rowspan="4">其中</td><td colspan="2">高校毕业生人数</td><td>经营者 0 人</td><td>雇工 0 人</td><td>不公示</td></tr>
<tr><td colspan="2">退役士兵人数</td><td>经营者 0 人</td><td>雇工 0 人</td><td>不公示</td></tr>
<tr><td colspan="2">残疾人人数</td><td>经营者 0 人</td><td>雇工 0 人</td><td>不公示</td></tr>
<tr><td colspan="2">失业人员再就业人数</td><td>经营者 0 人</td><td>雇工 0 人</td><td>不公示</td></tr>
<tr><td colspan="2" rowspan="4">党建信息</td><td colspan="2">中共党员（包括预备党员）人数</td><td>0 人</td><td>不公示</td></tr>
<tr><td colspan="2">党组织建制</td><td>未成立党组织</td><td>不公示</td></tr>
<tr><td colspan="2">法定代表人是否为党员</td><td>否</td><td>不公示</td></tr>
<tr><td colspan="2">法定代表人是否为党组织书记</td><td>否</td><td>不公示</td></tr>
</table>

想一想：

- 个体工商户是否和公司一样必须要进行年度报告？
- 个体工商户年度报告的流程和公司年度报告的流程是否一致？

活动 4.3.2　经营异常移出

4.19　申请信用修复需要提交的材料清单

活动要求：

根据客户需求以及提供的信息，使用国家企业信用信息公示系统完成经营异常移出。

活动准备：

查看《申请信用修复需要提交的材料清单》相关规定，熟悉企业信用修复相关要求。

对未按照规定报送并公示年度报告的商事主体，由市场监管部门依法将其列入经营异常名录，并通过国家企业信用信息公示系统向社会公示。企业因未按照规定报送并公示年度报告被列入经营异常名录满3年仍未依法履行公示义务的，将被列入严重违法失信企业名单。被列入严重违法失信企业名单企业的法定代表人、负责人，3年内不得担任其他企业的法定代表人、负责人。

活动实施：

登录国家企业信用信息公示系统，进入信用信息修复模块，勾选经营异常名录信息修复，填写相应的信息并上传信用修复材料，市场监督管理部门审批后移出经营异常，可在公示系统经营异常名录移出公告中查询，如图4－80所示。

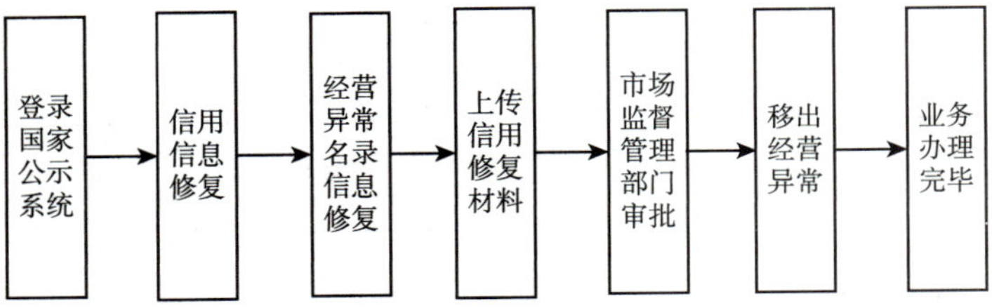

图4－80　经营异常移出流程图

登录“国家企业公示系统”，选择“信用信息修复”，如图4－81所示。

图4－81　信用信息修复

进入信用信息修复模块后，勾选“经营异常名录信息修复”。填写如下信息：

列入经营异常名录的列入文号，可在“国家企业信用信息公示系统（海南）”→“信息公告”→“经营异常名录列入公告”中查询。列入日期、列入经营异常名录原因、作出决定机关，系统会根据填写的列入文号自动带出。申请修复日期为当日申请日期，如图4－82所示。

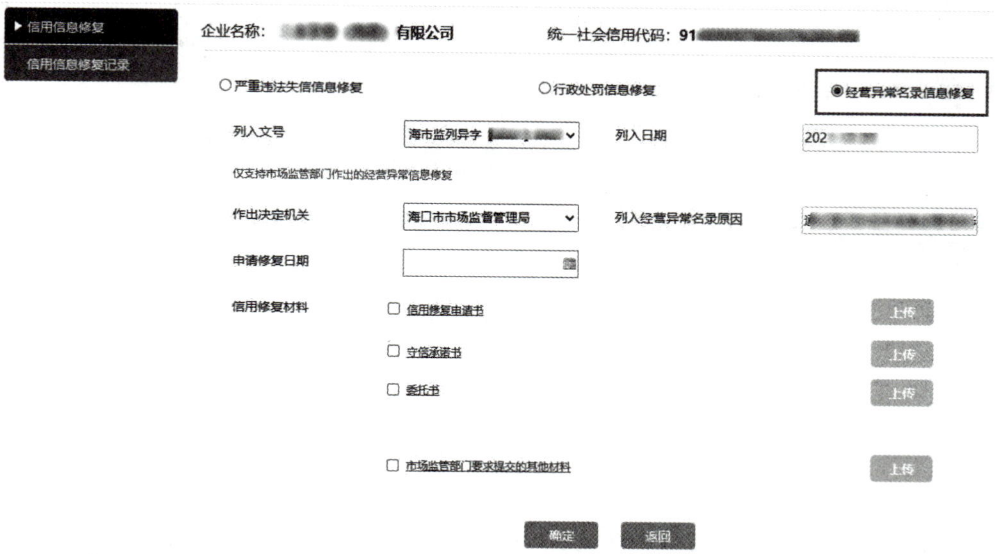

图 4 - 82　经营异常名录信用信息修复

点击信用修复申请书、守信承诺书、委托书等，系统会自动弹出申请表单供商事主体进行下载，填写完毕且盖章后上传，如图 4 - 83、图 4 - 84 所示。

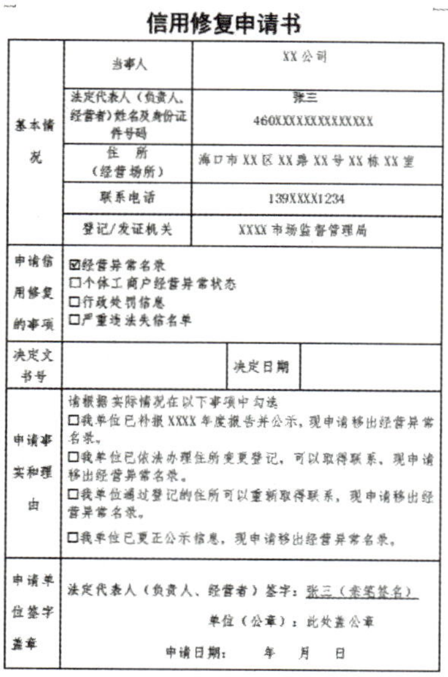

信用修复申请书

基本情况	当事人	XX 公司	
	法定代表人（负责人、经营者）姓名及身份证件号码	张三 460XXXXXXXXXXXXXX	
	住　所（经营场所）	海口市 XX 区 XX 路 XX 号 XX 栋 XX 室	
	联系电话	139XXXX1234	
	登记/发证机关	XXXX 市场监督管理局	
申请信用修复的事项	☑经营异常名录 □个体工商户经营异常状态 □行政处罚信息 □严重违法失信名单		
决定文书号		决定日期	
申请事实和理由	请根据实际情况在以下事项中勾选 □我单位已补报 XXXX 年度报告并公示，现申请移出经营异常名录。 □我单位已依法办理住所变更登记，可以取得联系，现申请移出经营异常名录。 □我单位通过登记的住所可以重新取得联系，现申请移出经营异常名录。 □我单位已更正公示信息，现申请移出经营异常名录。		
申请单位签字盖章	法定代表人（负责人、经营者）签字：张三（亲笔签名） 单位（公章）：此处盖公章 申请日期：　　年　　月　　日		

图 4 - 83　信用修复申请书

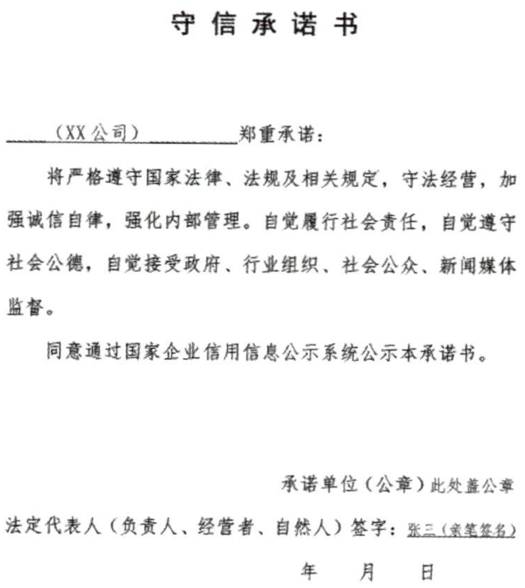

守 信 承 诺 书

（XX 公司）郑重承诺：

将严格遵守国家法律、法规及相关规定，守法经营，加强诚信自律，强化内部管理。自觉履行社会责任，自觉遵守社会公德，自觉接受政府、行业组织、社会公众、新闻媒体监督。

同意通过国家企业信用信息公示系统公示本承诺书。

承诺单位（公章）此处盖公章

法定代表人（负责人、经营者、自然人）签字：张三（亲笔签名）

年　　月　　日

图 4 - 84　守信承诺书

在“信用信息修复记录”界面，可查看申请移出的修复信息审核意见，审核结果会通过短信的形式提醒商事主体，如图 4 - 85 所示。

如果申请被受理，会在“是否受理”栏中，显示“是”；不予受理，则显示“否”，需要进行重新申请。如果申请通过，会在“是否予以修复”栏中，显示“是”，移出信息会在“国家企业信用信息公示系统（海南）”→“信息公告”→“经营异常名录”→“移出公告”中发布；申请不通过，则显示“否”，需要进行重新申请。

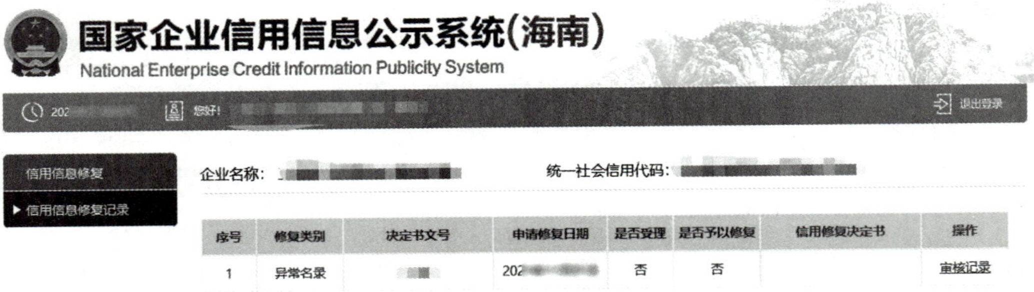

图 4－85　经营异常名录信用信息修复记录

温馨提示：

对被列入经营异常名录（标注为经营异常状态）的商事主体和被列入严重违法失信企业名单的企业，各有关部门将在经营、投融资、取得政府供应土地、进出口、出入境、注册新公司、招投标、政府采购、取得荣誉、安全许可、生产经营许可、从业任职资格、资质审核等工作中，依法采取限制或者禁入的联合惩戒措施。

思政小贴士：

一定要合法经营，做一名诚实守信的公民哦！

活动评价：

结合自己在操作过程中的实际完成情况评分，如表 4－15 所示。

表 4－15　　活动评价表

评分项目（10 分）		得分
知识评价	1. 是否能够表述经营异常移出的流程（1 分）	
	2. 是否能够准备经营异常移出的资料（1 分）	
	3. 是否能够了解经营异常的相关法律法规（1 分）	
技能评价	1. 是否会查阅国家公示系统并搜集资料（1 分）	
	2. 是否会使用国家公示系统进行经营异常移出（1 分）	
	3. 是否会咨询市场监督部门工作人员解决问题（1 分）	
素养评价	1. 是否具有诚实守信的品德（1 分）	
	2. 是否具有良好的责任意识（1 分）	
	3. 是否具有政策法规、法律意识（1 分）	
	4. 是否具有谨慎细致的工作态度（1 分）	
小　　计		

活动拓展：

扫描右侧二维码，了解其他省份公司经营异常移出的操作步骤及常见问题。

4.20　经营异常移出操作步骤及常见问题

活动升华：

举一反三，归纳总结个体工商户经营异常移出的操作步骤。

想一想：

- 个体户经营异常移出的流程和公司经营异常移出的流程是否一致？
- 个体户因登记的经营场所无法取得联系被列入经营异常，需要准备哪些材料？

任务 4.4
注销商事主体

4.21　注销公司任务动画

任务情境：

2022 年 8 月 12 日，因受疫情影响，海南智博贸易有限责任公司无法持续经营，现需要注销，委托海口博亿代理记账有限公司代理服务。

未发生债权债务或已将债权债务清偿完结的市场主体（上市股份有限公司除外），可以申请简易注销。市场主体在申请简易注销登记时，不应存在未结清清偿费用、职工工资、社会保险费用、法定补偿金、应缴纳税款（滞纳金、罚款）等债权债务。

活动 4.4.1　税务注销

思政小贴士：

仔细阅读指引，判断是否符合简易注销流程哦！

活动要求：

根据客户需求以及提供的相关资料信息，完成贸易公司税务注销。

活动准备：

查看《企业注销指引》相关规定，熟悉企业税务注销相关要求。

4.22　企业注销指引

活动实施：

符合市场监管部门简易注销条件，未办理过涉税事宜的纳税人，办理过涉税事宜但没领用过发票（含代开发票）、没有欠税和没有其他未办结事项的纳税人，查询时已办结缴销发票、结清应纳税款等清税手续的纳税人，免予到税务部门办理清税证明，可直接向市场监管部门申请简易注销。但海南目前仍需在电子税务局上申请清税注销，如图 4－86 所示。

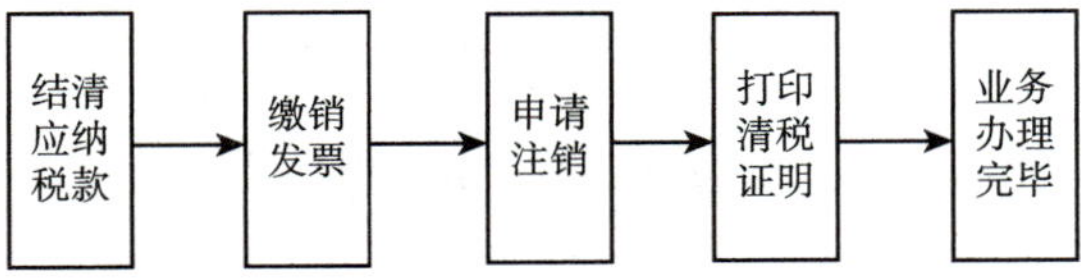

图 4－86　税务注销流程图

温馨提示：

企业有下列情形之一的，不适用简易注销程序：

- 涉及国家规定实施准入特别管理措施的外商投资企业
- 被列入企业经营异常名录或严重违法失信企业名单的
- 存在股权（投资权益）被冻结、出质或动产抵押等情形的
- 有正在被立案调查或采取行政强制、司法协助、被予以行政处罚等情形的
- 企业所属的非法人分支机构未办理注销登记的
- 曾被终止简易注销程序的
- 法律、行政法规或者国务院决定规定在注销登记前需经批准的
- 不适用企业简易注销登记的其他情形

纳税人可通过电子税务局“注销前置事项办理套餐”模块申请清税注销，系统将自动检验企业是否存在税务注销未办结事项，对于无未结欠税及罚款、无逾期未申报的纳税人可在本套餐模块进行清税注销税（费）申报及缴纳，注销办结后可下载打印清税证明。在电子税务局中的操作路径：“我要办税”→“个性服务”→“套餐及组合业务”→“注销前置事项办理套餐”，如图 4－87 所示。

图 4－87　注销前置事项办理套餐

进入页面后，请仔细阅读《办理须知》，勾选“已阅读无异议”，点击“下一步”进入注销的前置条件检验，如图4－88所示。

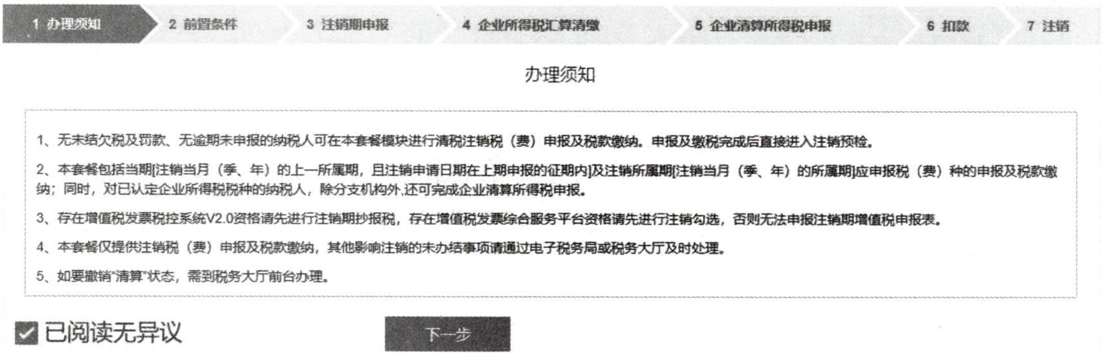
1 办理须知
2 前置条件
3 注销期申报
4 企业所得税汇算清缴
5 企业清算所得税申报
6 扣款
7 注销
办理须知
1、无未结欠税及罚款、无逾期未申报的纳税人可在本套餐模块进行清税注销税（费）申报及税款缴纳。申报及缴税完成后直接进入注销预检。
2、本套餐包括当期[注销当月（季、年）的上一所属期，且注销申请日期在上期申报的征期内]及注销所属期[注销当月（季、年）的所属期]应申报税（费）种的申报及税款缴纳；同时，对已认定企业所得税税种的纳税人，除分支机构外,还可完成企业清算所得税申报。
3、存在增值税发票税控系统V2.0资格请先进行注销期抄报税，存在增值税发票综合服务平台资格请先进行注销勾选，否则无法申报注销期增值税申报表。
4、本套餐仅提供注销税（费）申报及税款缴纳，其他影响注销的未办结事项请通过电子税务局或税务大厅及时处理。
5、如要撤销"清算"状态，需到税务大厅前台办理。
已阅读无异议
下一步

图4－88　“注销前置事项办理套餐”|“办理须知”

系统将自动检验企业是否存在税务注销未办结事项，无未办结事项则可直接点击“下一步”；存在未办结事项，点击“查看全部税务注销未办结事项”可查看具体事项，如图4－89所示。

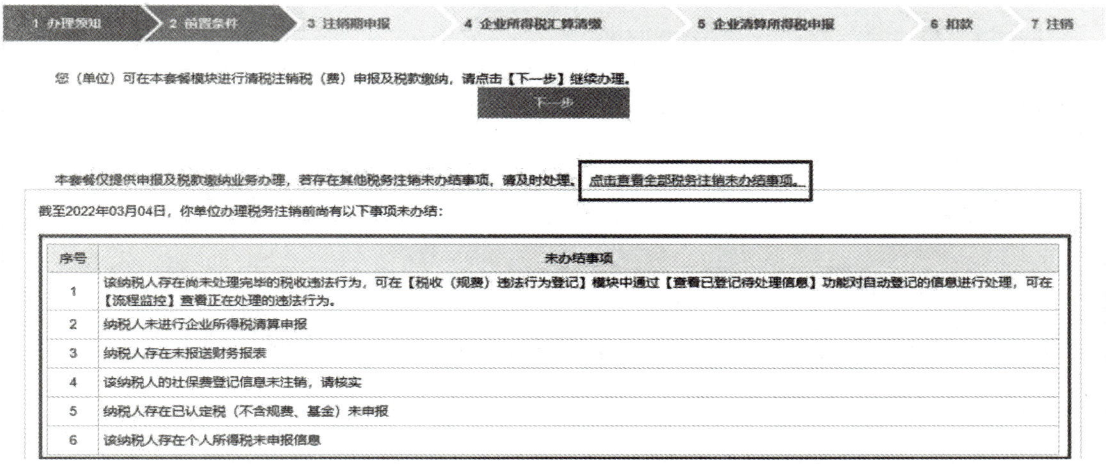
1 办理须知
2 前置条件
3 注销期申报
4 企业所得税汇算清缴
5 企业清算所得税申报
6 扣款
7 注销
您（单位）可在本套餐模块进行清税注销税（费）申报及税款缴纳，请点击【下一步】继续办理。
下一步
本套餐仅提供申报及税款缴纳业务办理，若存在其他税务注销未办结事项，请及时处理。点击查看全部税务注销未办结事项。
截至2022年03月04日，你单位办理税务注销前尚有以下事项未办结：
序号
未办结事项
1
该纳税人存在尚未处理完毕的税收违法行为，可在【税收（规费）违法行为登记】模块中通过【查看已登记待处理信息】功能对自动登记的信息进行处理，可在【流程监控】查看正在处理的违法行为。
2
纳税人未进行企业所得税清算申报
3
纳税人存在未报送财务报表
4
该纳税人的社保费登记信息未注销，请核实
5
纳税人存在已认定税（不含规费、基金）未申报
6
该纳税人存在个人所得税未申报信息

图4－89　“注销前置事项办理套餐”|“前置条件”

清税注销套餐仅提供申报及税款缴纳业务办理，存在其他未办结事项如有结存空白发票等，需先办结其他事项后，再进行下一步操作。进入“注销前置事项”，处理待办理事项，如图4－90所示。

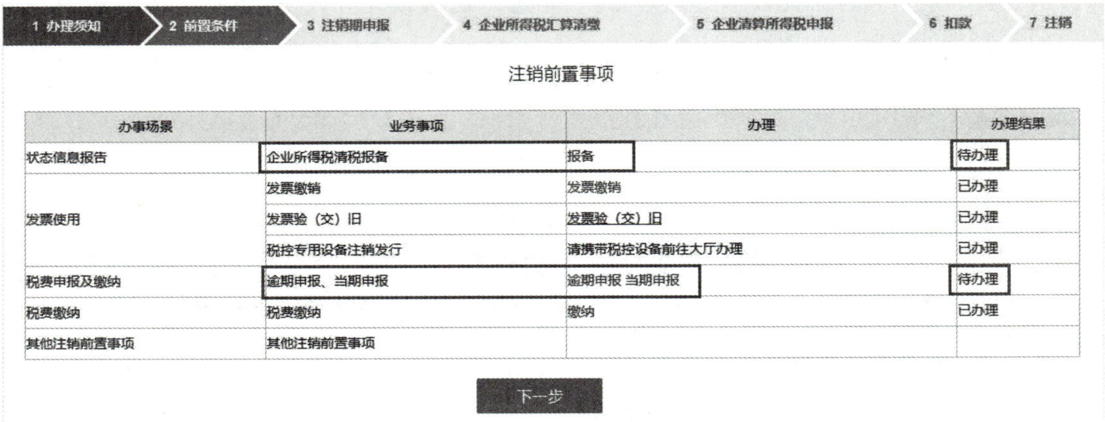

1 办理须知 | 2 前置条件 | 3 注销期申报 | 4 企业所得税汇算清缴 | 5 企业清算所得税申报 | 6 扣款 | 7 注销

注销前置事项

办事场景	业务事项	办理	办理结果
状态信息报告	企业所得税清税报备	报备	待办理
发票使用	发票缴销	发票缴销	已办理
	发票验（交）旧	发票验（交）旧	已办理
	税控专用设备注销发行	请携带税控设备前往大厅办理	已办理
税费申报及缴纳	逾期申报、当期申报	逾期申报 当期申报	待办理
税费缴纳	税费缴纳	缴纳	已办理
其他注销前置事项	其他注销前置事项		

下一步

图 4－90 “注销前置事项办理套餐”|“注销前置事项”

点击“报备”，进行“企业所得税清算报备”，填写相关信息，“清算原因”可在下拉列表中选择，“主管税务机关是否参加清算”选项应根据实际情况进行选择，点击“提交”继续办理，如图 4－91 所示。

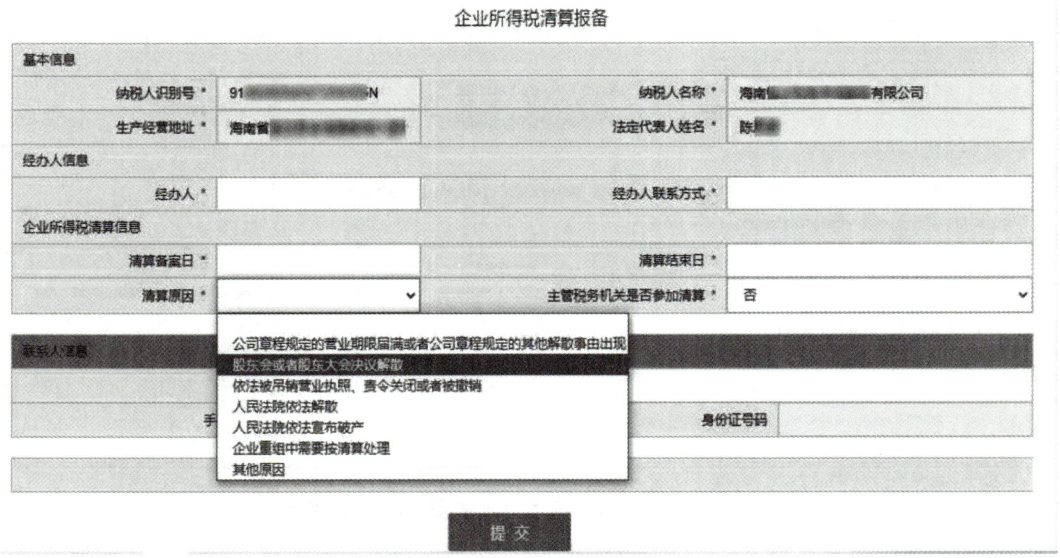

图 4－91 “注销前置事项办理套餐”|“企业所得税清算报备”

点击“当期申报”，对当期各项税（费）种进行申报，申报前先点击“采集”按钮进行报表数据更新，申报完成并导入后点击“刷新”按钮进行申报状态更新，已申报（未导入）状态点击“导入”按钮进行申报表导入，所有报表显示“已导入”状态后才可进行下一步操作，如图 4－92 所示。

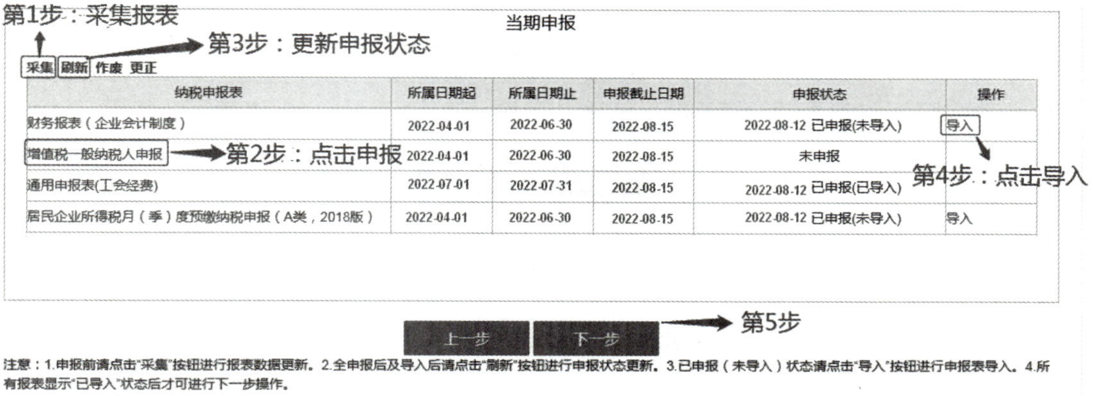

纳税申报表	所属日期起	所属日期止	申报截止日期	申报状态	操作
财务报表（企业会计制度）	2022-04-01	2022-06-30	2022-08-15	2022-08-12 已申报(未导入)	导入
增值税一般纳税人申报	2022-04-01	2022-06-30	2022-08-15	未申报	
通用申报表(工会经费)	2022-07-01	2022-07-31	2022-08-15	2022-08-12 已申报(已导入)	
居民企业所得税月（季）度预缴纳税申报（A类，2018版）	2022-04-01	2022-06-30	2022-08-15	2022-08-12 已申报(未导入)	导入

图 4－92 “注销前置事项办理套餐”|“当期申报”

进行“注销期申报”，操作步骤同“当期申报”，如图 4－93 所示。

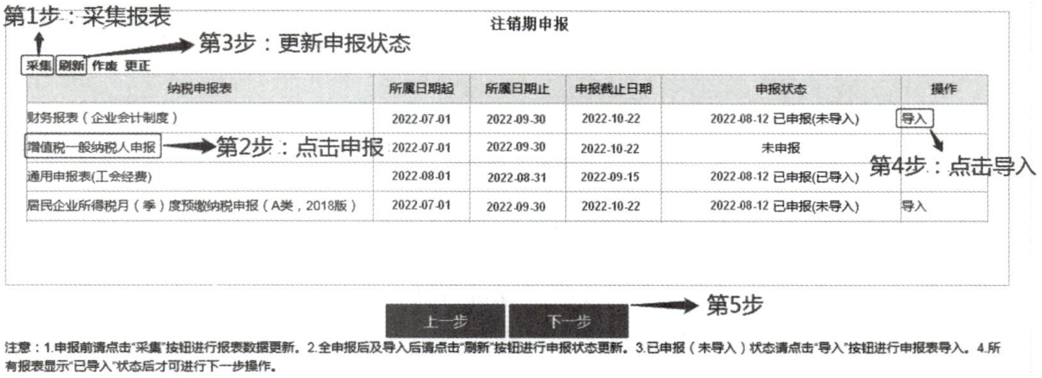

纳税申报表	所属日期起	所属日期止	申报截止日期	申报状态	操作
财务报表（企业会计制度）	2022-07-01	2022-09-30	2022-10-22	2022-08-12 已申报(未导入)	导入
增值税一般纳税人申报	2022-07-01	2022-09-30	2022-10-22	未申报	
通用申报表(工会经费)	2022-08-01	2022-08-31	2022-09-15	2022-08-12 已申报(已导入)	
居民企业所得税月（季）度预缴纳税申报（A类，2018版）	2022-07-01	2022-09-30	2022-10-22	2022-08-12 已申报(未导入)	导入

图 4－93 “注销前置事项办理套餐”|“注销期申报”

进行“企业所得税汇算清缴”，如图 4－94 所示。

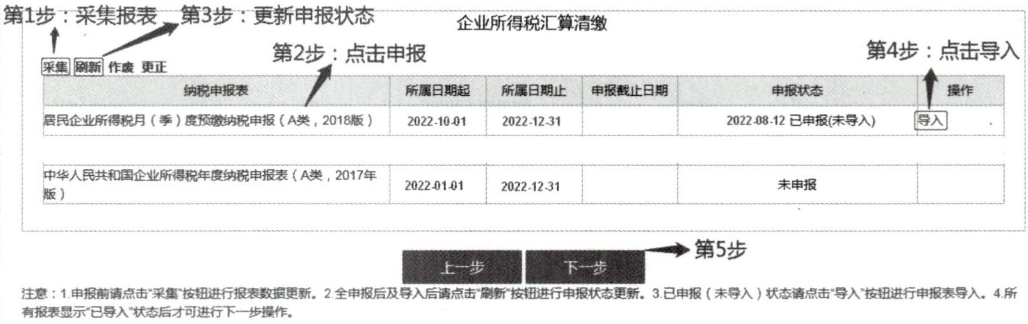

纳税申报表	所属日期起	所属日期止	申报截止日期	申报状态	操作
居民企业所得税月（季）度预缴纳税申报（A类，2018版）	2022-10-01	2022-12-31		2022-08-12 已申报(未导入)	导入
中华人民共和国企业所得税年度纳税申报表（A类，2017年版）	2022-01-01	2022-12-31		未申报	

图 4－94 “注销前置事项办理套餐”|“企业所得税汇算清缴”

进行“企业清算所得税申报”，如图 4－95 所示。

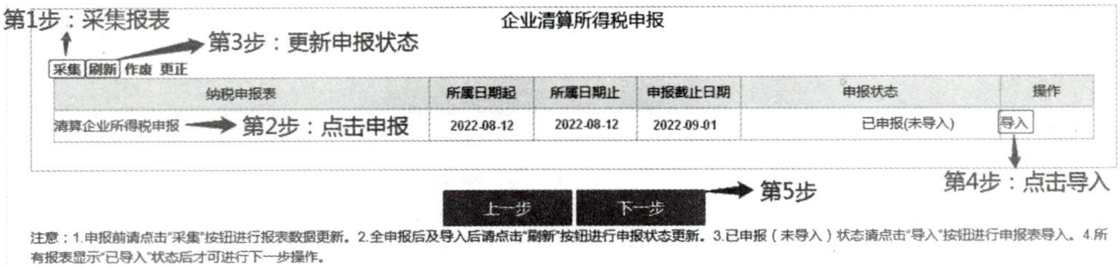

图 4－95 “注销前置事项办理套餐”|“企业清算所得税申报”

申报后如存在应缴税款，需先缴纳税款，如无应缴税款，可直接进入下一步的注销申请信息填写，如图 4－96 所示。

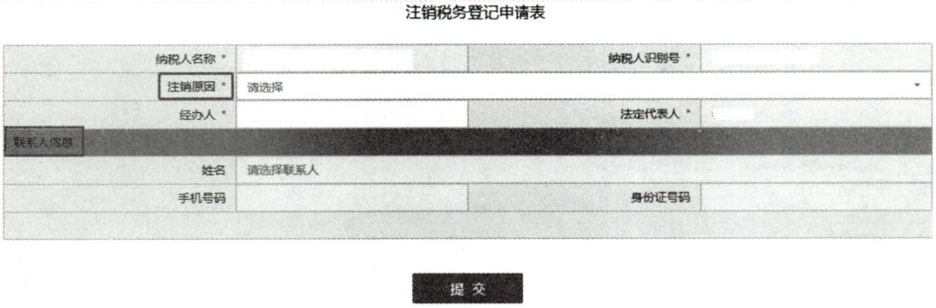

图 4－96 “注销前置事项办理套餐”|“注销税务登记申请表”

选择经办人信息和注销原因后，系统将自动进行即办资格、即办条件和其他未办结事项的指标校验。对于满足即办资格的纳税人，可在即办条件验证结果通过的情况下，采取承诺制即办注销。对于不满足即办资格的纳税人，可按照一般注销流程，经审核后完成注销。

注意：如注销原因为“依法合并”“依法分立”，将进入一般注销流程。

注销审核通过后，可在电子税务局自行下载打印清税证明。操作路径：“公众服务”→“注销（清税证明下载）”，如图 4－97 所示。

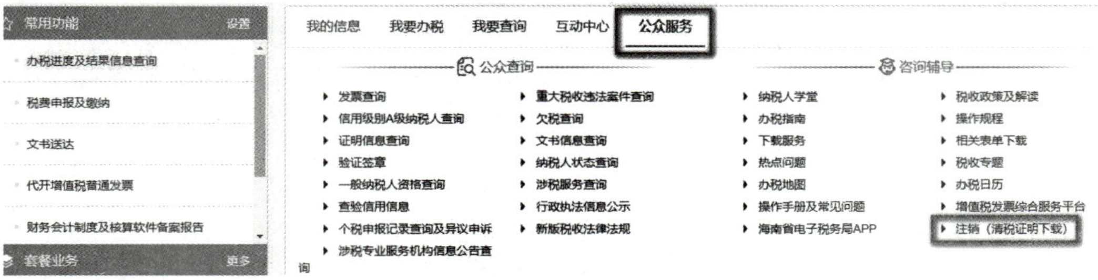

图 4－97 注销（清税证明下载）

思政小贴士：

企业注销前，一定要依法缴清各项税款哦！

打印的清税证明如图 4－98 所示。

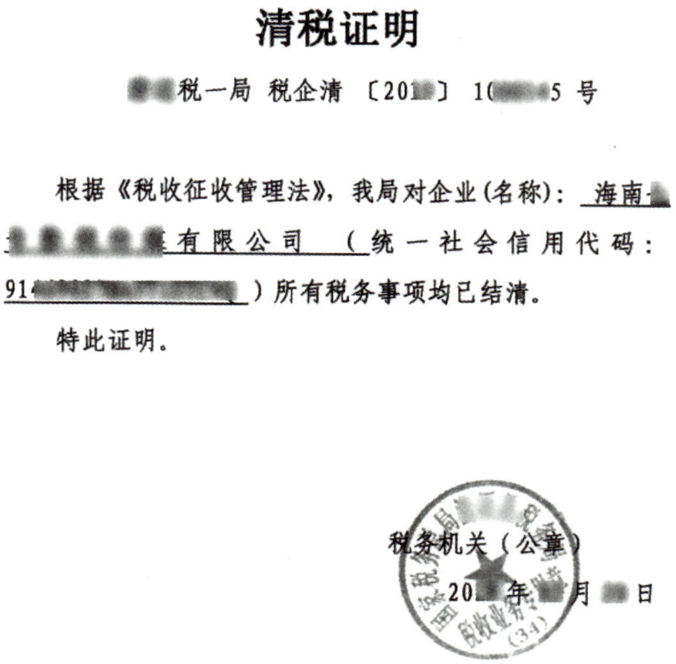

清税证明

[redacted]税一局 税企清〔20[redacted]〕1[redacted]5 号

根据《税收征收管理法》，我局对企业(名称)：海南[redacted]有限公司（统一社会信用代码：91[redacted]）所有税务事项均已结清。

特此证明。

税务机关（公章）

20[redacted]年[redacted]月[redacted]日

图 4－98 清税证明

活动评价：

结合自己在操作过程中的实际完成情况评分，如表 4－16 所示。

表 4－16 活动评价表

评分项目（10 分）		得分
知识评价	1. 是否能够表述税务注销的流程（1 分）	
	2. 是否能够准备税务注销的资料（1 分）	
	3. 是否能够了解税务注销的相关法律法规（1 分）	
技能评价	1. 是否会查阅税务的相关网站并搜集资料（1 分）	
	2. 是否会使用电子税务局进行税务注销（1 分）	
	3. 是否会咨询税务部门工作人员解决问题（1 分）	
素养评价	1. 是否具有依法纳税的意识（1 分）	
	2. 是否具有社会责任感（1 分）	
	3. 是否具有政策法规、法律意识（1 分）	
	4. 是否具有谨慎细致的工作态度（1 分）	
小　计		

活动拓展:

扫描右侧二维码，学习企业办理税务注销的流程及注意事项。

4.23 办理注销税务登记

活动升华:

举一反三，归纳总结个体工商户注销税务登记的操作步骤。

想一想:

- 个体户是否也可以适用简易注销流程?
- 个体户税务注销的流程和公司税务注销的流程是否一致?

活动 4.4.2 市监注销

活动要求:

根据客户需求以及提供的相关资料信息，使用国家企业信用信息公示系统和 e 登记完成市监注销。

活动准备:

查看《企业注销指引》相关规定，熟悉企业市监注销相关要求。

活动实施:

符合简易注销适用条件的企业，登录注销“一网”服务平台或国家企业信用信息公示系统《简易注销公告》专栏，主动向社会公告拟申请简易注销登记及全体投资人承诺等信息。公示期内，有关利害关系人及相关政府部门可以通过国家企业信用信息公示系统《简易注销公告》专栏“异议留言”功能提出异议并简要陈述理由。超过公示期，公示系统不再接受异议。公示期届满后，在公示期内无异议的，企业应当在公示期满之日起 20 日内向登记机关办理简易注销登记。期满未办理的，登记机关可根据实际情况予以延长时限，宽展期最长不超过 30 日。企业在公示后，不得从事与注销无关的生产经营活动，如图 4-99 所示。

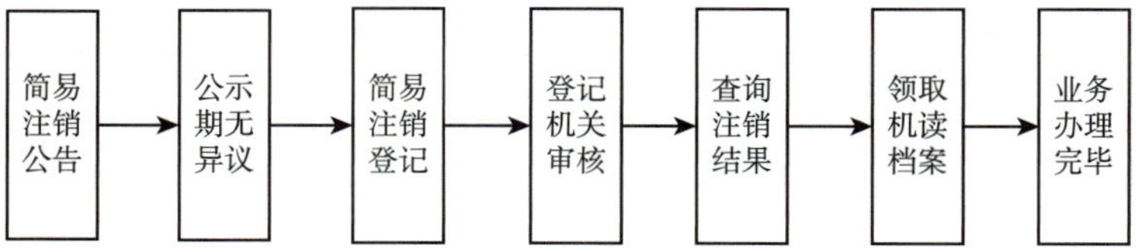

图 4-99 市监注销流程图

一、简易注销公告

登录“国家企业信用信息公示系统”，选择“企业信息填报和登记机关所在地”，进入登录界面，选择登录方式填写登录信息，如图 4-100 所示。

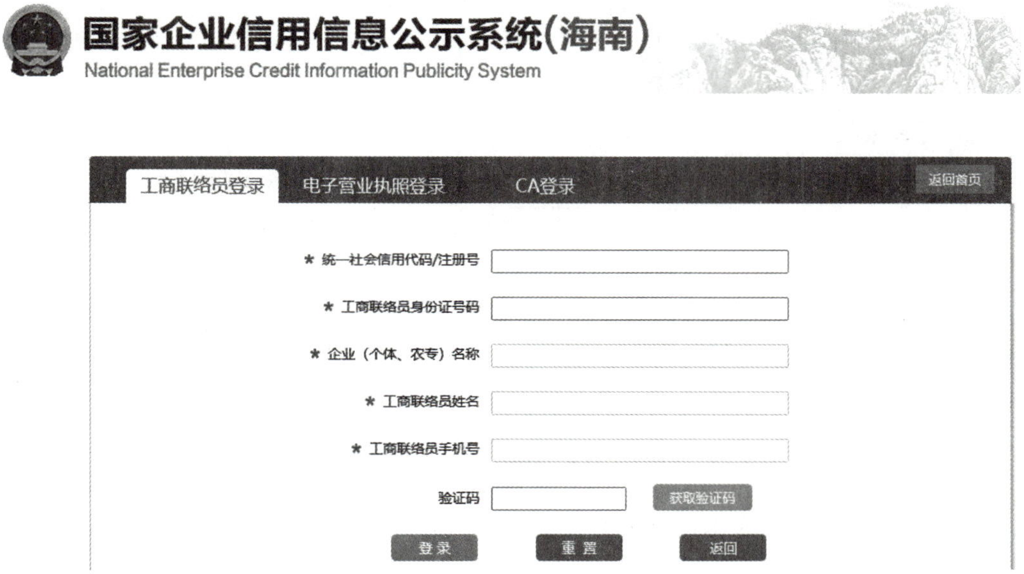

图 4－100　登录国家企业信用信息公示系统

温馨提示：

工商联络员是负责商事主体年度报告的人员，在注册公司时就已经备案。

思政小贴士：

简易注销登记中不得隐瞒真实情况、不得弄虚作假骗取登记，养成诚实守信的良好品德哦！

进入“注销公告填报”界面，选择“简易注销填报”，如图 4－101 所示。

图 4－101　简易注销填报

仔细查阅用户须知，勾选“本人已阅读上述规定，同意下一步”，点击确定进入“简易注销公告填报”界面，如图 4 - 102 所示。

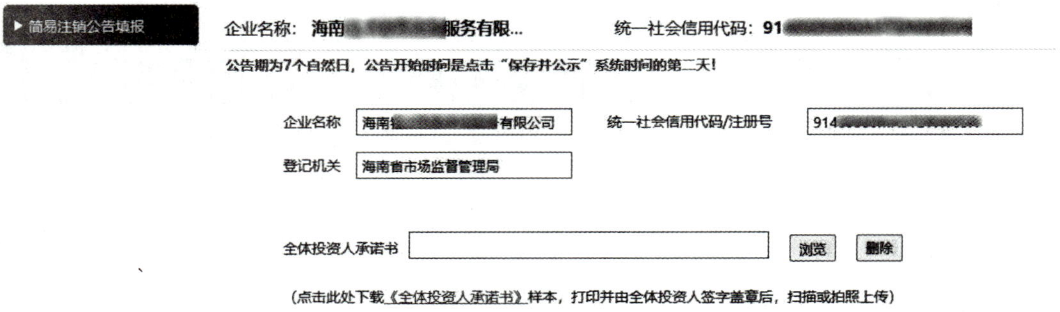

图 4 - 102　简易注销公告填报

点击下载《全体投资人承诺书》样本，打印并由全体投资人签字盖章后，扫描或拍照上传，如图 4 - 103 所示。

点击“保存并公示”，在国家企业信用信息公示系统简易注销公告中可查询公告信息，如图 4 - 104 所示。

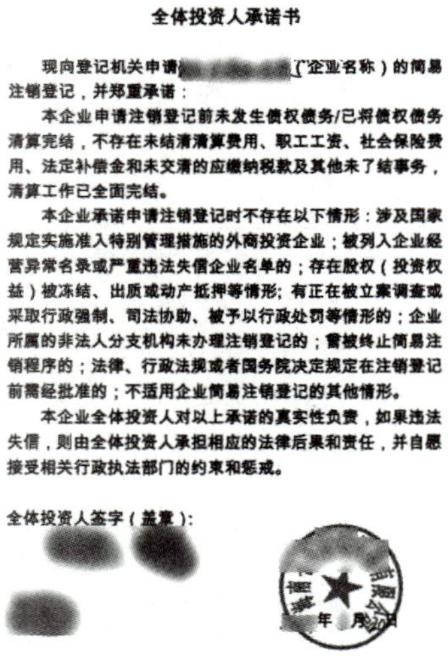

全体投资人承诺书

现向登记机关申请[redacted]（企业名称）的简易注销登记，并郑重承诺：

本企业申请注销登记前未发生债权债务/已将债权债务清算完结，不存在未结清清算费用、职工工资、社会保险费用、法定补偿金和未交清的应缴纳税款及其他未了结事务，清算工作已全面完结。

本企业承诺申请注销登记时不存在以下情形：涉及国家规定实施准入特别管理措施的外商投资企业；被列入企业经营异常名录或严重违法失信企业名单的；存在股权（投资权益）被冻结、出质或动产抵押等情形；有正在被立案调查或采取行政强制、司法协助、被予以行政处罚等情形的；企业所属的非法人分支机构未办理注销登记的；曾被终止简易注销程序的；法律、行政法规或者国务院决定规定在注销登记前需经批准的；不适用企业简易注销登记的其他情形。

本企业全体投资人对以上承诺的真实性负责，如果违法失信，则由全体投资人承担相应的法律后果和责任，并自愿接受相关行政执法部门的约束和惩戒。

全体投资人签字（盖章）：

图 4 - 103　全体投资人承诺书

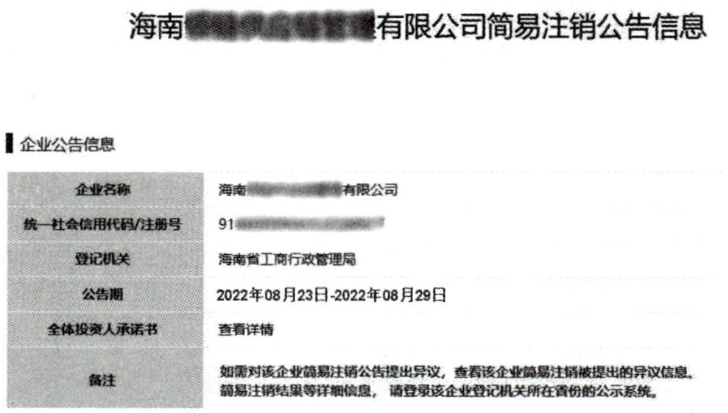

图 4 - 104　简易注销公告信息

二、简易注销登记

在公示期内无异议的，企业应当在公示期满之日起向登记机关办理简易注销登记。登录“e 登记”，选择“业务办理”页面中企业登记下的“简易注销登记”，如图 4 - 105 所示。

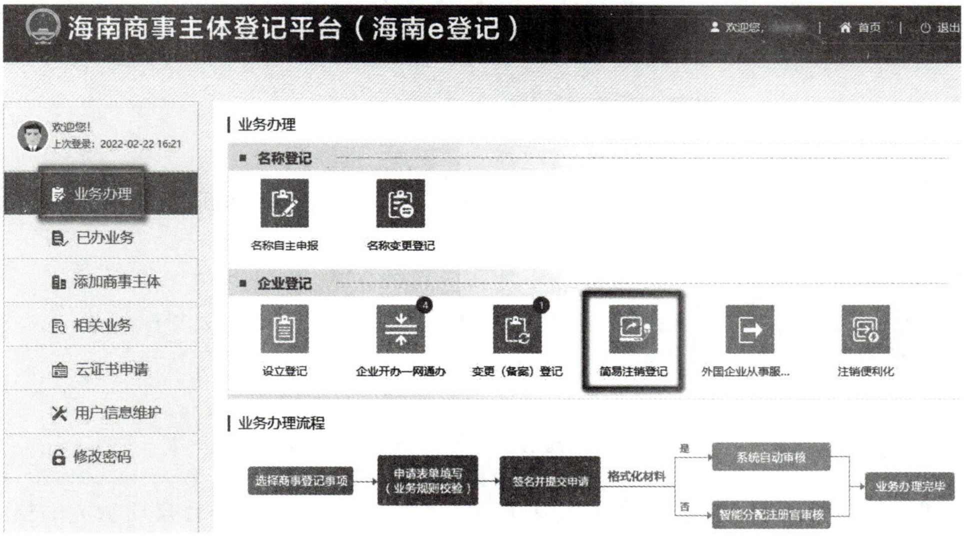

图 4－105　简易注销登记

思政小贴士：

公告期为 7 个自然日，公告开始时间是点击“保存并公示”系统时间的第二天，要有时效观念哦！

进入“申请信息”页面填写简易注销信息，根据企业实际情况勾选适用情形，确保真实、合法、有效。公告信息为在国家企业信用信息公示系统进行简易注销公告的日期，如图 4－106 所示。

图 4－106　“简易注销登记”|“申请信息”

进入“上传材料”页面，上传全体投资人承诺书，企业根据实际情况上传其他材料，如图 4－107 所示。

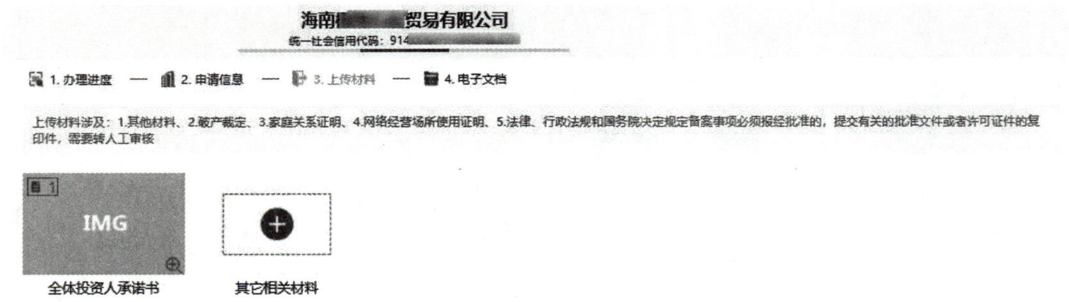

图 4－107 “简易注销登记”|“上传材料”

进入“预览”界面，对于《简易注销登记申请书》、承诺书等平台自动生成的格式化文书材料，由经办人确认无误后，向所有符合电子签名的人员发送电子签名链接，签名完成后提交申请，审核通过后可在 e 登记上查询结果，如图 4－108 所示。

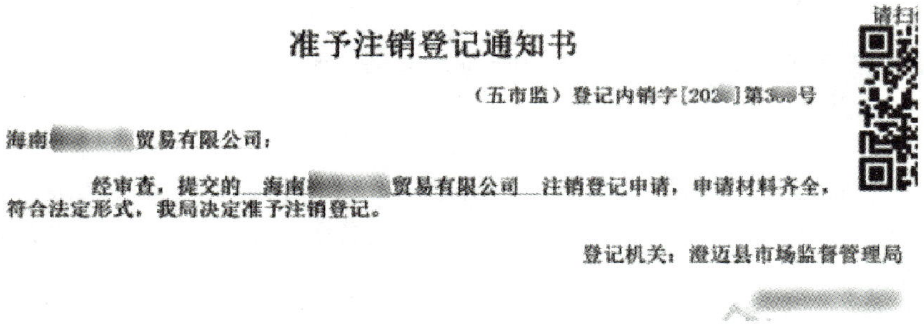

准予注销登记通知书

（五市监）登记内销字[20]第 号

海南 贸易有限公司：

经审查，提交的 海南 贸易有限公司 注销登记申请，申请材料齐全，符合法定形式，我局决定准予注销登记。

登记机关：澄迈县市场监督管理局

图 4－108 准予注销登记通知书

思政小贴士：

不得恶意利用简易注销程序逃避债务或侵害他人合法权利，要有遵纪守法的意识哦！

注销登记核准后，经办人可以携带营业执照到登记机关领取注销后的企业机读档案登记资料。

活动评价：

结合自己在操作过程中的实际完成情况评分，如表 4－17 所示。

表 4－17　　活动评价表

评分项目（10 分）		得分
知识评价	1. 是否能够表述市监注销的流程（1 分）	
	2. 是否能够准备市监注销的资料（1 分）	
	3. 是否能够了解市监注销的相关法律法规（1 分）	
技能评价	1. 是否会查阅市监注销的相关网站并搜集资料（1 分）	
	2. 是否会使用 e 登记进行市监注销（1 分）	
	3. 是否会咨询市场监督部门工作人员解决问题（1 分）	
素养评价	1. 是否具有良好的时效观念（1 分）	
	2. 是否具有良好的责任意识（1 分）	
	3. 是否具有政策法规、法律意识（1 分）	
	4. 是否具有谨慎细致的工作态度（1 分）	
小　计		

活动拓展：

扫描右侧二维码，学习其他省份公司市监注销的流程及相关操作。

4.24　市监注销流程及注意事项

活动升华：

举一反三，归纳总结个体工商户市监注销的操作步骤。

温馨提示：

个体户简易注销无需在国家企业信用公示系统提交承诺书，也无需公示，只需要在 e 登记“注销便利化”模块办理即可。

活动 4.4.3　银行撤销

活动要求：

根据客户需求以及提供的相关资料信息，完成贸易公司基本存款账户的撤销。

活动准备：

有下列情形之一的，存款人应向开户银行提出撤销银行结算账户的申请：

（一）被撤并、解散、宣告破产或关闭的。

（二）注销、被吊销营业执照的。

（三）因迁址需要变更开户银行的。

（四）其他原因需要撤销银行结算账户的。

存款人有第一、二项情形的，应于 5 个工作日内向开户银行提出撤销银行结算账户的申请，开户银行应自撤销之日起 2 个工作日内将撤销该基本存款账户的情况书面通知该存款人其他银行结算账户的开户银行；存款人其他银行结算账户的开户银行，应自收到通知之日起

2个工作日内通知存款人撤销有关银行结算账户；存款人应自收到通知之日起3个工作日内办理其他银行结算账户的撤销。

存款人撤销银行结算账户，必须与开户银行核对银行结算账户存款余额，交回各种重要空白票据及结算凭证和开户登记证，银行核对无误后方可办理销户手续。存款人未按规定交回各种重要空白票据及结算凭证的，应出具有关证明，造成损失的，由其自行承担。

活动实施:

本案例以建设银行为例，经办人携带资料到银行办理基本存款账户撤销，提交资料后待银行上级部门审核通过后，即可领取撤销回执，如图4－109所示。

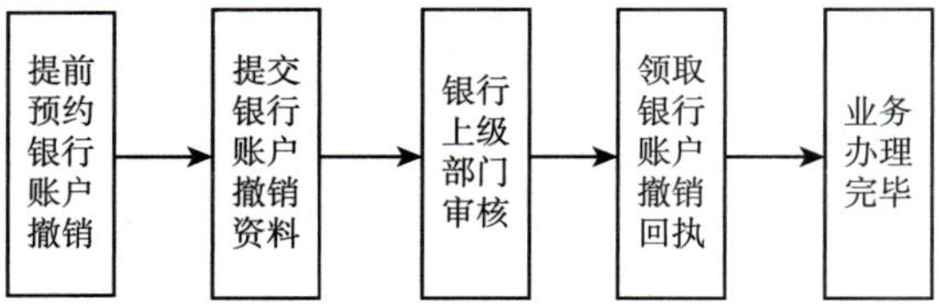

图4－109　银行账户撤销流程图

议一议：

银行基本存款账户撤销需要准备哪些资料?

- 营业执照正副本原件
- 公司章程
- 法人身份证原件及复印件
- 经办人身份证原件及复印件
- 新企业机读档案登记资料
- 基本存款账户信息
- 银行印鉴卡
- 印章备案回执
- 单位结算卡、网银盾
- 授权委托书
- 公司公章、法定代表人人名章、财务专用章

活动评价:

结合自己在操作过程中的实际完成情况评分，如表4－18所示。

表4－18　活动评价表

评分项目（10分）		得分
知识评价	1. 是否能够表述银行账户撤销的流程（1分）	
	2. 是否能够准备银行账户撤销的资料（1分）	
	3. 是否能够了解银行账户撤销的相关法律法规（1分）	
技能评价	1. 是否会查阅银行的相关网站并搜集资料（1分）	
	2. 是否会填写银行账户撤销相关表格资料（1分）	
	3. 是否会咨询银行工作人员解决问题（1分）	

续表

评分项目（10 分）		得分
素养评价	1. 是否具有良好的沟通意识（1 分）	
	2. 是否具有良好的责任意识（1 分）	
	3. 是否具有政策法规、法律意识（1 分）	
	4. 是否具有谨慎细致的工作态度（1 分）	
小　计		

活动拓展：

小组内通过角色扮演完成贸易公司的银行账户撤销。

活动升华：

想一想：

- 个体户注销是否需要进行银行账户撤销？
- 个体户银行账户撤销的流程和公司银行账户撤销的流程是否一致？

活动 4.4.4　印章缴销

活动要求：

根据客户需求以及提供的相关资料信息，完成印章缴销。

活动准备：

当市场主体依法注销，应到公安部门缴销印章。企业注销后不得再从事生产经营活动，擅自使用印章从事生产经营活动的，依法承担相应的法律责任。

活动实施：

经办人准备资料到所在地公安部门缴销印章并领取印章缴销回执，如图 4－110 所示。

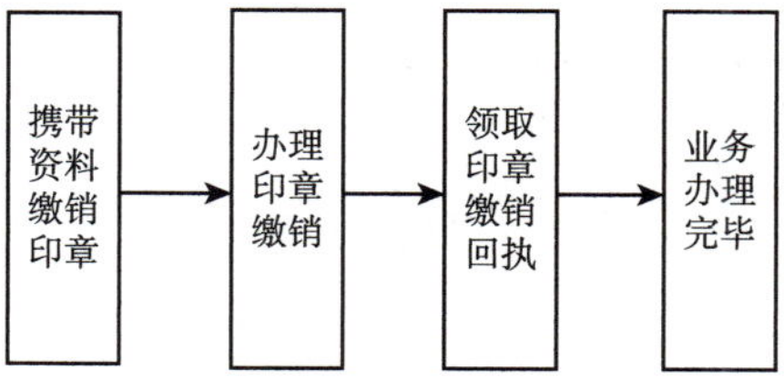

图 4－110　印章缴销流程图

议一议：

缴销印章需要准备哪些资料？

- 法定代表人身份证复印件
- 营业执照副本复印件
- 印章备案回执原件
- 若委托他人办理，须携带委托书和被委托人身份证复印件
- 清税证明
- 全体投资人承诺书
- 股东会决议复印件
- 公司公章、法定代表人人名章、财务专用章、合同专用章、发票专用章

活动评价：

结合自己在操作过程中的实际完成情况评分，如表 4－19 所示。

表 4－19 活动评价表

评分项目（10 分）		得分
知识评价	1. 是否能够表述印章缴销的流程（1 分）	
	2. 是否能够准备印章缴销的资料（1 分）	
	3. 是否能够了解印章缴销的相关法律法规（1 分）	
技能评价	1. 是否会查阅印章缴销的相关网站并搜集资料（1 分）	
	2. 是否会依法缴销印章（1 分）	
	3. 是否会咨询公安部门工作人员解决问题（1 分）	
素养评价	1. 是否具有良好的服务意识（1 分）	
	2. 是否具有良好的责任意识（1 分）	
	3. 是否具有政策法规、法律意识（1 分）	
	4. 是否具有谨慎细致的工作态度（1 分）	
小　　计		

活动拓展：

小组内通过角色扮演完成贸易公司的印章缴销。

活动升华：

想一想：

- 个体户注销是否需要进行印章缴销？
- 个体户印章缴销的流程和公司印章缴销的流程是否一致？

实战演练

一、单项选择题

1. 商事主体当于每年（　　）前通过国家企业信用信息公示系统向市场监督管理部门报送上一年度报告。

A. 3 月 31 日　　B. 9 月 30 日
C. 6 月 30 日　　D. 12 月 31 日

2. 下列情形不适用简易注销程序的是（　　）。

A. 被列入企业经营异常名录或严重违法失信企业名单的
B. 未发生债权债务的
C. 已将债权债务清偿完结的
D. 未办理过涉税事宜的

3.（　　）是刻有单位法定代表人姓名的方形印鉴，如果单独使用代表法定代表人自己，如果与公章一同使用代表公司行为。

A. 财务专用章　　B. 发票专用章
C. 合同专用章　　D. 法定代表人人名章

4.（　　）是用发票单位和个人按税务机关规定刻制的印章，印章印模里含有其公司单位名称、发票专用章字样、纳税识别号。

A. 财务专用章　　B. 发票专用章
C. 合同专用章　　D. 公章

5. 税务咨询热线电话是（　　）。

A. 12345　　B. 12366
C. 12123　　D. 96123

二、多项选择题

1. 公司设立登记时法定代表人只能由（　　）担任。

A. 董事长　　B. 执行董事
C. 总经理　　D. 财务负责人

2.（　　）不得担任监事。

A. 法定代表人　　B. 财务负责人
C. 总经理　　D. 执行董事

3. 领取营业执照需要准备的资料有（　　）。

A. 准予设立登记通知书　　B. 法定代表人身份证原件
C. 经办人身份证原件　　D. 企业登记颁证及归档记录表

4. 领取刻章需要准备的资料有（　　）。

A. 营业执照副本原件及复印件

B. 法定代表人身份证原件及复印件

C. 委托书

D. 经办人身份证原件及复印件

5. 银行开户需要准备的资料有（　　）。

A. 营业执照正本原件

B. 印章备案回执原件

C. 公司章程

D. 公章、财务章、法定代表人人名章

三、判断题

1. 法定代表人不可担任财务负责人。（　　）

2. 发票专用章是合同当事人经过协商，在达成的书面合同上各自加盖的专用印章。（　　）

3. 市场主体在申请简易注销登记时，不应存在未结清清偿费用、职工工资、社会保险费用、法定补偿金、应缴纳税款（滞纳金、罚款）等债权债务。（　　）

4. 法人实名采集可以在电子税务局上办理。（　　）

5. 注销公司和注册公司流程一致，都是先市监后税务。（　　）

实战演练答案：

一、单项选择题

1. C　2. A　3. D　4. B　5. B

二、多项选择题

1. ABC　2. ABCD　3. ACD　4. ABCD　5. ABCD

三、判断题

1. √　2. ×　3. √　4. √　5. ×

项目 5

5 其他申办事务代理

思政导入：

从前有一个国王，他有一棵好树，长得非常高大，树冠宽广，结出的果实香甜可口。一天，一个人来到国王的宫殿，国王对他说："这棵树上将要结出果实，甜美无比，你想吃吗?"这个人回答说："这棵树高大宽广，虽然我想吃，可是怎么才能摘到果实呢?"国王听完立即命人把树砍倒，期望能拿到树上的果实。结果什么也没有找到，白白辛苦了一番。后来，国王想把砍倒的树重新栽种回去，可是树早已枯死，已经没有存活的希望了。

思政启示：

真正聪明的人，绝不会贪图眼前的一点儿蝇头小利，一个人如果只顾着眼前的利益，而没有长远的计划和目标，不能够将眼光放得长远一点，不能够着眼于未来，那么他的人生离失败也就不远了。

名人名言：

一个有责任的人对父母、儿女真爱的表现是对这个温馨、幸福的家庭有万全的准备，有适当的保险，是一种道德责任，也是国民该负起的义务。

——（美）罗斯福总统

知识目标：

1. 能够表述办理社会保险、办理公积金、代办相关资质证书的流程
2. 能够准备办理社会保险、办理公积金、代办相关资质证书的资料

3. 能够了解办理社会保险、办理公积金、代办相关资质证书的相关法律法规

技能目标:

1. 会查阅社保服务平台、住房公积金管理局和办理相关资质的相关网站并搜集资料

2. 会登录社保服务平台、住房公积金管理局以及办理相关资质的相关平台进行业务操作

3. 会咨询社保、住房公积金和相关办理资质部门工作人员解决问题

思政目标:

1. 培养良好的服务、责任意识
2. 树立政策法规、法律意识
3. 培养谨慎细致的工作态度

思维导图:

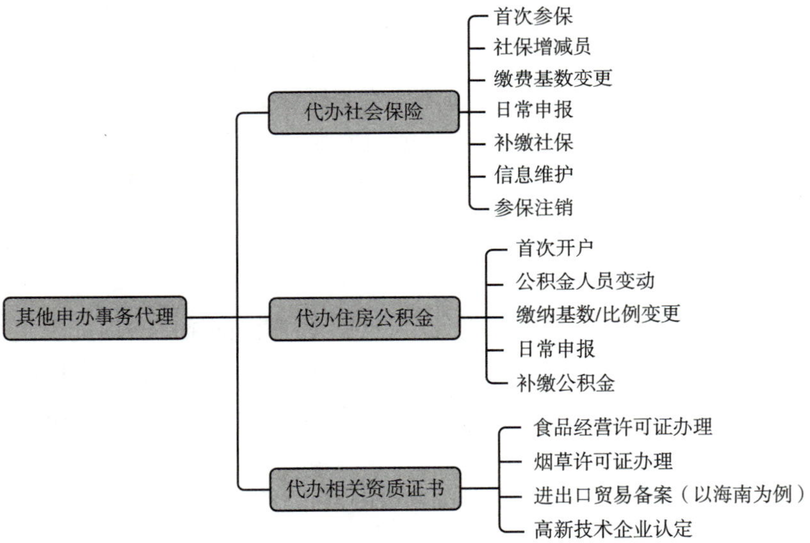

任务 5.1 代办社会保险

5.1 公司首次参保任务动画

任务情境:

海南智博贸易有限责任公司是一家刚刚注册好的新公司，现在需要办理社保登记业务、

社保增减员业务、社保缴费基数变更业务、社保日常申报业务、公司社保信息维护业务及公司社保注销业务等，该公司委托海口博亿代理记账有限公司代理服务。该公司基本信息如表 5－1 所示。

表 5－1　　公司基本信息表

公司名称	海南智博贸易有限责任公司		
法定代表人	谢＊新	职务	总经理
注册资本	500 万	公司类型	有限责任公司
公司地址	海南省海口市＊＊＊＊＊＊＊＊＊＊＊＊ 1005 房		
经营范围	货物进出口，养老服务及护理，健康管理服务，医疗保健服务，健康咨询，酒店管理，餐饮服务，烟草制品零售		

议一议：

社会保险主要有哪些内容？为什么要缴纳社会保险？

● 社会保险主要有养老保险、医疗保险、失业保险、工伤保险和生育保险。自国务院于 2019 年 3 月 6 日发布了《国务院办公厅关于全面推进生育保险和职工基本医疗保险合并实施的意见》，生育保险和职工基本医保合并，五险正式变更为四险

● 社会保险是国家和政府推动实施的一项福利性政策，社会保障制度的确定，主要是根据社会现状而产生的，社保里的一些保险需要用人单位承担一部分，劳动者也要承担一部分，但最终，社保的保险金都是给劳动者提供福利保障的，保障劳动者的切身利益

活动 5.1.1　首次参保

活动要求：

根据客户需求以及提供的相关资料信息，申请并使用 CA 数字证书（密钥）登录社保服务平台进行公司首次参保登记。

活动准备：

查看《中华人民共和国社会保险法》相关规定，或者拨打 12333 进行咨询，熟悉基本养老保险、基本医疗保险、工伤保险、失业保险的相关内容及单位办理缴纳社保业务的流程。

5.2 中华人民共和国社会保险法

思政小贴士：

仔细查阅法律法规，随时咨询相关部门，培养认真负责的工作态度哦！

活动实施:

本案例以海南省为例，首次社会保险登记主要是已经在市场监督管理部门注册过的公司，先去社保服务大厅申请并领取 CA 数字证书（密钥），领取后再登录海南省人力资源和社会保障政务服务平台进行线上登记业务，具体流程如图 5－1 所示。

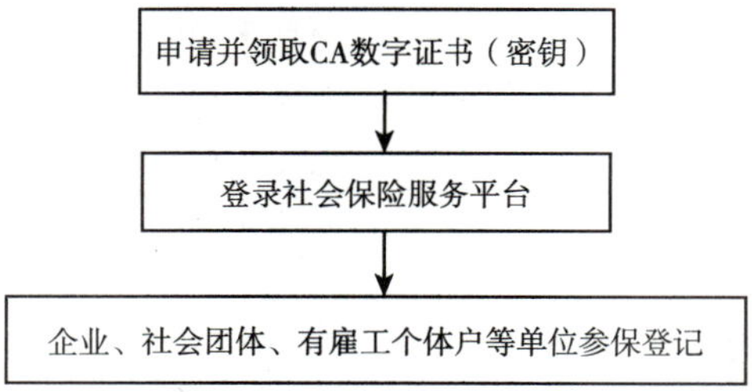

图 5－1　首次参保登记流程

一、申请并领取 CA 数字证书（密钥）

国家现实行网上自主参保登记，网上申报系统采用数字证书加密，每家公司使用各自的数字证书和初始密码，确保申报信息数据安全，已注册登记的公司可直接去社保服务大厅办理 CA 数字证书的申请业务，申请通过后即可领取。

二、安装 CA 数字证书

用户可在互联网登陆“海南省人力资源和社会保障政务服务平台”官方网站，安装 CA 数字证书驱动，如图 5－2 所示。

图 5－2　“海南省人力资源和社会保障政务服务平台”官方网站

> **思政小贴士：**
>
> 领取的 CA 数字证书 U 盘要妥善保管，要有良好的责任意识哦！

（一）安装数字证书驱动

登录“海南省人力资源和社会保障政务服务平台官方网站”→“单位账号”→“数字证书CA登陆”→“CA数字证书驱动下载”，点击最新驱动版本下载安装即可，如图5-3所示。

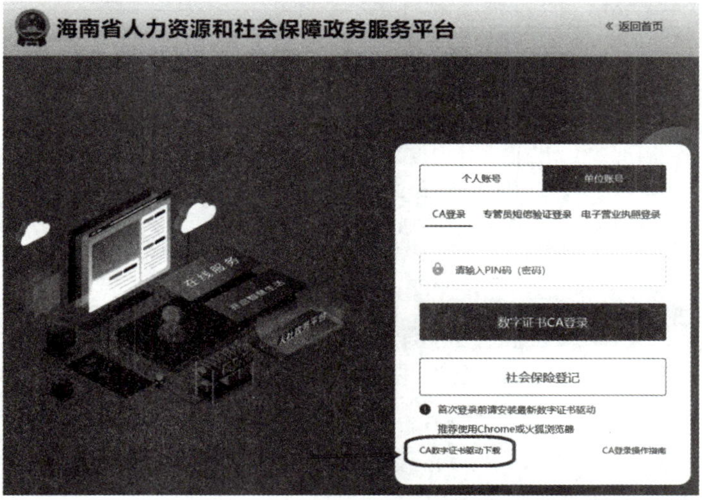

图5-3 “海南省人力资源和社会保障政务服务平台”|“单位服务”

（二）CA数字证书（密钥）登录模式注意事项

（1）CA数字证书驱动程序安装完后，请把数字证书插入电脑主机的USB接口（即平时插U盘的接口）。

（2）请使用“海南CA安全浏览器”（首选）、Chrome谷歌浏览器或者Firefox火狐浏览器（首次登录需下载安装最新数字证书，选择“允许使用插件”）。

温馨提示：

登录系统时，若弹出错误提示：“您的浏览器不支持CA登录，请确认已经安装好CA客户端程序”，致使无法正常登录时，可尝试以下方式解决登录问题。

- 请确认是否已安装数字证书驱动程序
- 请确认是否使用指定的浏览器（提示：请不要使用IE浏览器或360浏览器）
- 如果依然无法正常登录，请删除并重新安装浏览器或者更换其他指定浏览器登录

三、首次参保登记

（一）功能介绍

为已在市场监督管理部门注册，尚未参保登记的单位办理开户登记。注册后，便可使用单位网上申报业务。

（二）操作路径

“系统首页”→“社会保险登记”→“企业、社会团体、有雇工个体户等单位参保登记”。

（三）注意事项

（1）单位类型为企业、自收自支事业单位、社会团体、民办非企业单位、律师事务所、

会计师事务所、外国常驻新闻机构、外国企业常驻代表机构、基金会、宗教活动场所、农村村民委员会、城市居民委员会、个体工商户（有雇工的）和其他单位选择“企业、社会团体、有雇工个体户等单位参保登记”。

（2）选择“单位地址”时，必须与营业执照中的住所地址一致，否则将无法审核通过。

（四）操作步骤

第一步：打开单位网上申报系统，如图5－4所示。

图5－4 海南省人力资源和社会保障政务服务平台

第二步：选择“社会保险登记”业务，如图5－5所示。

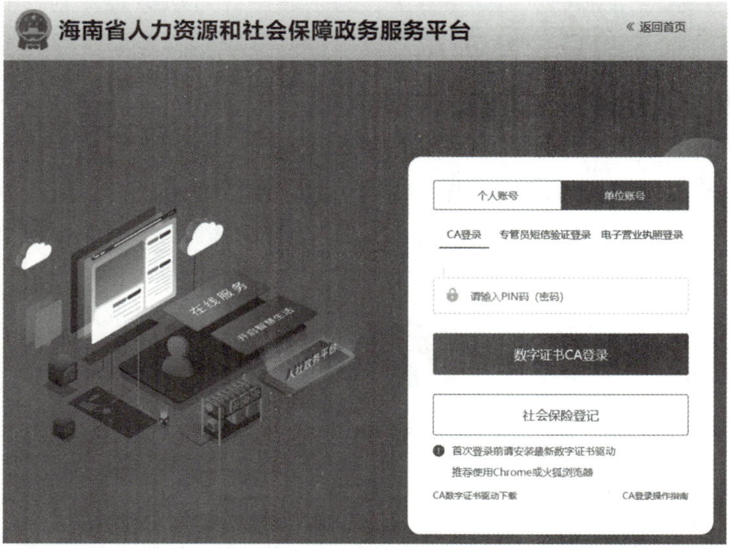

图5－5 社会保险登记

第三步：选择“企业、社会团体、有雇工个体户等单位参保登记”业务，如图5－6所示。

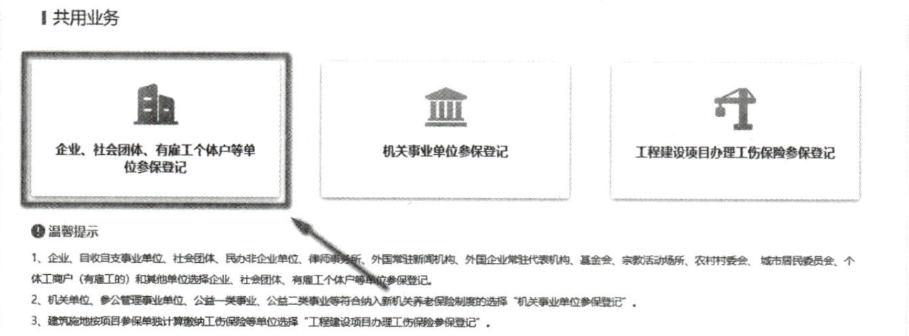
共用业务
企业、社会团体、有雇工个体户等单位参保登记
机关事业单位参保登记
工程建设项目办理工伤保险参保登记
温馨提示
1、企业、自收自支事业单位、社会团体、民办非企业单位、律师事务所、外国常驻新闻机构、外国企业常驻代表机构、基金会、宗教活动场所、农村村委会、城市居民委员会、个体工商户（有雇工的）和其他单位选择企业、社会团体、有雇工个体户等单位参保登记。
2、机关单位、参公管理事业单位、公益一类事业、公益二类事业等符合纳入新机关养老保险制度的选择“机关事业单位参保登记”。
3、建筑施地按项目参保单独计算缴纳工伤保险等单位选择“工程建设项目办理工伤保险参保登记”。

图5－6　社会保险登记

议一议：

申请CA证书需要准备哪些资料？

- 数字证书申请表（一式二联加盖单位公章）
- 营业执照副本复印件（加盖单位公章）
- 经办人身份证复印件（加盖单位公章）
- 法定代表人身份证复印件（加盖单位公章）
- 已有税务客钥增加社保网上申报功能的，除了需要提供以上资料，还需提供一份《数字证书一证多用授权书》（加盖单位公章）

活动评价：

结合自己在操作过程中的实际完成情况评分，如表5－2所示。

表5－2　活动评价表

评分项目（10分）		得分
知识评价	1. 是否能够表述公司首次参保登记的流程（1分）	
	2. 是否能够准备申请CA数字证书的材料（1分）	
	3. 是否能够了解社会保险的相关法律法规（1分）	
技能评价	1. 是否会查阅公司社保登记的相关网站并搜集资料（1分）	
	2. 是否会安装CA数字证书（1分）	
	3. 是否会使用CA数字证书进行登录（1分）	
	4. 是否会咨询社保服务大厅的工作人员解决问题（1分）	
素养评价	1. 是否具有良好的责任意识（1分）	
	2. 是否具有政策法规、法律意识（1分）	
	3. 是否具有谨慎细致的工作态度（1分）	
小　计		

5.3 科技公司首次参保登记

活动拓展：

登录中联仿真系统，完成贸易公司首次参保登记任务。

活动升华：

小组内通过角色扮演完成贸易公司社保 CA 数字证书申请。

活动 5.1.2 社保增减员

活动要求：

海南智博贸易有限责任公司为在职员工办理线上社保登记业务，登记后，职工丁某因个人原因提出离职，需要办理停保业务，该公司委托海口博亿代理记账有限公司代理服务。海南智博贸易有限责任公司参保人员的具体资料，如表 5－3 所示。

表 5－3 公司参保人员名单及工资明细

姓名	性别	民族	参加工作日期	身份证号码	学历	家庭地址	户口所在地	手机号码	申报工资
谢＊新	男	汉	1994.07.05	51 *********** 4912	本科	海口市 *********	四川省 ***	138 ****** 78	8 500.00
许＊兵	男	汉	1998.06.07	35 *********** 0501	本科	海口市 *********	福建省 ***	151 ****** 98	6 000.00
郑＊林	男	汉	2000.04.16	46 *********** 1079	本科	海口市 *********	海南省 ***	134 ****** 96	6 000.00
王＊琳	女	汉	2016.10.24	46 *********** 7841	本科	海口市 *********	海南省 ***	186 ****** 12	4 500.00
陈＊峰	男	汉	2002.07.22	46 *********** 4617	本科	海口市 *********	海南省 ***	152 ****** 11	6 000.00
王＊	女	汉	2009.08.11	21 *********** 4487	本科	海口市 *********	辽宁省 ***	136 ****** 87	5 500.00
李＊梅	女	汉	2012.04.05	52 *********** 9861	本科	海口市 *********	贵州省 ***	186 ****** 74	3 500.00
丁＊	男	汉	2010.05.03	46 *********** 3146	本科	海口市 *********	海南省 ***	189 ****** 67	5 000.00

根据客户需求以及提供的相关资料信息，办理职工参保登记业务和职工停保业务。

活动准备：

登录相关网站查阅并搜集相关资料，查看《单位网厅用户操作指南》和《人员停保申报办事指南》的相关内容，并提前准备好职工信息，核对信息确保准确无误。

5.4 单位网厅用户操作指南

5.5 人员停保申报办事指南

思政小贴士：

一定要认真仔细核对人员信息，养成谨慎细致的工作态度哦！

活动实施：

职工参保登记业务主要是因新招录、调入、单位合并等原因办理增加职工参保登记业务，职工停保业务主要是因员工离职等原因办理的减员业务。本案例以海南省为例，职工参保登记业务需要线上办理提交申请，提交的申请需要海南省社保局进行线上审核，职工停保业务也需要线上办理提交申请，但提交的申请由系统自动审批。公司社保增减员的具体流程如图5－7所示。

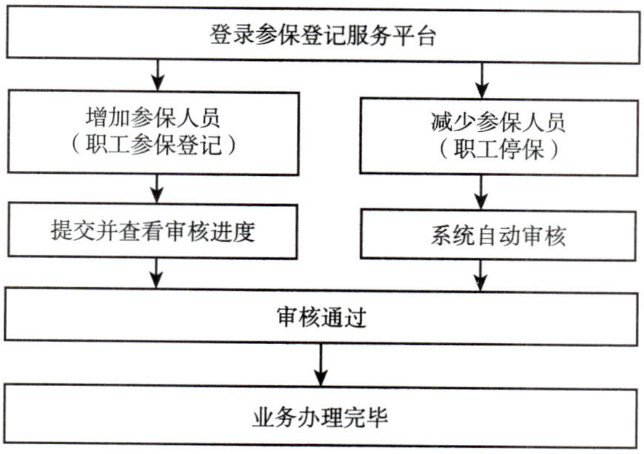

图5－7 公司社保增减员流程图

一、职工参保登记

（一）功能介绍

用人单位因新招录、调入、单位合并等原因增加参保人员。

（二）操作路径

“社保登记” → “职工参保登记”。

（三）注意事项

（1）职工参保登记，提交数据后，**系统自动审批**，无需人工干预。

（2）增员较多的情况，可使用 **“批量增员申请”**，提交步骤参照单个增员申报。

（四）操作步骤

第一步：依次点击“社保登记”→“职工参保登记”模块，如图5－8所示。

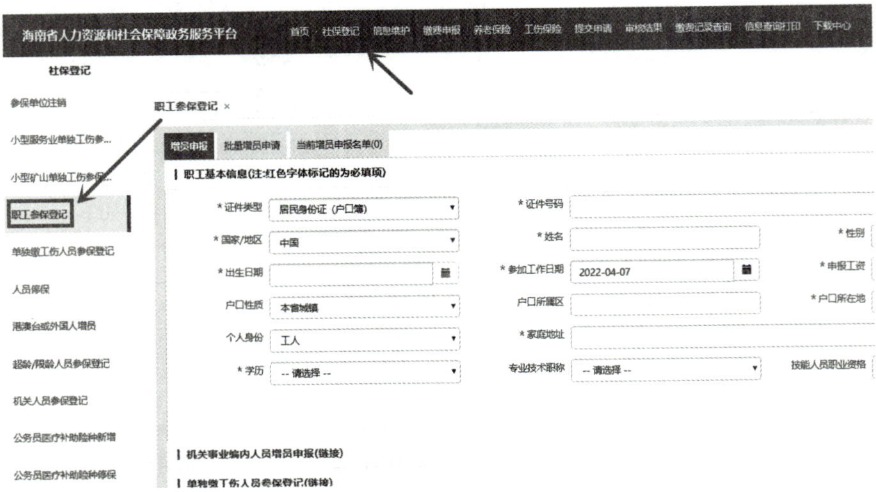

图 5 - 8 职工参保登记

第二步：录入需要参保登记的职工身份证号码，填写界面要求的必填项后，点击“确认”，如图 5 - 9 所示。

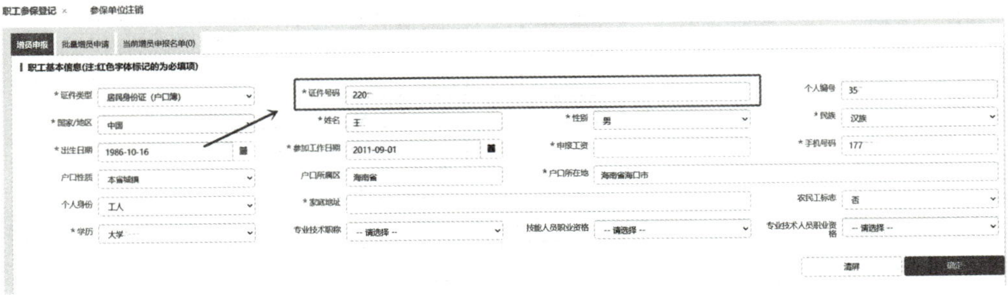

图 5 - 9 职工参保登记

第三步：在“待提交申报管理”模块，点击“提交”，如图 5 - 10 所示。

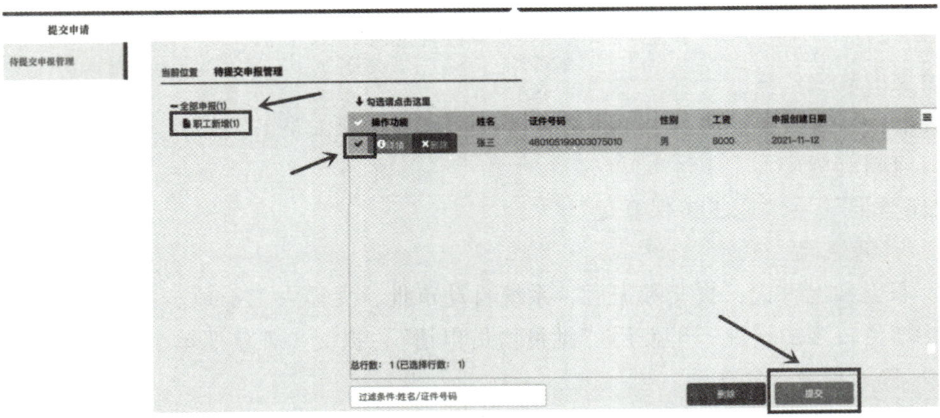

图 5 - 10 待提交申报管理

第四步：在“审核结果查询”模块，根据需要选择“审核状态”查看当前审核进度，打开“已审批人员增减表”模块，如图5－11所示。

图5－11　已审批人员增减表

第五步：选择“提交年月”“审批类型”，点击“查询”按钮，如图5－12所示。

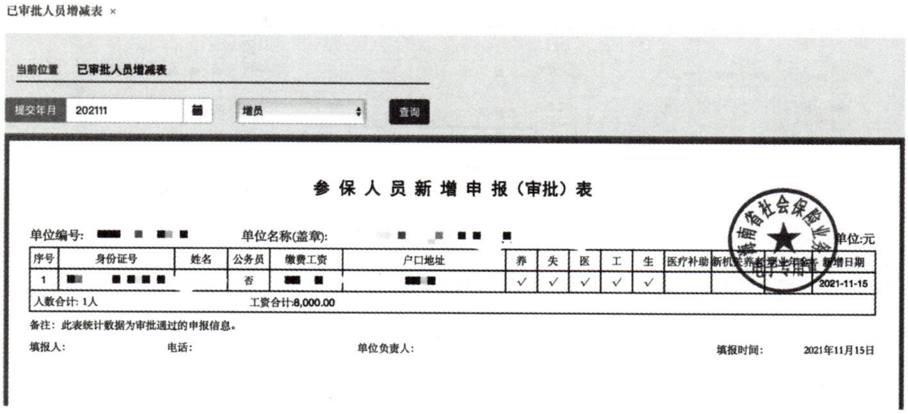

图5－12　已审批人员增减表

二、职工停保

（一）功能介绍

为参保单位申请办理职工减员业务。

小贴士：

发生减员较多的情况时，也可使用“批量减员申报”模块哦！

（二）操作路径

“社保登记”→“人员停保”→“减员申报”。

（三）注意事项

（1）减员申报，提交数据后，系统自动审批，无需人工干预。

（2）用人单位申报其职工停保的，应明确其属于本人自愿离职，还是非本人意愿离职。

（四）操作步骤

第一步：打开“人员停保”模块，如图5－13所示。

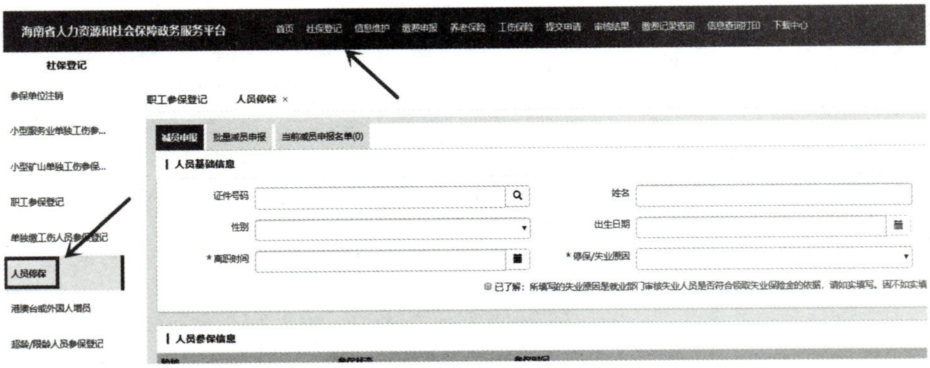

图 5－13 人员停保

第二步：录入需要停保的职工证件号码，选择停保时间、停保/失业原因后，点击“确定”按钮，如图 5－14 所示。

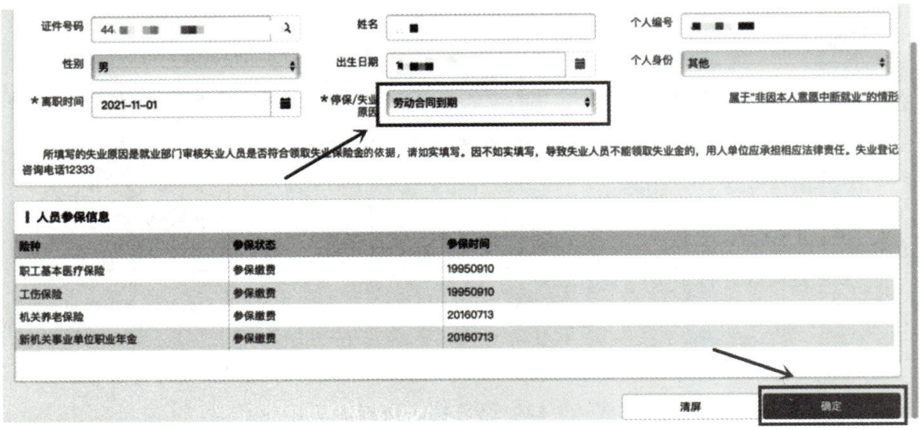

图 5－14 “人员停保”|“减员申报”

第三步：进入“待提交申报管理”模块，点击“提交”，如图 5－15 所示。

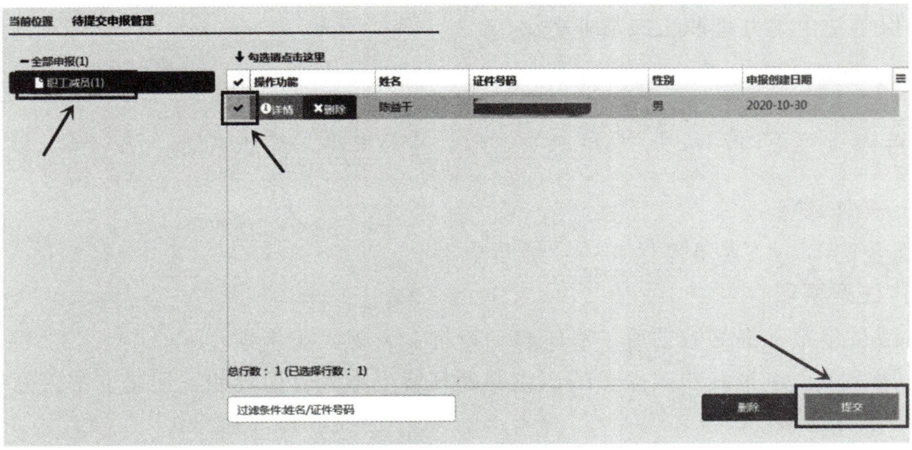

图 5－15 “人员停保”|“待提交申报管理”

第四步：进入“审核结果查询”模块，根据需要选择“审核状态”查看当前审核进度，如图 5－16 所示。

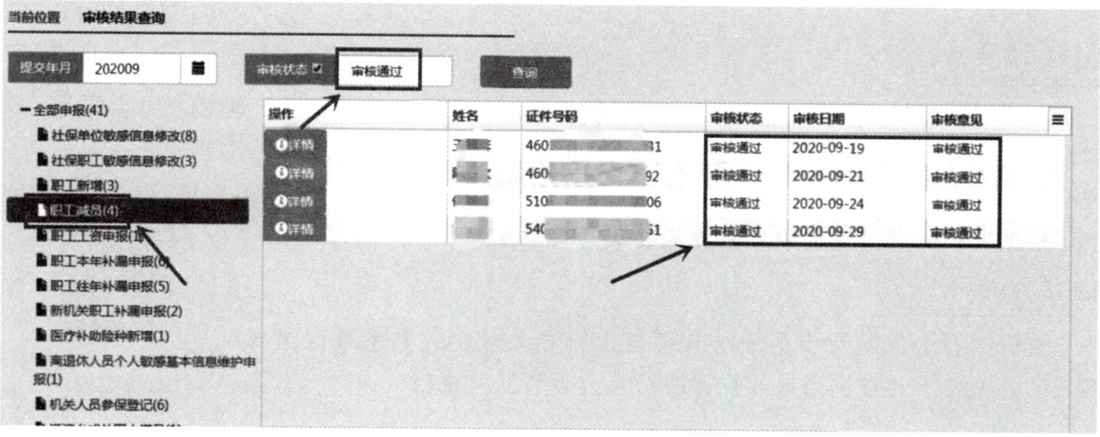

图 5－16　审核结果查询

活动评价：

结合自己在操作过程中的实际完成情况评分，如表 5－4 所示。

表 5－4　活动评价表

评分项目（10 分）		得分
知识评价	1. 是否能够表述增加员工社保登记的流程（1 分）	
	2. 是否能够表述离职员工停保的流程（1 分）	
	3. 是否能够了解社保增减员的相关法律法规（1 分）	
技能评价	1. 是否会线上操作增加员工社保登记业务（1 分）	
	2. 是否会线上操作离职员工停保业务（1 分）	
	3. 是否会咨询社保服务大厅的工作人员解决问题（1 分）	
素养评价	1. 是否具有良好的服务意识（1 分）	
	2. 是否具有良好的责任意识（1 分）	
	3. 是否具有政策法规、法律意识（1 分）	
	4. 是否具有谨慎细致的工作态度（1 分）	
小　计		

活动拓展：

扫描右侧二维码，登录中联仿真系统，完成贸易公司社保增减员的操作。

5.6　贸易公司社保增减员操作

活动升华：

试归纳总结贸易公司在职员工社保登记业务的操作步骤及注意事项。

活动 5.1.3 缴费基数变更

活动要求:

海南智博贸易有限责任公司职工谢＊新上年度的平均工资有变更，但仍在社会平均工资60% ~300% 内，该公司现在要变更谢＊新的缴费基数，委托海口博亿代理记账有限公司代理服务。

根据客户需求，完成职工缴费基数变更的业务。

活动准备:

查看《社会保险费申报缴纳管理规定》相关规定，熟悉社保缴费基数的各项要求并查询当地的社保缴费基数等数据信息。

5.7 社会保险费申报缴纳管理规定

思政小贴士：

经常关注相关的管理规定，养成良好的工作态度。

议一议：

社保的缴费基数是怎样确定的?

- 社保缴纳基数是缴纳社会保险的缴费标准，缴费基数按当地劳动行政部门公布的当地上一年职工平均工资为缴费工资确定，一般是以社会平均工资 60% ~300% 为缴纳基数
- 职工工资收入高于当地上年度职工平均工资 300% 的，以当地上年度职工平均工资的 300% 为缴费基数
- 职工工资收入低于当地上一年职工平均工资 60% 的，以当地上一年职工平均工资的 60% 为缴费基数
- 职工工资在 60% ~300% 之间的，按实申报。职工工资收入无法确定时，其缴费基数按当地劳动行政部门公布的当地上一年职工平均工资为缴费工资确定
- 每年社保都会在固定的时间（3 月或者 7 月，各地不同）核定基数，根据职工上年度的月平均工资申报新的基数

活动实施:

社保缴纳基数是社会保险缴纳的缴费标准，根据基数与系数核定缴纳金额。缴费基数按当地劳动行政部门公布的当地上一年职工平均工资为缴费工资确定，职工的工资收入如果有变化，要先确定职工的工资收入是否在上一年职工平均工资的 60% ~300% 之间，若在这之间，则按实际申报，在缴纳社保前要对工资收入进行变更，即对社保的缴费基数进行更改。本案例以海南省为例，具体流程如图 5 -17 所示。

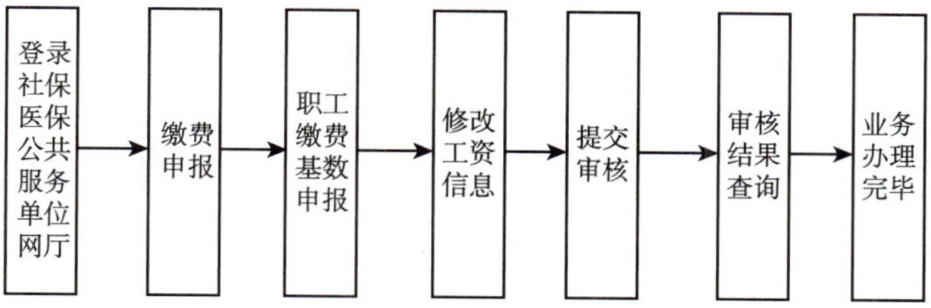

图 5－17　职工缴费基数变更流程图

1. 功能介绍

参保单位为职工申报缴费基数。

2. 操作路径

“缴费申报”→“职工缴费基数申报”。

3. 注意事项

（1）系统自动审批，无需人工干预。

（2）申报方式实行年报制度，年报制度是指用人单位按照职工上年度月平均实际工资总额申报本年度缴费基数。基数申报时间为每年 1 月份，本年度新入职员工按照起薪工资申报缴费基数。

（3）因企业年终奖、绩效工资发放延迟的，年度申报可以延长至 3 月份，补足 1～2 月份基数差额，计收利息，免收滞纳金。

4. 操作步骤

第一步：打开“职工缴费基数申报”模块，在“缴费工资申报”界面调资申报，如图 5－18 所示。

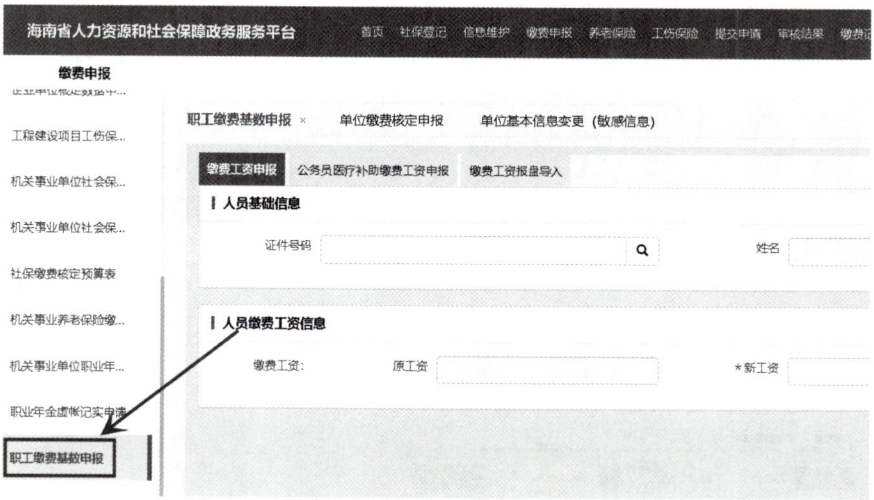

图 5－18　职工缴费基数申报

第二步：录入“证件号码”，查询参保人的信息，如图 5－19 所示。

第三步：录入“新工资后”，点击“确定”，如图 5－20 所示。

第四步：进入“待提交申报管理”模块，点击“提交”，如图 5－21 所示。

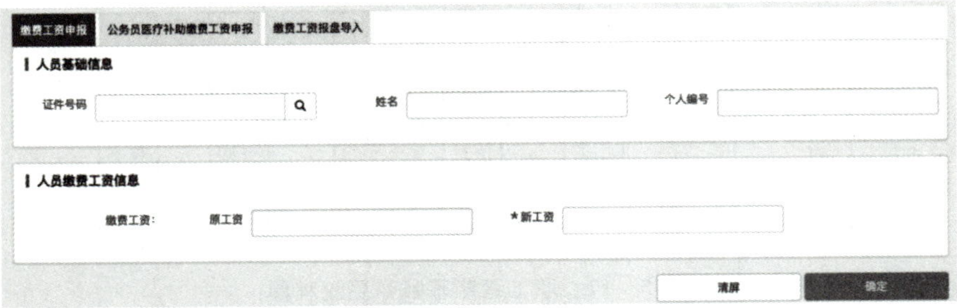

图 5－19 “职工缴费基数申报”|“缴费工资申报”

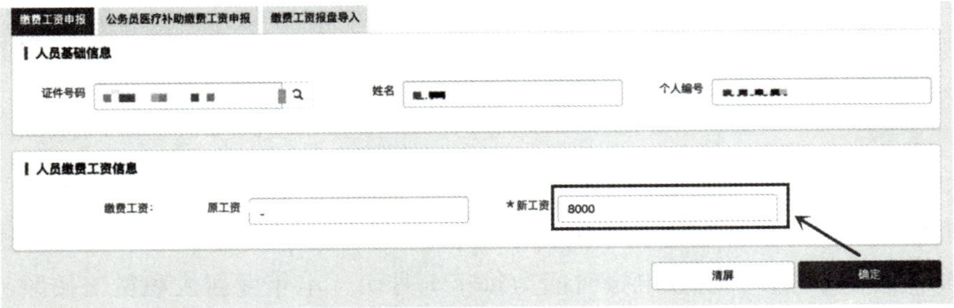

图 5－20 “职工缴费基数申报”|“缴费工资申报”

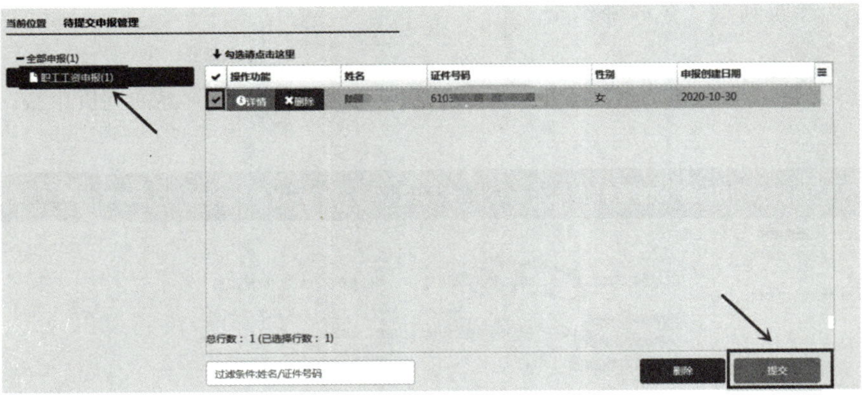

图 5－21 待提交申报管理

第五步：进入“审核结果查询”模块，根据需要选择“审核状态”查看当前审核进度，如图 5－22 所示。

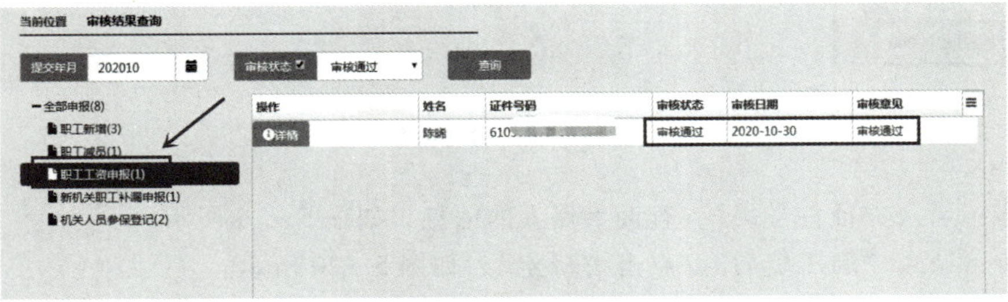

图 5－22 审核结果查询

活动评价：

结合自己在操作过程中的实际完成情况评分，如表5－5所示。

表5－5　　　　　　　　活动评价表

评分项目（10分）		得分
知识评价	1. 是否能够表述缴费基数变更的流程（1分）	
	2. 是否能够确定社保的缴费基数（1分）	
	3. 是否能够了解缴费基数的相关法律法规（1分）	
技能评价	1. 是否会查阅关于社保缴费基数的相关网站并搜集资料（1分）	
	2. 是否会进行缴费基数变更的操作（1分）	
	3. 是否会咨询社保服务大厅工作人员解决问题（1分）	
素养评价	1. 是否具有良好的服务意识（1分）	
	2. 是否具有良好的责任意识（1分）	
	3. 是否具有政策法规、法律意识（1分）	
	4. 是否具有谨慎细致的工作态度（1分）	
小　计		

活动拓展：

扫描右侧二维码，登录中联仿真系统，完成食品企业职工缴费基数变更的操作。

5.8　食品企业职工缴费基数变更

活动升华：

想一想：

- 如果员工的缴费基数低于上年度职工平均工资的60%，我们应该怎样进行变更？
- 如果员工的缴费基数高于上年度职工平均工资的300%，我们应该怎样进行变更？

活动5.1.4　日常申报

活动要求：

海南智博贸易有限责任公司现要办理本月的社保申报及缴纳业务，委托海口博亿代理记账有限公司代理服务。该公司的基本信息如表5－6所示。

表 5 - 6　　　　公司基本信息表

公司名称	海南智博贸易有限责任公司
纳税人识别号	91469 ***************
办税员	王 *
银行账户	46050 *************
开户行	中国建设银行 ********** 支行

根据客户需求，完成贸易公司本月的社保申报及缴纳业务。

活动准备：

本案例以海南省为例，登录相关网站查阅并搜集社保申报的资料，查找《国家税务总局海南省税务局关于灵活就业人员和用人单位社会保险费缴纳渠道的通告》，熟悉社保的申报与缴纳业务流程。

5.9　关于灵活就业人员和用人单位社会保险费缴纳渠道的通告

思政小贴士：

懂得利用资源提前了解相关知识，可以让业务办理得更顺利点噢！

活动实施：

在缴纳社保之前，我们要先对参保单位进行缴费核定，核定通过本单位的缴费人数和缴费基数后，每个月就可以登录电子税务局网站进行当月的申报及扣缴社保业务，具体流程如图 5 - 23 所示。

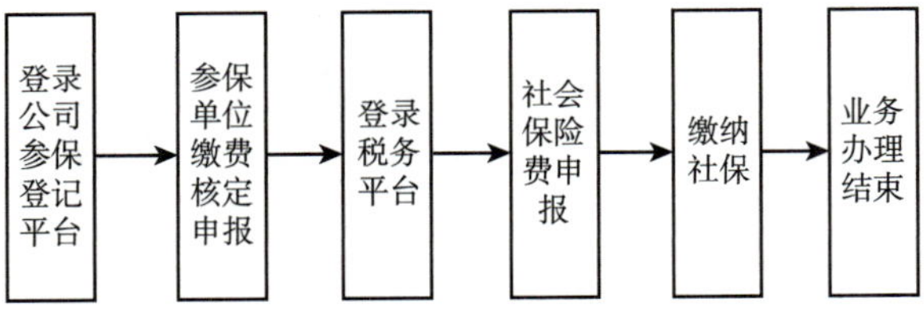

图 5 - 23　参保单位日常申报流程图

一、参保单位缴费核定申报

（一）功能介绍

参保单位申请按本月缴费人数和基数核定应缴数额。

（二）操作路径

“缴费申报” → “参保单位缴费核定申报”。

（三）注意事项

（1）系统自动审批，无需人工干预。

（2）单位缴费核定申报通过后，才能打印缴费核定汇总表。

（四）操作步骤

第一步：进入“缴费申报”模块，打开“单位缴费核定申报”界面，如图5－24所示。

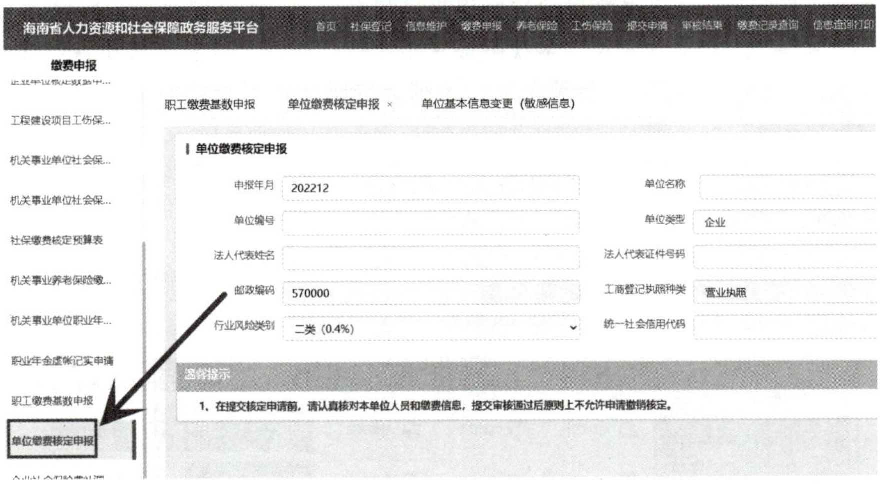

图5－24 缴费申报

第二步：点击“申请应收核定”按钮，提交申报即可，如图5－25所示。

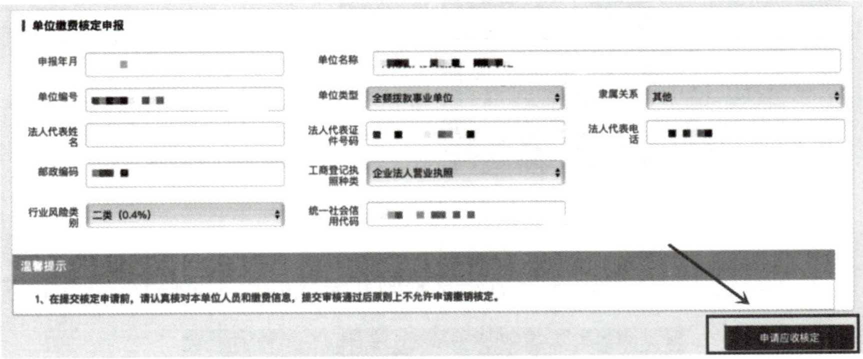

图5－25 “缴费申报”|“单位缴费核定申报”

二、日常申报及缴纳

（一）功能介绍

参保单位按月登录税务平台进行社保的申报和缴纳。

（二）操作路径

“税务平台”→“我要办税”→“社会保险费申报”→“社会保险费缴纳申报表”→“全申报”。

（三）注意事项

（1）每次申报时要核对好应缴费额。

（2）扣款方式有三种：预约扣款、手动扣款、自动扣款。如选择手动扣款时，请确认申报状态为“已申报已导入”后，进入“缴费缴纳”模块完成；如选择预约扣款时，系统将在预约扣款日期自动完成有效三方协议的银行账户扣款；如不选择预约扣款和手动扣款的，系统默认为自动扣款方式，将在申报状态为“已申报已导入”约 30 分钟后，按照已签订的有效三方协议发起自动扣款，要及时进入“常规申报－扣款结果查询”查看当月扣款情况。

（3）扣款时要确保银行账户余额充足，否则会造成扣款不成功的结果。

（四）操作步骤

第一步：登录国家税务总局海南省税务局官方平台，打开“海南省电子税务局”界面，如图 5－26 所示。

图 5－26　国家税务总局海南省税务局平台

第二步：登录系统，输入纳税人识别号及密码并完成办税人员验证，如图 5－27 所示。

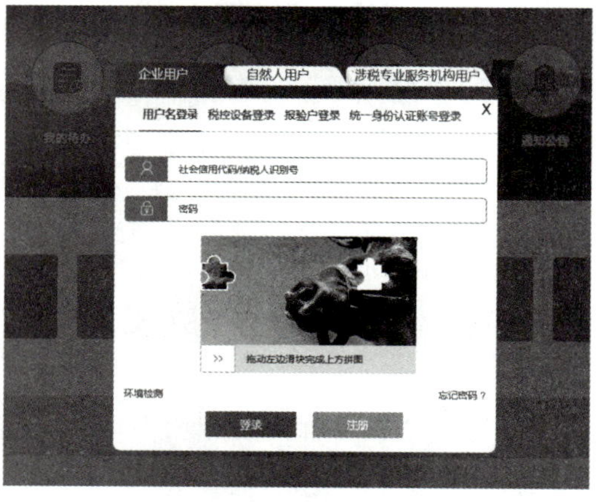

图 5－27　企业用户登录

第三步：进入“社会保险费申报”模块，点击“办理”，如图 5－28 所示。

图 5－28　社会保险费申报

第四步：点击“社会保险费缴费申报表”，输入单位信息并查询，选择全部的征收项目，核对金额后点击“提交”，如图 5－29 所示。

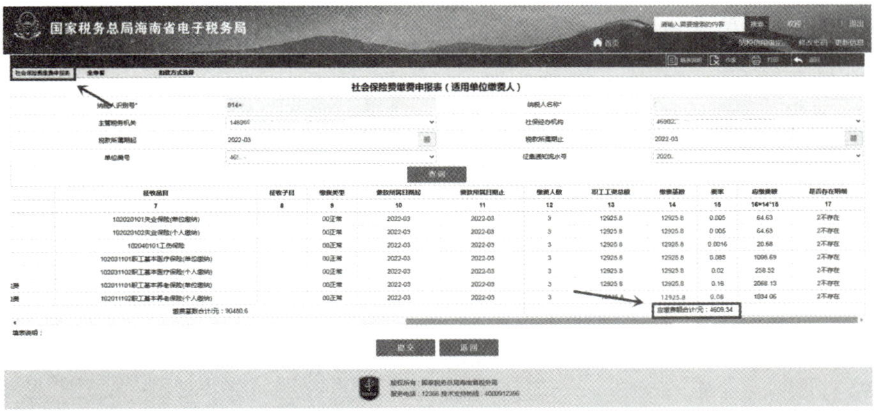

图 5－29　社会保险费缴费申报表

第五步：点击“全申报”模块，系统提示“全申报成功”，如图 5－30 所示。

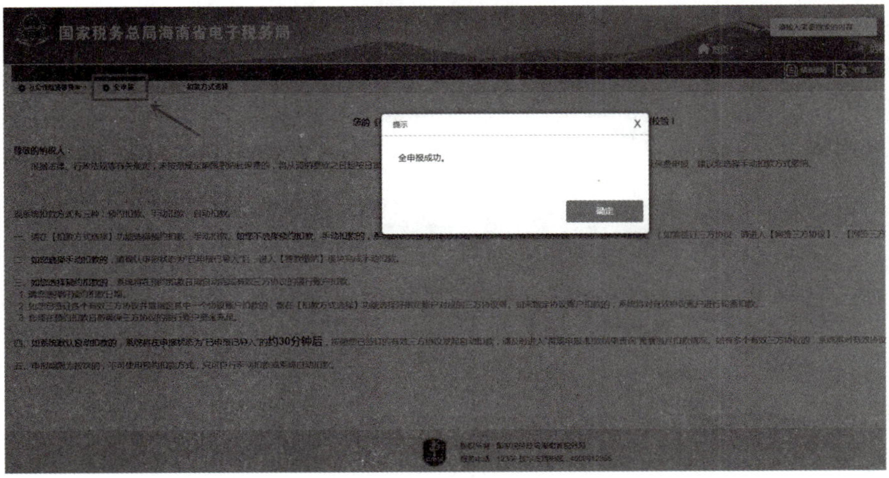

图 5－30　全申报

第六步：进行扣款。以手动扣款为例，返回系统首页，选择“税费申报及缴纳”模块，进入“社保费申报”界面，选择“费款缴纳”，如图5－31所示。

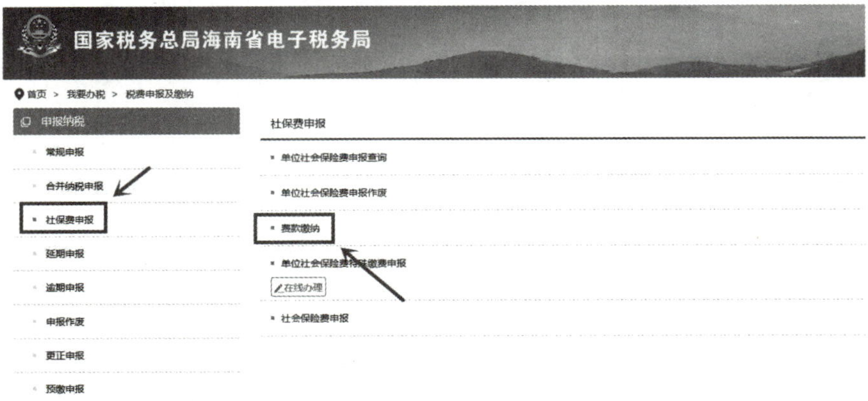

图5－31　费款缴纳

第七步：输入单位信息，点击“查询”，选择全部征收项目，点击“tips三方协议缴税”，选择账号并提交，如图5－32所示。

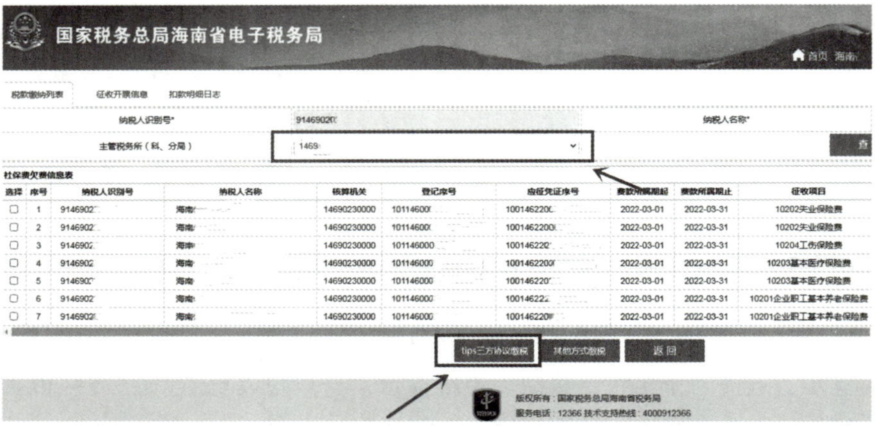

图5－32　三方协议缴税

第八步：选择“常规申报”板块，进入“扣款结果查询”界面，显示成功，则缴费成功，如图5－33所示。

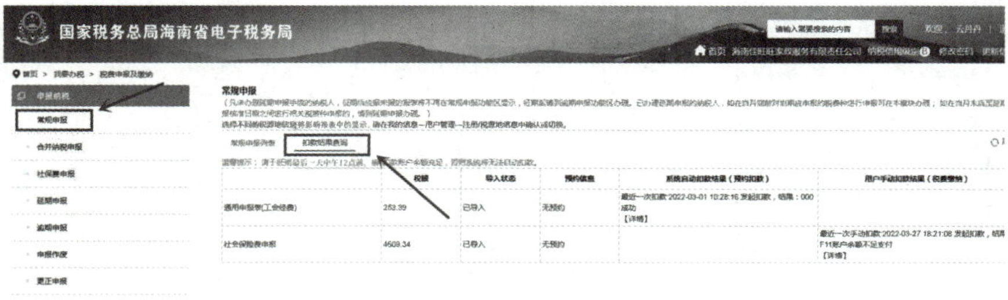

图5－33　扣款结果查询

议一议：

企业要在什么时候完成缴费核定？社保申报是什么时候？缴费又是在什么时候完成？

- 企业、机关事业单位正常缴费核定数据每月 17 日前向税务部门发送完毕
- 企业、机关事业单位应于每月 15 日前，通过海南省人力资源和社会保障厅网上平台或社保医保经办机构经办柜台渠道完成当月社会保险缴费申报手续
- 企业、机关事业单位应于每月 27 日前通过各类线上及线下缴费渠道缴纳社保费

活动评价：

结合自己在操作过程中的实际完成情况评分，如表 5－7 所示。

表 5－7　　活动评价表

评分项目（10 分）		得分
知识评价	1. 是否能够表述公司社保缴费基数核定的流程（1 分）	
	2. 是否能够表述公司日常社保缴纳申报的流程（1 分）	
	3. 是否能够了解日常社保缴纳的相关法律法规（1 分）	
技能评价	1. 是否会查阅公司日常社保申报和缴纳的相关网站并搜集资料（1 分）	
	2. 是否会进行公司社保缴费基数核定的任务操作（1 分）	
	3. 是否会登录电子税务系统办理缴纳社保的任务操作（1 分）	
素养评价	1. 是否具有良好的服务意识（1 分）	
	2. 是否具有良好的责任意识（1 分）	
	3. 是否具有政策法规、法律意识（1 分）	
	4. 是否具有谨慎细致的工作态度（1 分）	
小　　计		

活动拓展：

扫描右侧二维码，了解其他省份企业日常社保申报及缴纳的操作步骤。

5.10　企业社保申报及缴纳操作步骤

活动升华：

想一想：

个体工商户能否为员工缴纳社保？

活动 5.1.5　补缴社保

活动要求：

2021 年 7 月，海南智博贸易有限责任公司发现当年 4 月份社保未扣款成功导致社保漏缴，当年 6 月发现社保未足额缴纳，现委托海口博亿代理记账有限公司代理补缴社保业务。

根据客户需求以及提供的相关资料信息，完成公司社保补缴的业务。

思政小贴士：

如实缴纳社保是用人单位的法定义务，如果未依法缴纳的要及时补缴哦！

活动准备：

本案例以海南省为例，查看《关于企业职工基本养老保险费补缴有关问题的通知》相关规定，以及《关于企业职工基本养老保险费补缴有关问题的通知》政策解读的内容，熟悉社保补缴的相关资料。

5.11 关于企业职工基本养老保险费补缴有关问题的通知

5.12 《关于企业职工基本养老保险费补缴有关问题的通知》政策解读

思政小贴士：

各省的补缴要求不一样，随时查询当地的政策要求，要有敏锐的政策意识哦！

活动实施：

社保的补缴要先登录社保服务平台进行申报，之后再登录电子税务系统进行补缴。社保补缴的申报分为两种情况：第一种情况是补漏申报，即用人单位存在未依法缴纳社会保险费，应依法依规向社保经办机构申报补缴费额核定；第二种情况是补差申报，即用人单位存在未依法缴纳社会保险费，或者未足额缴纳社会保险费而进行的申报。

温馨提示：

用人单位一切不缴纳或者不足缴纳社会保险费的行为均为法律所禁止，不仅违反了自身应当承担的法定义务，而且还严重损害了劳动者的合法权益，所以用人单位要尽早补缴社会保险费。

一、企业社会保险费补漏申报

（一）功能介绍

用人单位存在未依法缴纳社会保险费，应依法依规向社保经办机构申报补缴费额核定。

（二）操作路径

“缴费申报”→“企业社会保险费补漏申报”。

（三）注意事项

（1）当年补漏不需要上传材料，往年补漏需要上传材料。

（2）历年补漏需提供：劳动合同、人事档案、建账成册的原始会计凭证及原始工资发放表等材料。

（四）操作步骤

第一步：进入“企业社会保险费补漏申报”模块，根据实际情况进行业务选择：当年、往年，如图 5－34 所示。

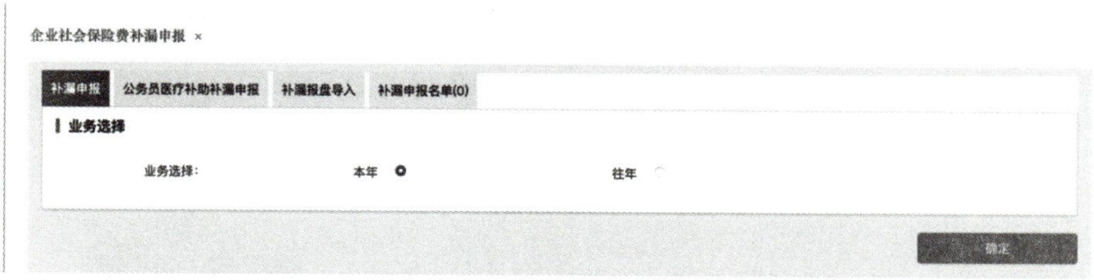

图 5－34 企业社会保险费补漏申报

第二步：业务选择后，录入证件号码，查询人员基本信息，如图 5－35 所示。

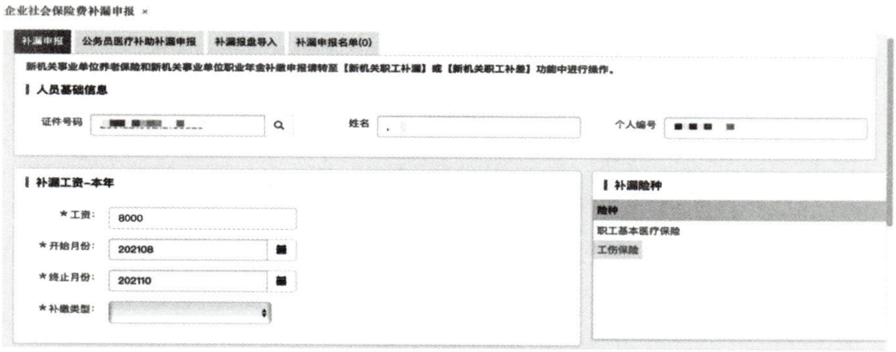

图 5－35 企业社会保险费补漏申报

第三步：录入工资、开始月份、终止月份、补缴类型，点击“确定”，如图 5－36 所示。

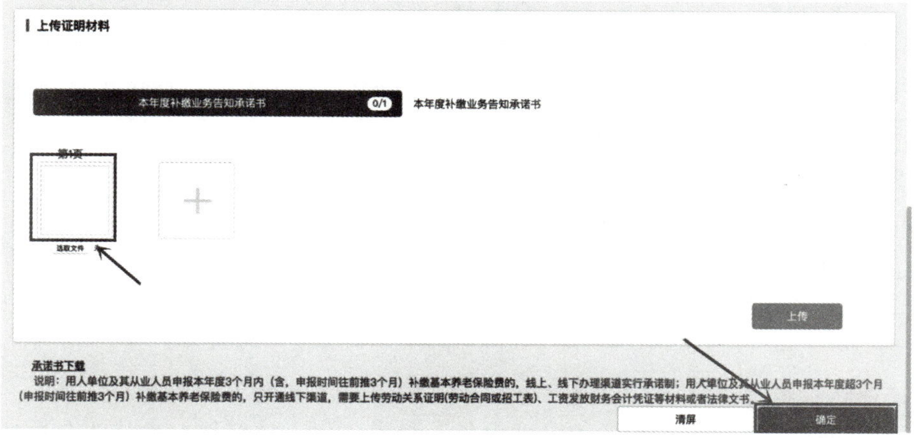

图 5－36 “企业社会保险费补漏申报”|“上传证明材料”

第四步：进入“待提交申报管理”模块，选择数据后点击“提交”，如图 5－37 所示。

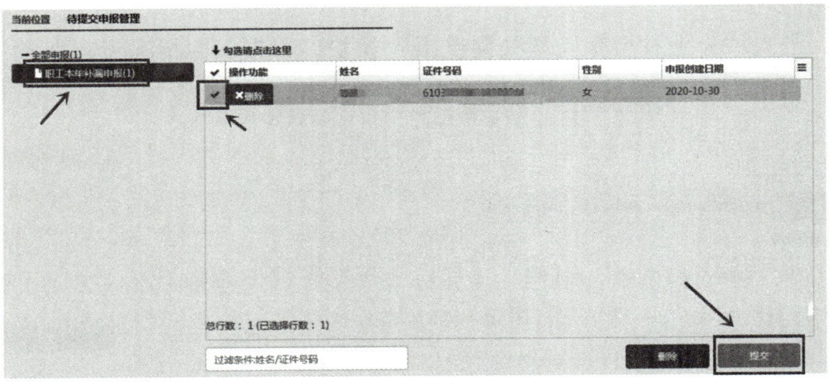

图 5－37 待提交申报管理

第五步：进入“审核结果查询”模块，根据需要选择“审核状态”查看当前审核进度，如图 5－38 所示。

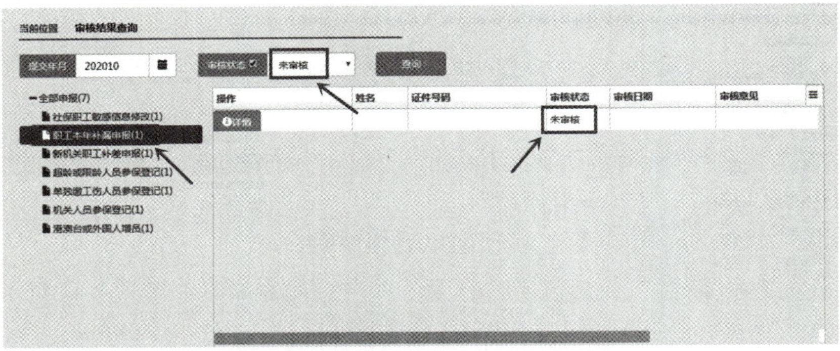

图 5－38 审核结果查询

二、企业社会保险费补差申报

（一）功能介绍

用人单位未依法缴纳社会保险费，或未足额缴纳社会保险费的，应依法补缴。

（二）操作路径

“缴费申报”→“企业社会保险费补差申报”。

（三）注意事项

（1）当年补差不需要上传材料，往年补差需要上传材料。

（2）历年补差需提供：劳动合同、人事档案、建账成册的原始会计凭证及原始工资发放表等材料。

（四）操作步骤

第一步：进入“企业社会保险费补差申报”模块，根据实际情况进行业务选择：当年、往年，如图 5－39 所示。

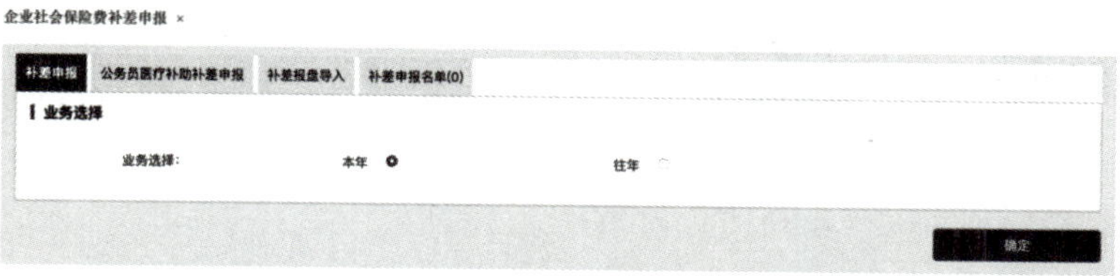

图5－39　审企业社会保险费补差申报

第二步：业务选择后，录入证件号码，查询人员基本信息，如图5－40所示。

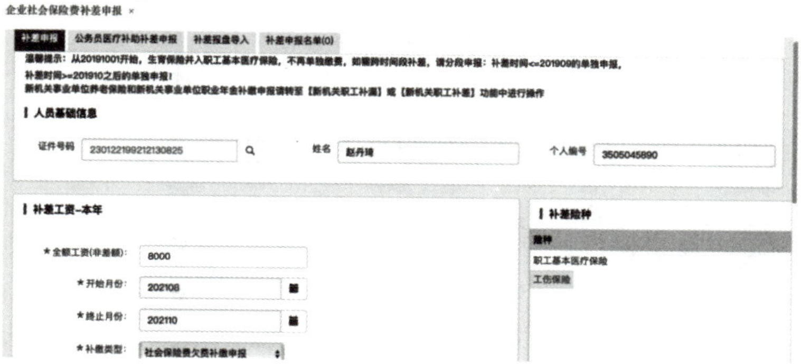

图5－40　审企业社会保险费补差申报

第三步：录入全额工资、开始月份、终止月份、补缴类型，点击“确定”，如图5－41所示。

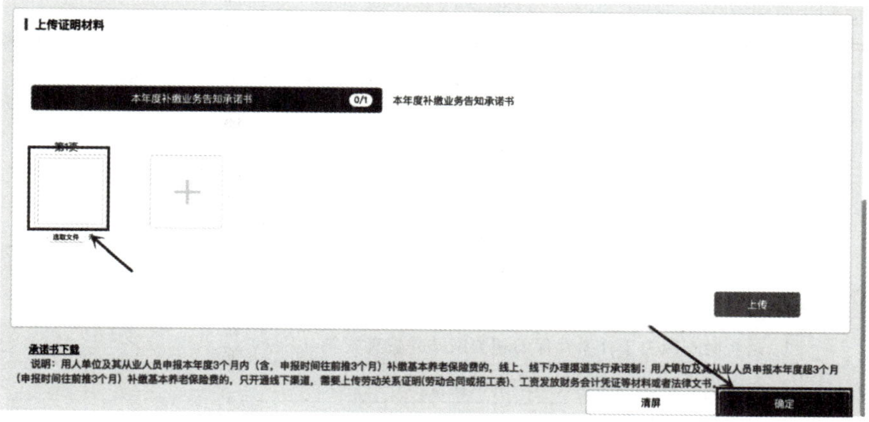

图5－41　企业社会保险费补差申报

第四步：进入“待提交申报管理”模块，选择数据后提交，如图5－42所示。

第五步：进入“审核结果查询”模块，根据需要选择“审核状态”查看当前审核进度，如图5－43所示。

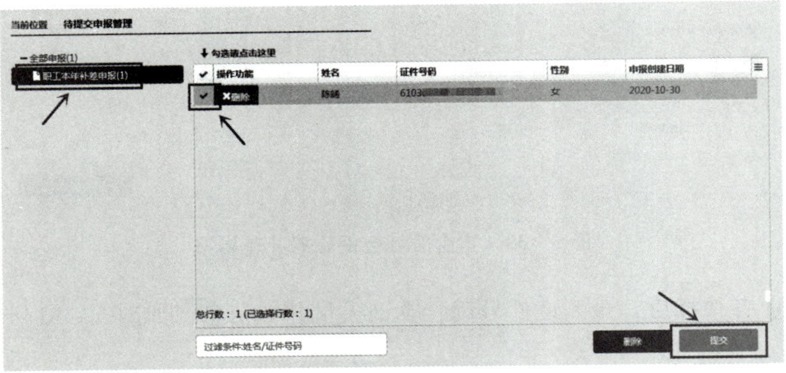

图 5－42 待提交申报管理

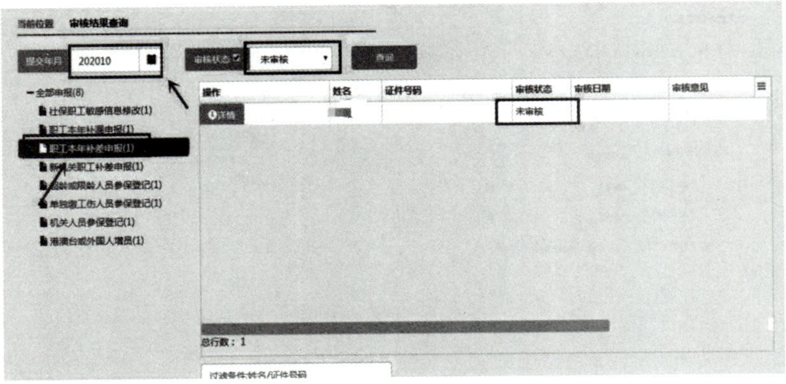

图 5－43 审核结果查询

活动评价：

结合自己在操作过程中的实际完成情况评分，如表 5－8 所示。

表 5－8 活动评价表

评分项目（10 分）		得分
知识评价	1. 是否能够表述公司社保补漏申报和补差申报的概念（1 分）	
	2. 是否能够表述公司社保补漏申报和补差申报的流程（1 分）	
	3. 是否能够了解补缴社会保险费的相关法律法规（1 分）	
技能评价	1. 是否会查阅关于补缴社保的相关网站并搜集资料（1 分）	
	2. 是否会进行公司社保补漏的申报任务操作（1 分）	
	3. 是否会登录公司社保补差的申报任务操作（1 分）	
素养评价	1. 是否具有良好的服务意识（1 分）	
	2. 是否具有良好的责任意识（1 分）	
	3. 是否具有政策法规、法律意识（1 分）	
	4. 是否具有谨慎细致的工作态度（1 分）	
小　　计		

活动拓展:

扫描右侧二维码，了解城乡居民两险征缴服务的相关内容。

5.13 城乡居民两险征缴服务介绍

活动升华:

想一想:

- 如果贸易公司需要补缴往年的社保，应该怎样进行操作?

活动 5.1.6 信息维护

活动要求:

海南智博贸易有限责任公司变更了法定代表人王＊雨及单位地址，公司职工王＊琳也更名为王＊欣且其手机号码也已变更，现委托海口博亿代理记账有限公司代理变更业务。具体变更信息如表 5－9、表 5－10 所示。

表 5－9 公司信息变更情况表

法定代表人信息			
姓名	王＊雨	固定电话	0898－62＊＊＊＊85
移动电话	139＊＊＊＊2222	电子邮箱	45＊＊＊＊762@qq.com
身份证件类型	中华人民共和国居民身份证	身份证号码	460＊＊＊＊＊＊＊＊＊＊＊5416

单位地址	海南省海口市＊＊＊＊＊＊＊＊＊＊＊＊698 号		

表 5－10 职工信息变更情况表

职工信息变更情况		
内容	变更前	变更后
姓名	王＊琳	王＊欣
手机号码	186＊＊＊＊＊＊74	189＊＊＊＊＊＊64

根据客户需求及提供的相关资料信息，完成公司单位基本信息和在职人员信息的变更。

5.14 单位网厅用户操作指南

活动准备：

本案例以海南省为例，登录相关网站查阅并搜集信息，查看《单位网厅用户操作指南》的相关内容，并提前准备单位和职工变更的信息资料。

思政小贴士：

依法如实填写各项信息，要有社会责任感哦！

活动实施：

信息维护主要是指单位信息的变更及在职人员的信息变更。单位基本信息变更分为两类，一类是单位敏感信息变更，另一类是单位非敏感信息变更；在职人员信息变更也分为两类，一类是敏感信息变更，另一类是非敏感信息变更。无论是单位敏感信息变更，还是在职人员敏感信息变更，都需要提交审核，由海南省社保局进行线上审核，而非敏感信息则直接变更，无需提交审批。信息维护的具体流程如图 5－44 所示。

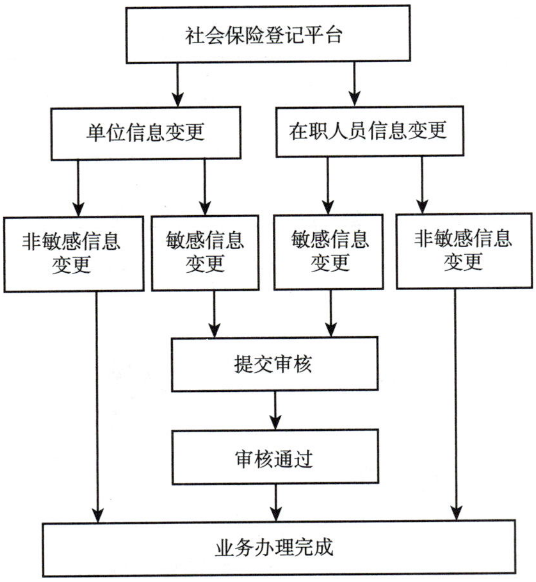

图 5－44 信息维护流程图

一、单位基本信息变更

单位基本信息变更分为两类，一类是单位敏感信息变更，另一类是单位非敏感信息变更。

（一）功能介绍

单位敏感信息变更需由参保单位提供敏感信息变更申报，敏感信息主要包括：参保单位名称、地址、法定代表人（负责人）、机构类型、组织机构代码、主管部门、隶属关系、开户银行账号、参加险种及法律法规规定的社会保险其他登记事项。单位非敏感信息变更为参保单位提供非敏感信息变更申报，非敏感信息主要包括：单位地址、办公电话以及专办员姓名、身份证号码及电话号码等。

（二）操作路径

“信息维护”→“单位基本信息变更（敏感信息）/（非敏感信息）”。

（三）注意事项

1. 单位基本信息变更（敏感信息）

（1）社会团体、民办非企业、基金会、律师事务所、会计师事务所等组织，需提供主管部门核准变更文件、单位法人证书。

（2）企业、个体工商户等单位，需提供市场监督管理部门核准变更文件或企业机读档案材料。

（3）灰色输入框中的信息不可修改，需携带相关证件前往社保服务大厅办理。

2. 单位基本信息变更（非敏感信息）

单位非敏感信息变更申报，即时生效，无需提交审批。

（四）操作步骤

1. 单位基本信息变更（敏感信息）

第一步：进入“单位基本信息变更（敏感信息）”模块，录入修改的数据，如修改经费来源、单位职业年金标识（红色标题可修改），如图5-45所示。

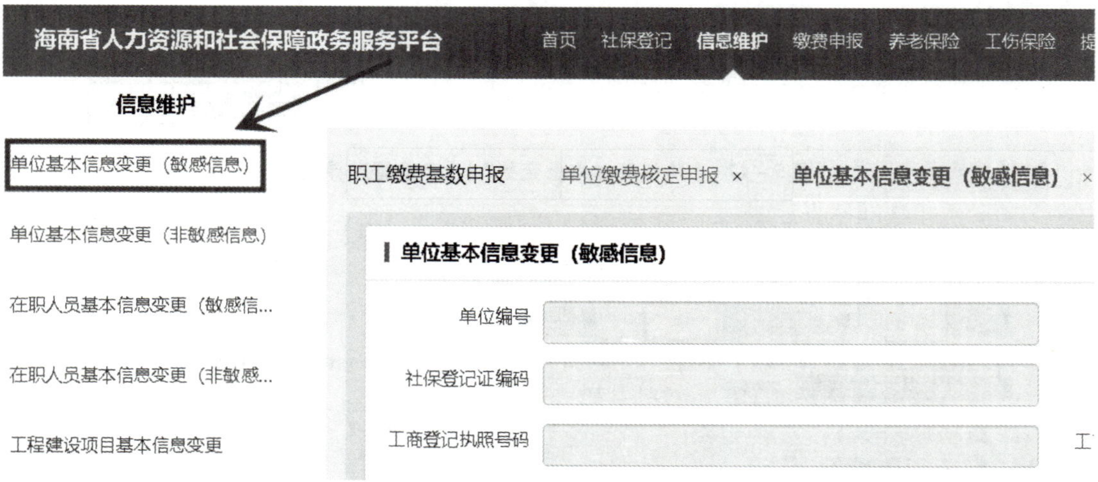

图5-45 “单位基本信息变更”|“敏感信息”

第二步：上传证明材料，点击“确定”按钮，如图5-46所示。

第三步：进入“待提交申报管理”模块，点击“提交”按钮，如图5-47所示。

第四步：进入“审核结果查询”模块，根据需要选择“审核状态”查看当前审核进度，如图5-48所示。

图 5－46 “单位基本信息变更”|“上传证明材料”

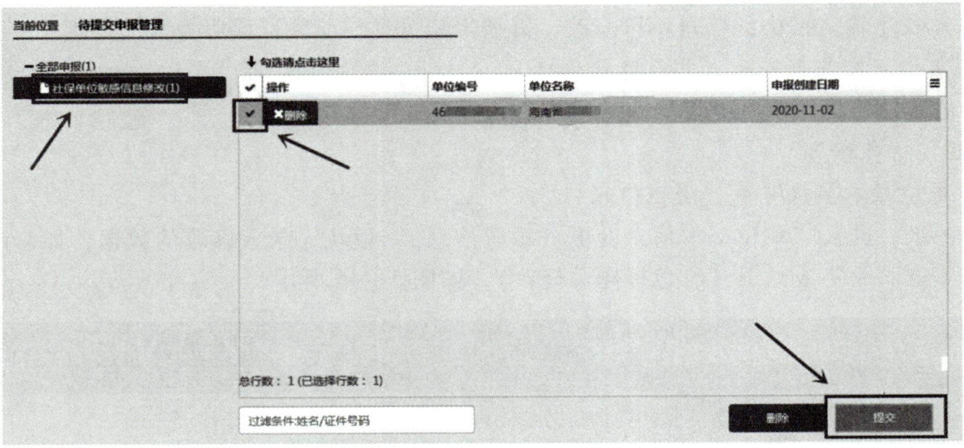

图 5－47 “单位基本信息变更”|“申报管理界面”

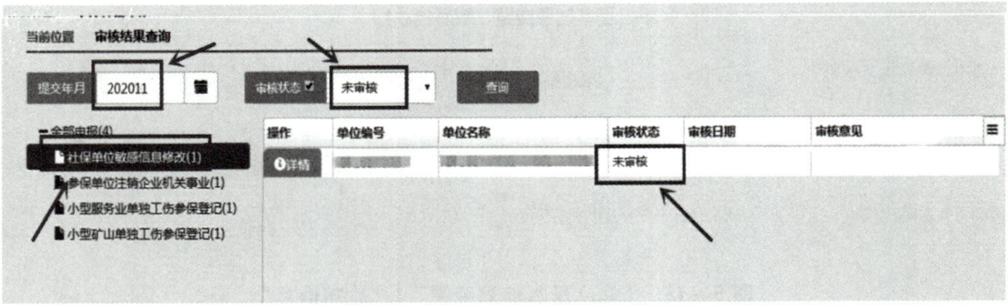

图 5－48 “单位基本信息变更”|“审核结果查询”

2. 单位基本信息变更（非敏感信息）

进入“单位基本信息变更（非敏感信息）”模块，在界面上直接修改数据，点击“确定”，提示保存成功。需要说明的是，灰色输入框中的信息不可修改，需携带相关证件前往社保服务大厅办理或者在“单位基本敏感信息”模块办理，如图 5－49 所示。

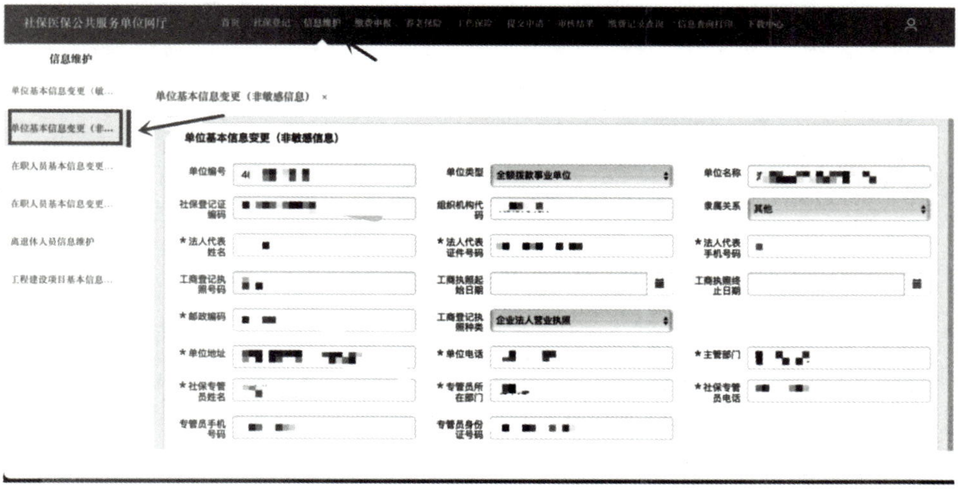

图5－49 “单位基本信息变更”|“非敏感信息”

二、在职人员基本信息变更

（一）敏感信息变更

1. 功能介绍

该功能为参保职工提供敏感信息变更申报。敏感信息主要包括：姓名、出生年月、个人身份等。

小贴士：

职工基本信息也分为敏感信息和非敏感信息，要注意分开进行变更哦！

2. 操作路径

“信息维护”→“在职人员基本信息变更（敏感信息）”。

3. 注意事项

（1）此模块无法进行身份证号码变更申报，需到柜台申报；

（2）单位报错的，需提供单位证明材料；

（3）公安部门变更身份证件号码的，需提供公安机关变更证明材料；

（4）变更曾用名的，只需提供身份证件和户口簿。

4. 操作步骤

第一步：进入“在职人员基本信息变更（敏感信息）”界面，录入证件号码，查询需要修改的人员信息并修改可以申报的信息，上传信息修改相关证明材料，如图5－50所示。

第二步：点击“确认”，提交申报数据，如图5－51所示。

第三步：进入“待提交申报管理”模块，点击“提交”，如图5－52所示。

图 5－50　在职人员基本信息变更（敏感信息）

图 5－51　“在职人员基本信息变更（敏感信息）”|“上传证明材料”

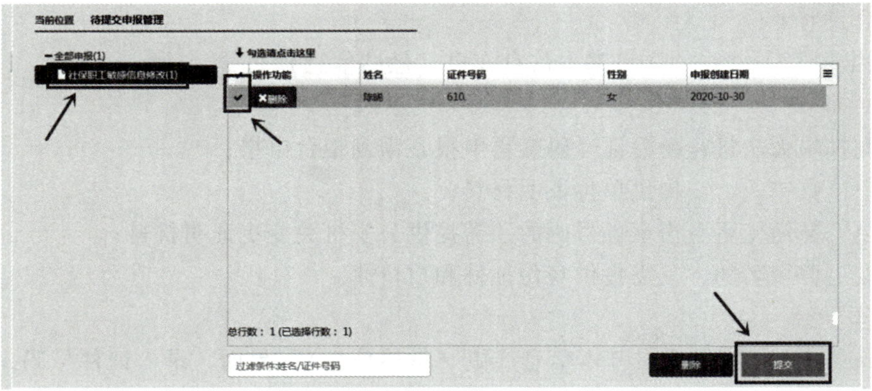

图 5－52　“在职人员基本信息变更（敏感信息）”|“提交申请”

（二）非敏感信息变更

1. 功能介绍

该功能为参保职工提供非敏感信息变更申报。非敏感信息主要包括：家庭住址、手机号码、学历、国家、民族、参加工作日期等。

2. 操作路径

“信息维护”→“在职人员基本信息变更（非敏感信息）”。

3. 注意事项

在职人员非敏感信息变更申报，即时生效，无需提交审批。

4. 操作步骤

录入职工身份证号码后点击回车键，在界面上直接修改数据，点击“确定”，提示申报成功。如果想修改下一个职工信息，直接点击“3”（清屏功能）即可，如图5－53所示。

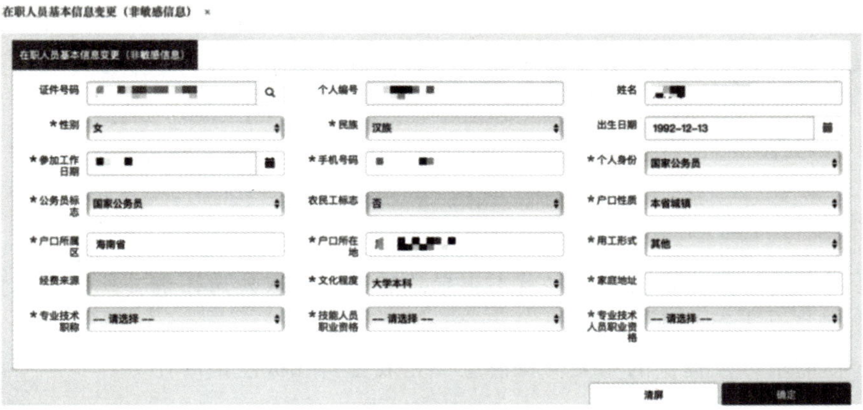

图5－53　在职人员基本信息变更（非敏感信息）

活动评价：

结合自己在操作过程中的实际完成情况评分，如表5－11所示。

表5－11　活动评价表

评分项目（10分）		得分
知识评价	1. 是否能够表述变更公司社保基本信息中的流程（1分）	
	2. 是否能够表述变更在职员工社保信息的流程（1分）	
	3. 是否能够了解公司社保信息变更的相关法律法规（1分）	
技能评价	1. 是否会查阅关于公司及在职员工社保信息变更的相关网站并搜集资料（1分）	
	2. 是否会进行公司社保基本信息变更的任务操作（1分）	
	3. 是否会进行在职人员社保信息变更的任务操作（1分）	
素养评价	1. 是否具有良好的服务意识（1分）	
	2. 是否具有良好的责任意识（1分）	
	3. 是否具有政策法规、法律意识（1分）	
	4. 是否具有谨慎细致的工作态度（1分）	
小　　计		

活动拓展:

通过讨论，总结贸易公司在进行社保信息变更前需要准备哪些资料?

活动升华:

试归纳总结贸易公司社保信息变更的操作步骤及注意事项。

活动 5.1.7 参保注销

思政小贴士：

注销公司时不可拖欠税款及职工薪酬，依法办理注销，做到善始善终，成为有责任感的人！

活动要求:

海南智博贸易有限责任公司因经营不善导致破产，解散公司，现委托海口博亿代理记账有限公司代理参保注销业务。

根据客户需求以及提供的相关资料信息，完成公司社保注销的业务。

活动准备:

本案例以海南为例，查看《参保单位注销申请办事指南》的相关内容，登录相关网站查阅并搜集资料。

5.15 参保单位注销申请办事指南

活动实施:

用人单位的社会保险登记事项发生变更或者用人单位依法终止的，应当自变更或者终止之日起 30 日内，到社会保险经办机构办理变更或者注销社会保险登记。

1. 功能介绍

参保单位注销单位时，操作此功能。

2. 操作路径

“社保登记” → “参保单位注销”。

3. 注意事项

（1）单位存在欠费记录，不能申请注销。

（2）单位尚未办理市监注销手续的（非市监部门注册的单位除外），不能申请注销。

（3）参保单位注销，审批通过后，将不能办理其他业务，只能查询和打印参保信息。

4. 操作步骤

第一步：进入“单位注销”模块，选择变更原因，如图 5－54 所示。

第二步：选择变更原因，点击“申请单位注销”按钮，如图 5－55 所示。

第三步：进入“待提交申报管理”模块，点击“提交”，如图 5－56 所示。

图5-54 参保单位注销

图5-55 "参保单位注销"|"上传证明材料"

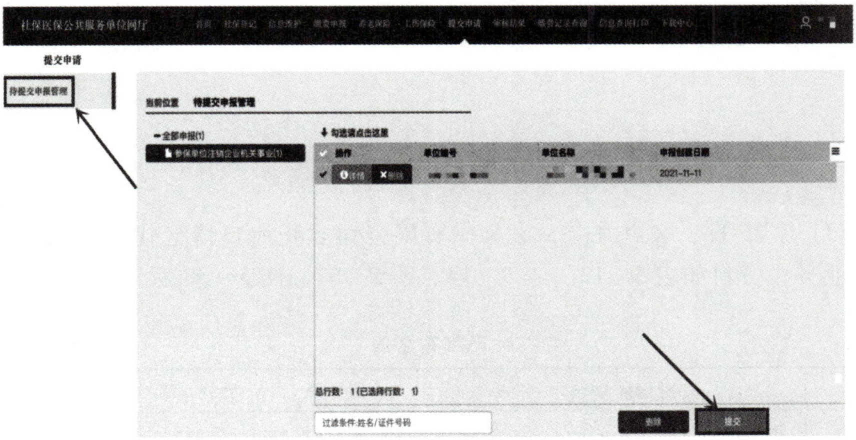

图5-56 "参保单位注销"|"待提交申报管理"

活动评价：

结合自己在操作过程中的实际完成情况评分，如表 5－12 所示。

表 5－12　　活动评价表

评分项目（10 分）		得分
知识评价	1. 是否能够表述参保公司社保注销的流程（1 分）	
	2. 是否能够准备公司社保注销所需要的材料（1 分）	
	3. 是否能够了解公司社保注销的相关法律法规（1 分）	
技能评价	1. 是否会查阅关于参保公司注销的相关网站并搜集资料（1 分）	
	2. 是否会进行参保公司注销的任务操作（1 分）	
	3. 是否会咨询社保服务中心的工作人员解决问题（1 分）	
素养评价	1. 是否具有良好的服务意识（1 分）	
	2. 是否具有良好的责任意识（1 分）	
	3. 是否具有政策法规、法律意识（1 分）	
	4. 是否具有谨慎细致的工作态度（1 分）	
小　计		

活动拓展：

通过讨论，总结贸易公司在进行社保注销前需要准备哪些资料？

活动升华：

想一想：

- 公司注销的时候是先进行社保注销还是先进行市监注销？为什么？

任务 5.2 代办住房公积金

5.16　代办住房公积金任务动画

任务情境：

2021 年 11 月 25 日，客户海南××××有限公司委托海口博亿代理记账有限公司办理公积金相关业务，资料如表 5－13、表 5－14、图 5－57、图 5－58 所示。

表 5－13　　员工花名册

序号	姓名	身份证号码	手机号码	缴费基数	缴费比例	月缴费金额
1	云××	460000××××××××××××	185××××3588	3 543	10%	354

表 5－14　　专管员信息

序号	姓名	身份证号码	手机号码	方式
1	云××	460000××××××××××××	185××××3588	一人双岗

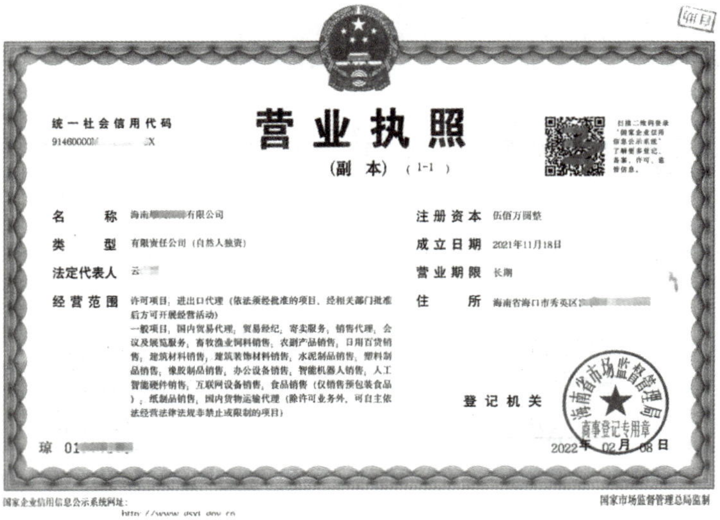

图 5－57　企业营业执照

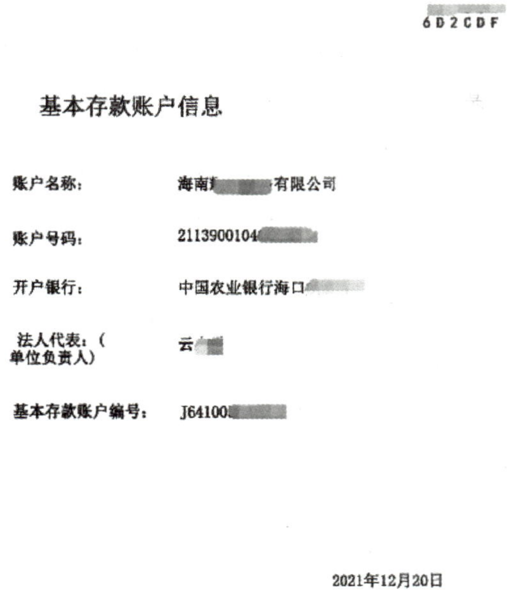

图 5－58　开户许可证

活动 5.2.1 首次开户

思政小贴士：

仔细查阅使用规定，要做到合法合规哦！

活动要求：

根据客户需求及提供的相关资料信息，填写申请表，完成公积金开户登记。

活动准备：

收集好客户提供的资料信息（营业执照、开户许可证），查看《海南省住房公积金缴存管理实施细则》《住房公积金管理条例》，了解公积金相关管理规定。

5.17 海南省住房公积金缴存管理实施细则

5.18 住房公积金管理条例

住房公积金，是指国家机关、国有企业、城镇集体企业、外商投资企业、城镇私营企业及其他城镇企业、事业单位、民办非企业单位、社会团体（以下统称单位）及其在职职工缴存的长期住房储金。

职工个人缴存的住房公积金和职工所在单位为职工缴存的住房公积金，属于职工个人所有。

新设立的单位应当自设立之日起 30 日内向住房公积金管理中心办理住房公积金缴存登记，并自登记之日起 20 日内，为本单位职工办理住房公积金账户设立手续。

单位录用职工的，应当自录用之日起 30 日内向住房公积金管理中心办理缴存登记，并办理职工住房公积金账户的设立或者转移手续。

活动实施：

以海南为例，公积金首次开户需填好相关资料，到海南省住房公积金管理局办事大厅办理申请开户的手续，经海南省住房公积金管理中心审批通过后，即可在海南省住房公积金管理局网上办事大厅办理人员缴存及变动业务。

需填写完成和提交的资料包括：

（1）营业执照副本盖章复印件，如图 5－57 所示。

（2）缴存单位开户申请书，如表 5－15 所示。

（3）单位公积金专管员网厅权限申请书，如表 5－16 所示。

（4）公积金托收业务开通申请书，如表 5－17 所示。

（5）托收业务合同，如图 5－59 所示。

（6）付款授权书，如图 5－60 所示。

表5-15　　缴存单位开户申请表

申请单位（盖章）：

单位全称	海南××××有限公司		
统一社会信用代码或组织机构代码	91460000×××××××5L		
基本户开户银行	中国农业银行××支行		
基本户账户名称	海南××××有限公司		
基本户账号	2122900××××××5178		
单位地址	海南省海口市×××××××××		
法定代表人	云××	联系电话	185××××3588
经办人	云××	联系电话	185××××3588
经济类型（单选）	□国家机关		
	□事业单位		
	□国有企业		
	□城镇集体企业		
	□外商投资企业		
	□城镇私营企业		
	□其他城镇企业		
	□民办非企业单位		
	□社会团体		
	☑其他		
单位缴存银行	工商银行	发薪日	10
缴存比例	单位5%，个人5%	启缴年月	2021年12月

表5-16　　单位专管员开通（变更）住房公积金信息系统网厅操作权限申请书

海南住房公积金管理局：

我单位名称海南××××有限公司（组织机构代码/统一社会信用代码：91460000×××××××5L，法定代表人姓名：云××，身份证号：460000××××××××××××）因办理住房公积金业务需要，在充分了解内控岗位设置对资金安全影响的前提下，现安排我单位以下人员具体操作住房公积金业务，申请信息系统网厅操作授权。

“双人双岗”方式：

姓名	岗位	开通/变更	身份证号码	电话号码
	初审专管员			
	复核专管员			

“一人双岗”方式：

姓名	岗位	开通/变更	身份证号码	电话号码
云××	专管员	开通	460000××××××××××××	185××××3588

注：以上岗位方式二选一

申请单位（公章）：

2021年12月7日

表 5－17　　住房公积金托收业务开通申请书

<u>海南</u>住房公积金管理局：

我单位统一社会信用代码：<u>91460000××××××××5L</u>，单位名称：<u>海南××××有限公司</u>现向贵局申请开通住房公积金缴存资金托收业务，单位银行账户信息如下：

基本户名称：<u>海南××××有限公司</u>

基本户账号：<u>2122900××××××5178</u>

账户开户行：<u>中国农业银行××支行</u>

我单位保证银行账户名称、银行账号信息真实有效且为自己所有。

（单位盖章）

2021 年 12 月

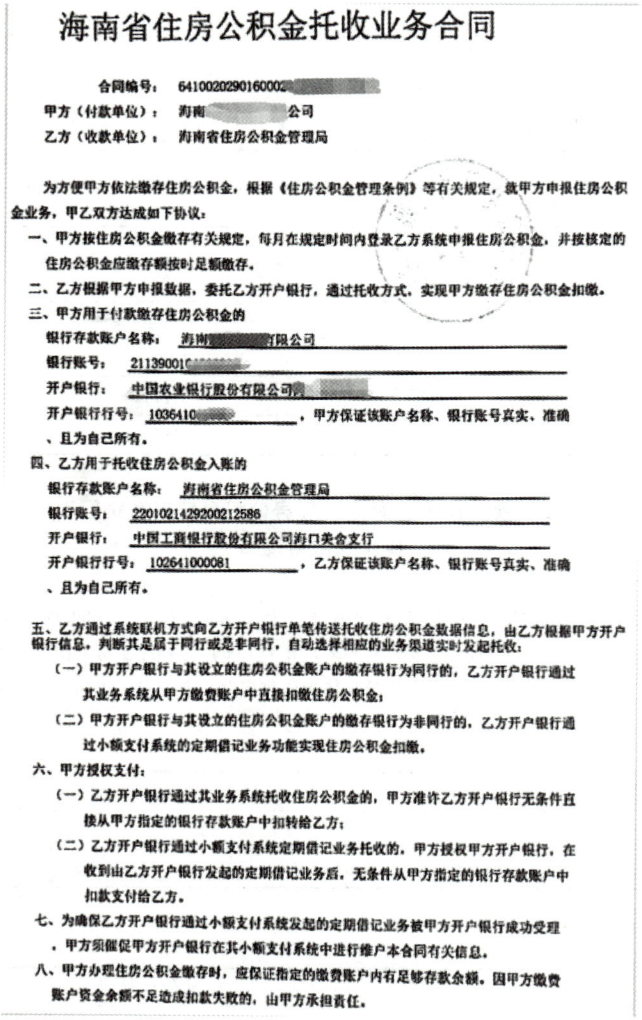

海南省住房公积金托收业务合同

合同编号：6410020290160002[redacted]

甲方（付款单位）：海南[redacted]公司

乙方（收款单位）：海南省住房公积金管理局

为方便甲方依法缴存住房公积金，根据《住房公积金管理条例》等有关规定，就甲方申报住房公积金业务，甲乙双方达成如下协议：

一、甲方按住房公积金缴存有关规定，每月在规定时间内登录乙方系统申报住房公积金，并按核定的住房公积金应缴存额按时足额缴存。

二、乙方根据甲方申报数据，委托乙方开户银行，通过托收方式，实现甲方缴存住房公积金扣缴。

三、甲方用于付款缴存住房公积金的

银行存款账户名称：海南[redacted]有限公司

银行账号：21139001[redacted]

开户银行：中国农业银行股份有限公司[redacted]

开户银行行号：1036410[redacted]，甲方保证该账户名称、银行账号真实、准确、且为自己所有。

四、乙方用于托收住房公积金入账的

银行存款账户名称：海南省住房公积金管理局

银行账号：2201021429200212586

开户银行：中国工商银行股份有限公司海口美舍支行

开户银行行号：102641000081，乙方保证该账户名称、银行账号真实、准确、且为自己所有。

五、乙方通过系统联机方式向乙方开户银行单笔传送托收住房公积金数据信息，由乙方根据甲方开户银行信息，判断其是属于同行或是非同行，自动选择相应的业务渠道实时发起托收：

（一）甲方开户银行与其设立的住房公积金账户的缴存银行为同行的，乙方开户银行通过其业务系统从甲方缴费账户中直接扣缴住房公积金；

（二）甲方开户银行与其设立的住房公积金账户的缴存银行为非同行的，乙方开户银行通过小额支付系统的定期借记业务功能实现住房公积金扣缴。

六、甲方授权支付：

（一）乙方开户银行通过其业务系统托收住房公积金的，甲方准许乙方开户银行无条件直接从甲方指定的银行存款账户中扣转给乙方；

（二）乙方开户银行通过小额支付系统定期借记业务托收的，甲方授权甲方开户银行，在收到由乙方开户银行发起的定期借记业务后，无条件从甲方指定的银行存款账户中扣款支付给乙方。

七、为确保乙方开户银行通过小额支付系统发起的定期借记业务被甲方开户银行成功受理，甲方须催促甲方开户银行在其小额支付系统中进行维户本合同有关信息。

八、甲方办理住房公积金缴存时，应保证指定的缴费账户内有足够存款余额。因甲方缴费账户资金余额不足造成扣款失败的，由甲方承担责任。

图 5－59　海南省住房公积金托收业务合同

付款授权书

中国农业银行股份有限公司海口[redacted]：(银行)

根据我单位与 海南省住房公积金管理局 （以下简称收款人，
账户名称：海南省住房公积金管理局
银行账号：2201021429200212586
开户行：中国工商银行股份有限公司海口美舍支行
开户行行号：102641000081 ）
签订的代收合同（合同编号； 64100202901600020000000[redacted]
，业务种类代码为01600），授权你行对收款人委托其开户银行通过人民银行小额支付系统发起的定期借记业务向我单位收取的住房公积金款项，从我单位的存款账户（
账户名称：海南[redacted]有限公司
银行账号：211390010[redacted]
开户行：中国农业银行股份有限公司海口[redacted]
开户行行号：10364101[redacted] ）
中予以付款，如由此产生的纠纷，由我单位和收款人自行解决

付款授权单位预留银行印鉴：

付款授权单位（公章）：

202[redacted]

图 5 - 60　付款授权书

温馨提示：

● 中国银行、工商银行、建设银行、海南银行可以直接进行线上缴存，需准备上述（1）、（2）项资料即可开户。缴费账户若为其他银行，需签订公积金托收业务合同，进行银行托收缴存。

活动评价:

结合自己在操作过程中的实际完成情况评分，如表 5 - 18 所示。

表 5 - 18　活动评价表

评分项目（10 分）		得分
知识评价	1. 是否能够表述公积金开户的流程（1 分）	
	2. 是否能够正确填写公积金开户的申请表（3 分）	
	3. 是否能够了解办理公积金的相关法律法规（1 分）	
技能评价	1. 是否会查阅办理公积金的相关网站并搜集资料（1 分）	
	2. 是否会咨询公积金管理局工作人员解决问题（1 分）	
素养评价	1. 是否具有社会责任感（1 分）	
	2. 是否具有政策法规、法律意识（1 分）	
	3. 是否具有谨慎细致的工作态度（1 分）	
小　计		

活动拓展：

通过讨论，总结办理公积金账户开户业务前需要准备哪些资料？

活动升华：

2021年12月2日，海南智博贸易有限责任公司委托海口博亿代理记账有限公司办理公积金相关业务，提供的信息资料如表5-19、表5-20、表5-21所示，要求在表5-22、表5-23、表5-24中完成填写公积金申请表的任务。

表5-19　　注册公司基本信息表

公司名称	海南智博贸易有限责任公司		
纳税识别码	91465302158888888L		
地址	海南省海口市美兰区美苑路16号		
法定代表人	谢*新	企业类型	有限责任公司
银行账户	21229001040008888		
开户行	中国农业银行海口滨江支行		

表5-20　　员工花名册

序号	姓名	身份证号码	手机号码	缴费基数	缴费比例	月缴费金额
1	谢*新	460000×××××××××21	185×××3588	3 543	10%	354

表5-21　　专管员信息

序号	姓名	身份证号码	手机号码	方式
1	谢*新	460000×××××××××21	185×××3588	一人双岗

表5-22　　缴存单位开户申请表

申请单位（盖章）：

单位全称			
统一社会信用代码或组织机构代码			
基本户开户银行			
基本户账户名称			
基本户账号			
单位地址			
法定代表人		联系电话	
经办人		联系电话	

续表

经济类型（单选）	□国家机关
	□事业单位
	□国有企业
	□城镇集体企业
	□外商投资企业
	□城镇私营企业
	□其他城镇企业
	□民办非企业单位
	□社会团体
	□其他

单位缴存银行		发薪日	
缴存比例	单位　　%，个人　　%	启缴年月	

表5－23　　　　单位专管员开通（变更）住房公积金信息系统网厅操作权限申请书

__________住房公积金管理局：

我单位名称______________________（组织机构代码/统一社会信用代码：___________________，法定代表人姓名：__________，身份证号：______________）因办理住房公积金业务需要，在充分了解内控岗位设置对资金安全影响的前提下，现安排我单位以下人员具体操作住房公积金业务，申请信息系统网厅操作授权。

“双人双岗”方式：

姓名	岗位	开通/变更	身份证号码	电话号码
	初审专管员			
	复核专管员			

“一人双岗”方式：

姓名	岗位	开通/变更	身份证号码	电话号码
	专管员			

注：以上岗位方式二选一

申请单位（公章）：

年　　月　　日

表 5-24　　住房公积金托收业务开通申请书

________住房公积金管理局：

我单位统一社会信用代码：________________，单位名称：________________，现向贵局申请开通住房公积金缴存资金托收业务，单位银行账户信息如下：

基本户名称：________________

基本户账号：________________

账户开户行：________________

我单位保证银行账户名称、银行账号信息真实有效且为自己所有。

（单位盖章）

年　月　日

活动 5.2.2　公积金人员变动

思政小贴士：

仔细查阅使用规定，要做到合法合规哦！

活动要求：

根据客户需求，登录海南省公积金网上大厅完成公积金人员增减的操作。

活动准备：

查看《海南省住房公积金缴存管理实施细则》《住房公积金管理条例》，了解公积金相关管理规定。

单位合并、分立、撤销、解散或者破产的，应当自发生上述情况之日起 30 日内由原单位或者清算组织向住房公积金管理中心办理变更登记或者注销登记，并自办妥变更登记或者注销登记之日起 20 日内，为本单位职工办理住房公积金账户转移或者封存手续。

单位与职工终止劳动关系的，单位应当自劳动关系终止之日起 30 日内向住房公积金管理中心办理变更登记，并办理职工住房公积金账户转移或者封存手续。

新参加工作的职工从参加工作的第二个月开始缴存住房公积金，月缴存额为职工本人当月工资乘以职工住房公积金缴存比例。

单位新调入的职工从调入单位发放工资之日起缴存住房公积金，月缴存额为职工本人当月工资乘以职工住房公积金缴存比例。

海南××××有限公司新增人员信息资料，如表 5-25 所示。

表 5-25　　新增人员信息

姓名	云××		
证件号码	460000×××××××××××××	证件类型	居民身份证
单位比例	5%	个人比例	5%
缴存基数	3 543.00	手机号码	185××××3588

活动实施：

一、登录网厅

以单位名称登陆海南省住房公积管理局网站。

第一步：打开“网上办事大厅”主页，点击“单位用户登录”按钮登录，如图5－61所示。

图5－61　“海南省住房公积金管理局”|“网上办事大厅”

第二步：单击“单位刷脸登录”，在“证件号”处录入专管员身份证件号，在“单位名称”处选择单位名称，单击“立即登录”，进入“单位专管员刷面登录”界面，如图5－62所示。

图5－62　“网上办事大厅”|“单位刷脸登录”

第三步：在“刷脸实名认证登录”界面，确认信息无误后，单击“立即登录”，如图

5－63所示。

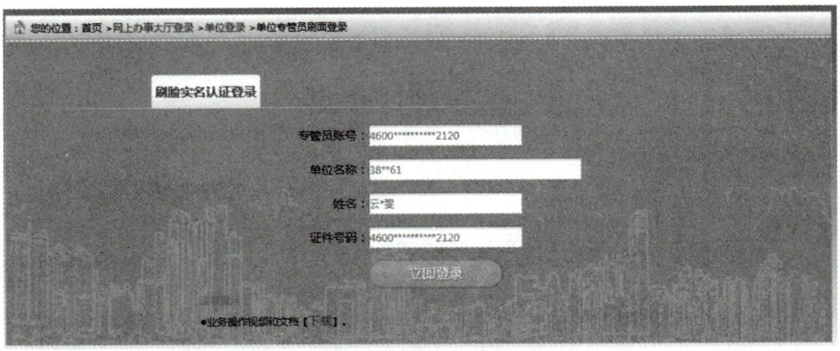

图 5－63 “单位刷脸登录”|“刷脸实名认证登录”

第四步：生成登录二维码，专管员打开本人实名认证的 App “支付宝”，对准二维码扫描登录，如图 5－64 所示。

图 5－64 “单位刷脸登录”|“刷脸实名认证登录”

第五步：单击“开始认证”→拿起手机扫脸“采集本人人脸”→“认证成功”→自动返回→支付宝弹出一个“使用以下方式打开”页面→单击“仅此一次”或“始终”，刷脸认证成功，跳转至“网上办事大厅”主页面，如图 5－65 所示。

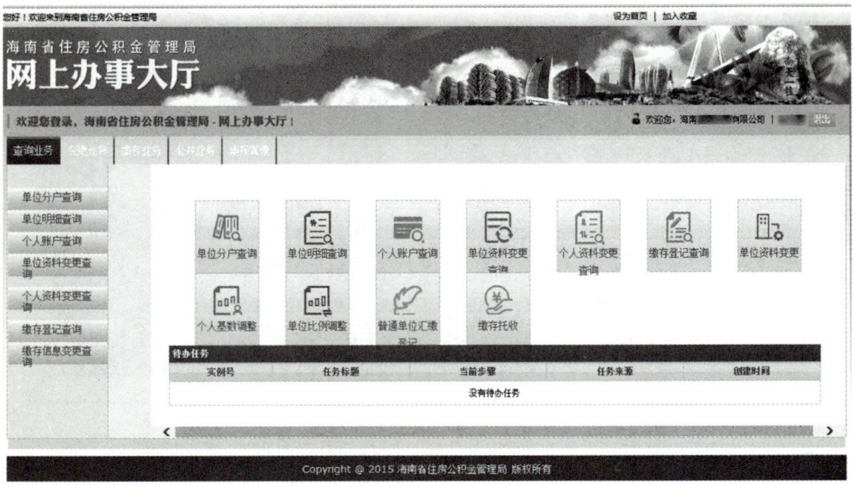

图 5－65 “单位刷脸登录”|“刷脸实名认证登录”

温馨提示：

刷脸认证成功，没有跳转至“网上办事大厅”主页面，可单击“手动查询认证结果”进入主页面。

二、增加人员

第一步：在“海南省公积金管理局”网站上的“网上办事大厅”中的操作路径为“变更业务”→“个人账户开户”，如图5－66所示。

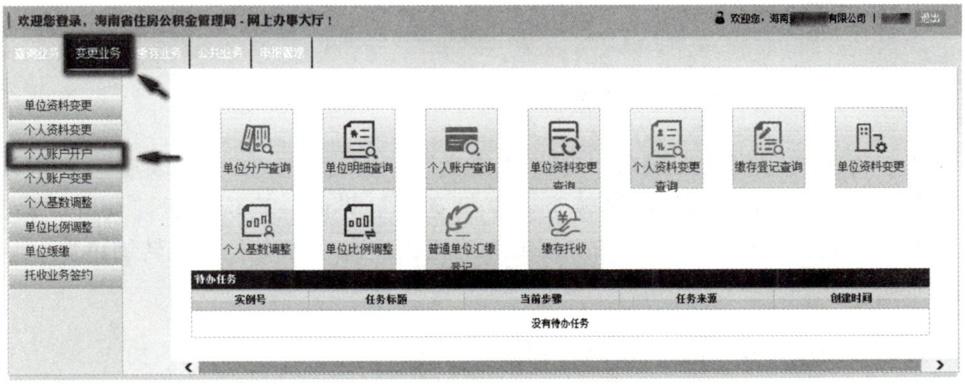

图5－66 “海南省住房公积金管理局”|“网上办事大厅”

第二步：在“个人账户开户”界面，选择单位比例、个人比例，填写人数后，单击“添加”，进入信息填写界面，如图5－67所示。

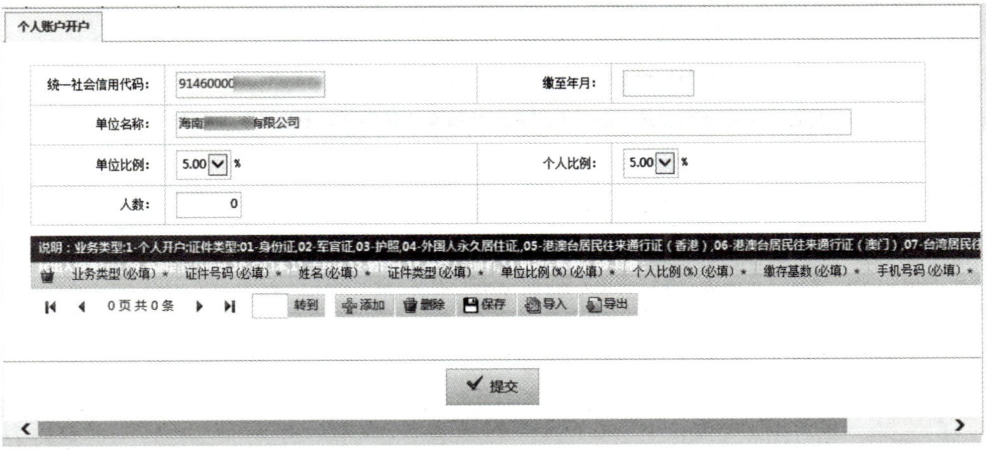

图5－67 “网上办事大厅”|“个人账户开户”

第三步：按照界面中的内容填写个人账户开户信息，带红色“＊”的内容是必填项，填写完毕点击“确定”，如图5－68所示。

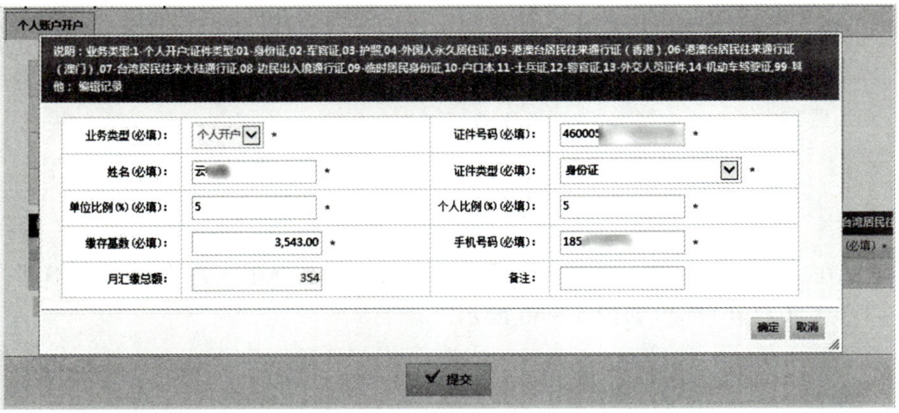

图 5－68 “网上办事大厅”|“个人账户开户”

第四步：再次核对信息无误后，单击“提交”→弹出提示框“列表中的数据有改动，是否保存”，点击“确定”→界面跳转至“审批意见”界面→确认同意，点击“提交”→界面跳转至“住房公积金个人账户开户回单”界面，点击“提交”→流转结束。

活动评价：

结合自己在操作过程中的实际完成情况评分，如表 5－26 所示。

表 5－26 活动评价表

评分项目（10 分）		得分
知识评价	1. 是否能够表述公积金增加人员的流程（1 分）	
	2. 是否能够准备公积金增加人员的资料（1 分）	
	3. 是否能够了解办理公积金的相关法律法规（1 分）	
技能评价	1. 是否会查阅办理公积金的相关网站并搜集资料（1 分）	
	2. 是否会使用公积金网上办事大厅办理增加人员业务（2 分）	
	3. 是否会咨询公积金管理局工作人员解决问题（1 分）	
素养评价	1. 是否具有社会责任感（1 分）	
	2. 是否具有政策法规、法律意识（1 分）	
	3. 是否具有谨慎细致的工作态度（1 分）	
小　　计		

活动拓展：

扫描右侧二维码，登录中联仿真系统，完成公积金人员增加的操作。

5.19 公积金人员增加操作

活动升华：

举一反三，试总结归纳单位减少公积金人员的操作步骤。

活动 5.2.3　缴纳基数/比例变更

思政小贴士：

仔细查阅使用规定，要做到合法合规哦！

活动要求：

根据客户需求，登录海南省公积金网上大厅完成公积金缴存基数、缴存比例的变更。

活动准备：

查看《海南省住房公积金缴存管理实施细则》《住房公积金管理条例》，了解公积金相关管理规定。

职工和单位住房公积金的缴存比例均不得低于职工上一年度月平均工资的5%；有条件的城市，可以适当提高缴存比例。具体缴存比例由住房公积金管理委员会拟订，经本级人民政府审核后，报省、自治区、直辖市人民政府批准。

单位应当按时、足额缴存住房公积金，不得逾期缴存或者少缴。对缴存住房公积金确有困难的单位，经本单位职工代表大会或者工会讨论通过，并经住房公积金管理中心审核，报住房公积金管理委员会批准后，可以降低缴存比例或者缓缴；待单位经济效益好转后，再提高缴存比例或者补缴缓缴。

住房公积金缴存基数不低于养老保险缴存基数，缴存基数上下限严格按照海南省住房公积金管理局当年度公示标准执行。单位和职工分别按照不低于5%、不高于12%的相同比例缴存。

客户公司的公积金基数、比例变动基本信息，如表5－27所示。

表5－27　公积金基数、比例变动基本信息

项目	变更前	变更后
基数	3 543.00	3 800.00
比例	5%	8%

活动实施：

一、变更基数

第一步：在“海南省公积金管理局”网页上的“网上办事大厅”中的操作路径为“变更业务”→“个人基数调整”，如图5－69所示。

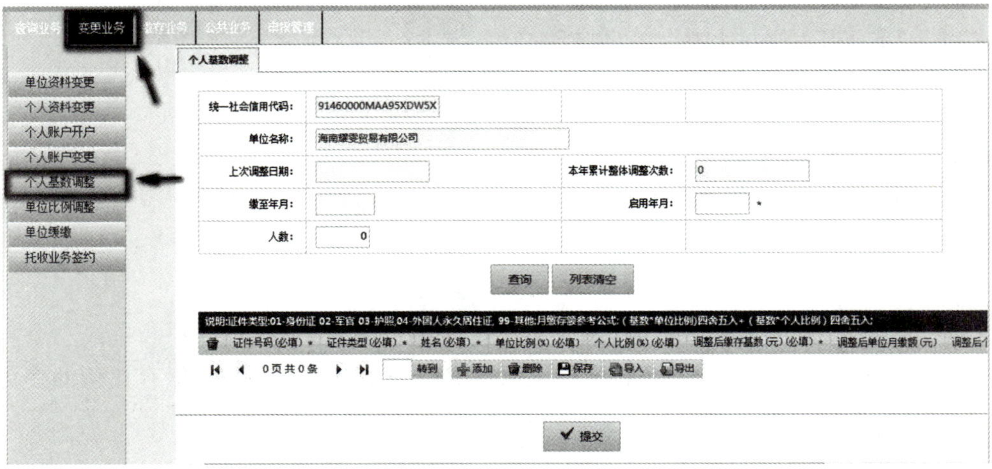

图 5－69　“网上办事大厅”|“变更业务”

第二步：在“个人基数调整”界面，填写启动年月、人数后，单击“添加”，进入信息填写界面。按照界面中的内容填写相关信息，带红色“＊”的内容是必填项，填写完毕点击“确定”，如图 5－70 所示。

第三步：再次核对信息无误后，单击“提交”→界面跳转至“审批意见”界面→确认同意，点击“提交”→流转结束。

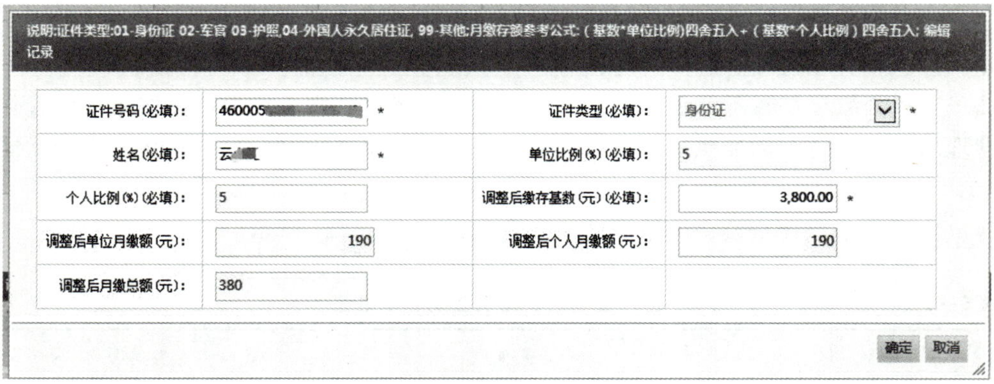

图 5－70　“变更业务”|“个人基数调整”

二、变更比例

第一步：在“海南省公积金管理局”网页上的“网上办事大厅”中的操作路径为“变更业务”→“单位比例调整”，如图 5－71 所示。

第二步：在“单位比例调整”界面，按照界面中的内容填写，带红色“＊”的内容是必选/填项。选填完毕单击“提交”→界面跳转至“审批意见”界面→确认同意，点击“提交”→流转结束，如图 5－72 所示。

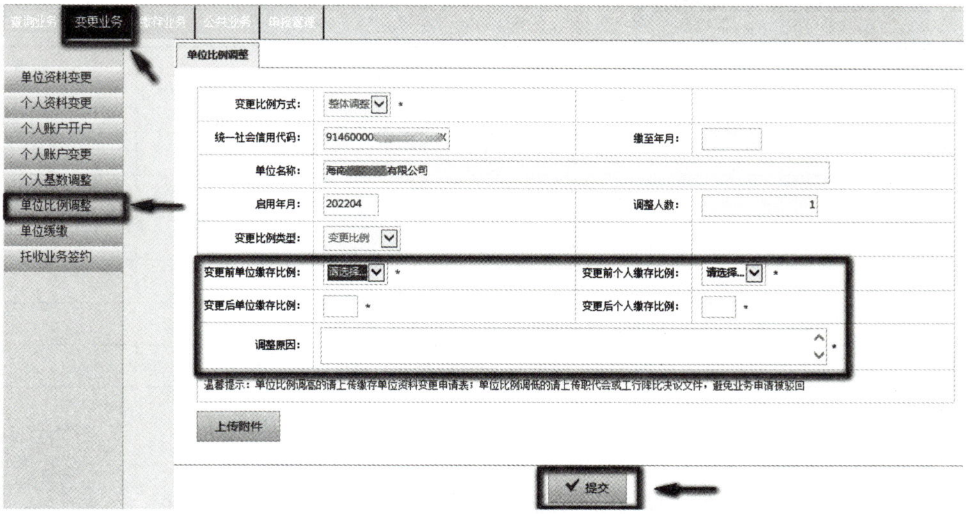

图 5－71　“网上办事大厅”|“变更业务”

图 5－72　“变更业务”|“单位比例调整”

活动评价：

结合自己在操作过程中的实际完成情况评分，如表 5－28 示。

表 5－28　　活动评价表

评分项目（10 分）		得分
知识评价	1. 是否能够表述公积金基数/比例变更的流程（1 分）	
	2. 是否能够准备公积金基数/比例变更的资料（1 分）	
	3. 是否能够了解办理公积金的相关法律法规（1 分）	

续表

评分项目（10 分）		得分
技能评价	1. 是否会查阅办理公积金的相关网站并搜集资料（1 分）	
	2. 是否会使用公积金网上办事大厅办理基数/比例变更业务（2 分）	
	3. 是否会咨询公积金管理局工作人员解决问题（1 分）	
素养评价	1. 是否具有社会责任感（1 分）	
	2. 是否具有政策法规、法律意识（1 分）	
	3. 是否具有谨慎细致的工作态度（1 分）	
小　计		

活动拓展：

扫描右侧二维码，登录中联仿真系统，完成公积金缴存基数、缴存比例的变更操作。

5.20　变更公积金缴存基数与缴存比例

活动升华：

试归纳总结企业人员在变更公积金缴存基数、缴存比例前需要准备哪些资料？

活动 5.2.4　日常申报

思政小贴士：

仔细查阅使用规定，要做到合法合规哦！

活动要求：

根据客户需求，登录海南省公积金网上大厅完成申报、扣款。

活动准备：

查看《海南省住房公积金缴存管理实施细则》《住房公积金管理条例》，了解公积金相关管理规定。

活动实施：

第一步：在“海南省公积金管理局”网页上的“网上办事大厅”中的操作路径为“缴存业务”→“普通单位汇缴登记”，如图 5－73 所示。

第二步：在“普通单位汇缴登记”界面，按界面中的内容填写，带红色“＊”的内容是必填项，填写完毕点击“提交”，如图 5－74 所示。

第三步：再次核对信息无误后，单击“提交”→界面跳转至“审批意见”界面→确认同意，点击“提交”→界面跳转至“住房公积金汇缴登记凭证”界面，点击“提交”→弹出提示框“流转结束！如贵单位已开通托收业务，请继续完成资金托收业务；如未开通，请转账”。

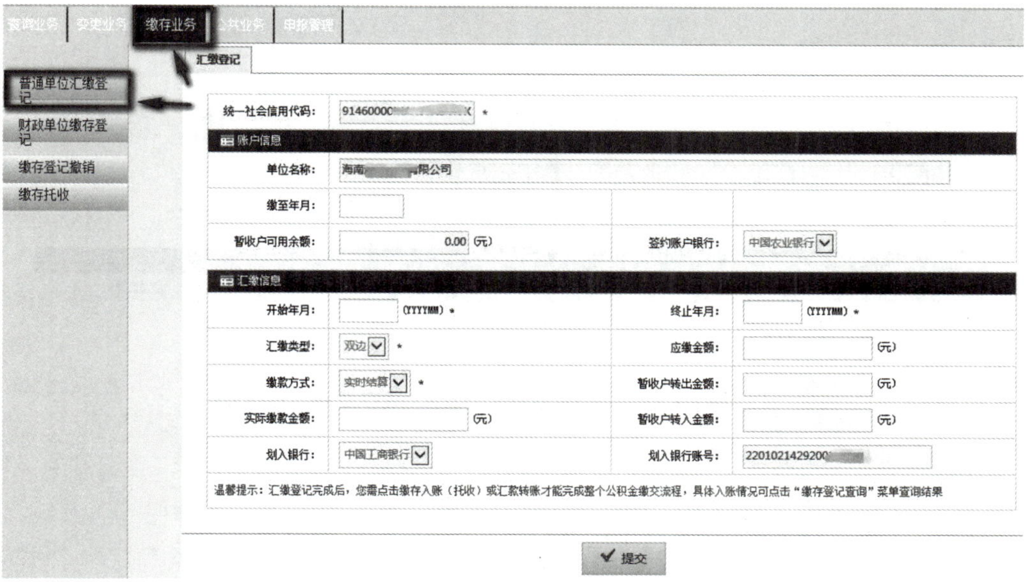

图5－73　“网上办事大厅”|“缴存业务”

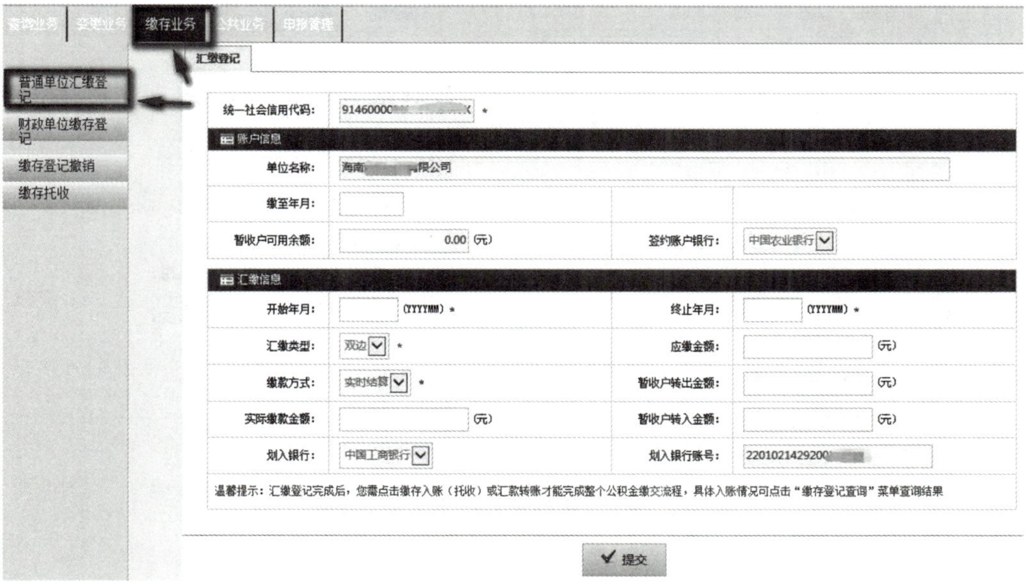

图5－74　“缴存业务”|“普通单位汇缴登记”

第四步：在“海南省公积金管理局”网页上的“网上办事大厅”中的操作路径为单击“缴存业务”→“缴存托收”，跳转到“缴存入账”界面，如图5－75所示。

第五步：在“缴存入账”界面，选择“登记号”，再次核对信息无误后，单击“提交”→弹出提示框→界面跳转至“住房公积金汇缴登记凭证”界面，点击“提交”→弹出提示框“请再次确认缴存类型、缴款方式是否正确。网厅缴存入账成功后，请不要再通过网银或银行柜台重复转账。”单击“确认”→流转结束，如图5－76所示。

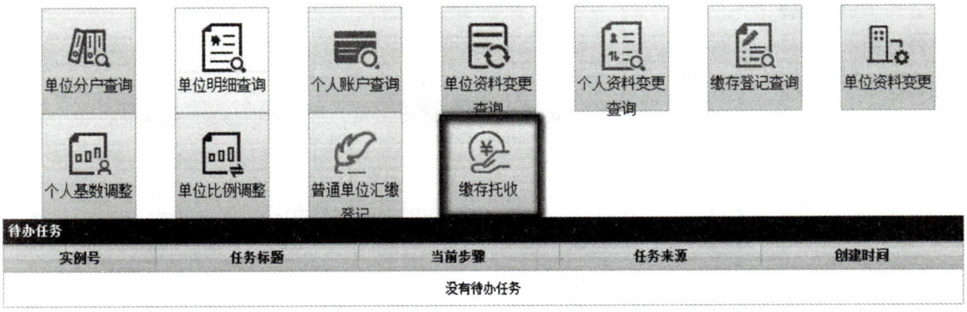

图 5－75 “网上办事大厅”|“缴存业务”

图 5－76 “缴存业务”|“缴存入账”

活动评价：

结合自己在操作过程中的实际完成情况评分，如表 5－29 所示。

表 5－29 活动评价表

评分项目（10 分）		得分
知识评价	1. 是否能够表述公积金申报/缴费的流程（1 分）	
	2. 是否能够准备公积金申报/缴费的资料（1 分）	
	3. 是否能够了解办理公积金的相关法律法规（1 分）	

续表

评分项目（10 分）		得分
技能评价	1. 是否会查阅办理公积金的相关网站并搜集资料（1 分）	
	2. 是否会使用公积金网上办事大厅办理公积金申报/缴费业务（2 分）	
	3. 是否会咨询公积金管理局工作人员解决问题（1 分）	
素养评价	1. 是否具有社会责任感（1 分）	
	2. 是否具有政策法规、法律意识（1 分）	
	3. 是否具有谨慎细致的工作态度（1 分）	
小　计		

活动评价：

扫描右侧二维码，熟悉单位为职工缴存公积金的方式。

5.21　单位为职工缴存住房公积金的方式

活动升华：

通过讨论，归纳总结企业人员申报当月公积金并进行缴纳扣款的操作步骤。

活动 5.2.5　补缴公积金

活动要求：

根据客户需求以及提供的相关资料信息，填写申请表，完成公积金补缴登记。

活动准备：

（1）客户提供的资料信息。

（2）查看《海南省住房公积金缴存管理实施细则》《住房公积金管理条例》，了解公积金相关管理规定。

（3）客户补缴人员信息，如表 5－30 所示。

表 5－30　人员信息

姓名	云××		
证件号码	460000××××××××××××	证件类型	居民身份证
单位比例	5%	个人比例	5%
缴存基数	3 543.00	手机号码	185××××3588

以海南为例，公积金补缴需填写好相关资料，到海南省住房公积金管理局办事大厅办理申请公积金补缴的手续，经海南省住房公积金管理中心审批通过后，在海南省住房公积金管理局办事大厅缴费扣款。

需填写完成和提交的资料包括：

（1）营业执照副本盖章复印件，如图 5－57 所示。

（2）住房公积金补缴情况说明，如图 5－77 所示。

住房公积金补缴情况说明

兹有我单位职工：云××（身份证号码：46000×××××××××××××），因原因漏缴住房公积金，现已与职工本人核实无误，申请更正补缴。

补缴时间：2021 年 4 月至 2021 年 5 月；

补缴基数：3 540 元；

补缴比例：单位 5%，个人 5%；

总补缴金额：708 元，请予补缴，特此说明。

（单位公章）

2021 年 7 月 19 日

图 5－77　住房公积金补缴情况说明

（3）补缴登记表，如表 5－31 所示。

表 5－31　　补缴登记表

填报单位（盖章）						
证件号码（必填）	个人姓名（必填）	补缴类型（必填）	补缴金额（元）（必填）	开始年月（YYYYMM）（必填）	截止年月（YYYYMM）（必填）	备注
46000×××××××××××××	云××	漏缴	708	202104	202105	

（4）企业基本养老保险历年实际缴费基数清单，如图 5－78 所示。

企业基本养老保险历年实际缴费基数清单

个人编号	3500		姓名	云		身份证号		46000			养老账户类型		一般账户
单位编号	4690					单位名称		海南 有限公司				单位：元	
年份	一月	二月	三月	四月	五月	六月	七月	八月	九月	十月	十一月	十二月	月数
2013	0	0	0	0	0	0	0	0	0	0	0	2003	1
2014	2003	2003	2003	2003	2003	2003	2003	2003	2003	2003	2003	2003	12
2015	2003	2003	2003	2003	2003	2003	2003	2003	2003	2003	2003	2003	12
2016	2108	2108	2108	2108	2108	2108	2433.5	2433.5	2433.5	2433.5	2433.5	2433.5	12
2017	2676.85	2676.85	2676.85	2676.85	2676.85	2676.85	2867.7	2867.7	2867.7	2867.7	2867.7	3200	12
2018	3500	3500	3500	3500	3500	3500	3500	3500	3500	3500	3500	3500	12
2019	3500	3500	3500	3453	3453	3453	3453	3453	3453	3453	3453	3453	12
2020	3453	3453	3453	3453	3453	3453	3453	3453	3453	3453	3453	3422.4	12
2021	3669.6	3669.6	3669.6			3669.6	3669.6	3669.6	3669.6	3669.6	3669.6	3925.8	12
2022	3925.8	0	0	0	0	0	0	0	0	0	0	0	1
199201前实际缴费年限	0年0月				其中：本省缴费年限0年0月，外省缴费年限0年0月								
199201后实际缴费年限	8年2月				其中：本省缴费年限8年2月，外省缴费年限0年0月								
其他缴费年限	0年0月				其中：本省缴费年限0年0月，外省缴费年限0年0月								
定额缴费年限	0年0月				其中：本省缴费年限0年0月,外省缴费年限0年0月								
缴费总计年限	8年2月				其中：本省缴费年限8年2月，外省缴费年限0年0月								

参保机构：社会保险服务中心　　打印机构：个人网厅

打印方式：经办机构打印　　打印经办时间：202

（印章：海南省社会保险服务 电子专用章）

备注：

1.该清单为我省从业人员在本省基本养老保险（企业养老)参保缴费基数（含外省已转入缴费记录，备注“转入”字样）。

2.参保单位为该参保人当前所属用人单位或最近缴费时间所属用人单位。

3.若省内存在2个（含）以上有效个人编号的，需分别打印证明单据，请及时到最近缴费所属参保机构凭身份证件办理账户合并手续。

图 5－78　“个人养老缴费基数清单”

（5）职工与本单位签订的劳动合同，如表5－32所示。

表5－32　　劳动合同书样例

劳动合同书

甲方名称：海南××××有限公司

住址：海南省海口市×××××××××

法定代表人：符××

乙方（劳动者）姓名：云××

性别：女

住址：海南省海口市××××××××

公民身份证号码：46000×××××××××××××

联系电话：185××××3588

甲、乙双方根据《中华人民共和国劳动合同法》等法律、法规、规章的规定，在平等、自愿、协商一致的基础上，同意订立本劳动合同，共同遵守本合同所列条款。

一、合同类型的期限

第一条　甲、乙双方自愿选择以下第1种形式确定本合同期限：

1. 固定期限：自2021年04月01日起至2023年03月31日止。

2. 无固定期限：自____年____月____日起至法定的终止条件出现时止。

3. 以完成一定的工作（任务）为期限。自____年____月____日起至工作（任务）完成时即行终止。

双方约定的试用期限至____年____月____日止，期限为____个月。

二、工作内容和工作地点

第二条　双方协商一致，乙方同意从事后勤保障（岗位或工种）工作，工作地点在甲方经营场所所在地。乙方同意，甲方可以根据自身生产经营需要或乙方的工作能力，在甲方经营场所所在地内调整乙方工作地点和工作岗位（工种）。

第三条　乙方应按照甲方的要求，按时完成规定的工作数量，达到规定的质量标准。

三、工作时间和休息休假

第四条　乙方在合同期内根据国家规定以及本企业安排时间进行工作，并享有国家规定并结合本企业具体情况安排的各项休息、休假的权利。甲方不提倡加班，凡未经甲方书面形式确认的自愿延长工作时间，不视为加班。

四、劳动报酬

第五条　甲方按下列第1种方式向乙方支付劳动报酬。

1. 乙方每月工资为3 000元。（试用期内每月________元）

2. 乙方的劳动报酬为基本工资________元，加计件工资。

3. 乙方的劳动报酬为计件工资。

4. 乙方正常工作时间劳动报酬按计件工资执行的，具体计件工资的计算单位及劳动定额均由甲方规章制度规定。

5. 乙方按月完成甲方规定工作后，甲方以货币形式按月足额支付乙方的工资。

6. 乙方同意甲方可根据其生产经营状况乙方的实际工作能力、乙方的工作岗位的变更和甲方制定的劳动报酬分配办法，适当调整乙方工资标准。甲方支付乙方的工资不得违反国家有关最低工资的规定。

五、社会保险

第六条　甲乙双方都必须依法参加社会保险，乙方同意在转正六个月后购买、缴纳社会保险费。乙方缴纳部分，由甲方在其工资中代扣代缴。

六、劳动保护、劳动条件和职业危害防护

第七条　甲方应严格执行国家和海南省有关劳动保护的法律、法规和规章，为乙方提供必要的劳动条件，建立健全工作规范和劳动安全卫生制度。

第八条　甲方有义务负责对乙方进行业务技术、劳动安全卫生及有关规章制度的教育和培训。

第九条　乙方有权拒绝甲方的违章指挥和强令冒险作业，对甲方及其管理人员漠视乙方生命安全和身体健康的行为，有权提出批评。

续表

第十条　乙方在劳动过程中必须严格遵守安全操作规程、劳动安全卫生制度，自觉预防事故和职业病发生。如因乙方原因造成的损失或伤亡，由乙方自行承担责任。 七、劳动纪律 第十一条　乙方必须严格遵守法律法规及甲方依法制定的各项规章制度。 第十二条　甲方有权按法律法规政策和公司的规章制度对乙方进行管理、监督、检查和奖惩。 七、劳动合同的变更、解除、终止和经济补偿 第十三条　经双方协商一致，可以变更本合同相关内容或解除本合同。符合解除劳动合同的情形出现，甲方和乙方均可按照《劳动合同法》的规定解除劳动合同。 第十四条　《劳动合同法》等法律法规规定的劳动合同终止情形出现，本合同即行终止。 第十五条　乙方提前三十日以书面形式通知甲方，可以解除劳动合同。乙方在试用期内提前三日通知甲方，可以解除劳动合同。乙方在解除和终止劳动合同后，应按照双方约定办理工作交接手续，办理完毕交接手续后，甲方应为乙方出具解除或者终止劳动合同的证明。 八、其他 第十六条　甲方制订（或修订）的各项规章制度、通知、办法均作为本合同的附件，乙方若有任何异议，均应在相关文件正式发布（或转正）后10日内书面告知甲方，否则视为乙方全部认同并自愿遵守。乙方违反甲方规章、管理制度，对甲方造成损失的，应承担相应赔偿责任。 第十七条　乙方有下列情形之一，甲方可立即解除合同，辞退乙方。 1. 如无特别约定的，合同签约后15天内员工未能正常按时上岗； 2. 乙方被查实在应聘时向甲方提供的个人资料是虚假的，包括但不限于：离职证明、身份证明、户籍证明、学历证明、体检证明等是虚假或伪造的；应聘前患有精神病、传染性疾病及其他严重影响工作的疾病而在应聘时未声明的；应聘前曾受到其他单位记过、留厂察看、开除或除名等严重处分、或者有吸毒等劣迹而在应聘时未声明的；应聘前曾被拘役或者依法追究刑事责任而在应聘时未声明的。 3. 严重失职、营私舞弊给甲方利益造成2 000元（含）以上重大损害的。 4. 连续旷工3日以上或累计旷工达10日以上或事假达20日以上的。 5. 乙方被依法追究刑事责任的。 6. 乙方不能胜任本职工作，经过培训或者调整工作岗位后，仍不能胜任工作并拒不服从甲方工作安排和劳动管理的。 7. 乙方患病或非因公负伤，医疗期满后不能从事原工作，也不能从事甲方安排的其他工作的。 第十八条　乙方患病、非因工负伤，在规定的医疗期满后或女职工产假期满后，甲方可在甲方经营场所所在地内调整乙方工作地点和工作岗位（工种）。 第十九条　乙方对在甲方工作期间掌握的所有信息，包括甲方业务、技术、财务、营销等或与甲方有关联的其他企业信息，负有严格保密的义务，不得以任何方式和方法，直接或间接、有意或无意地泄露给任何第三方。违反保密约定，将按照甲方的保密制度及相关规定处罚。合同终止或解除后，乙方继续负有保密义务。 第二十条　本合同不论以何种形式终止或解除，乙方必须办结工作交接和离职手续，具体工作交接和离职手续办理根据公司相关规定执行。 第二十一条　乙方不办理或者拖延办理工作交接和离职手续，或者因乙方责任造成甲方的法律（诉讼）纠纷损害甲方利益的，应当承担由此而产生的一切法律责任。 第二十二条　乙方在本合同首页填写的通知送达地发生变化，应在一周内以书面形式通知甲方。如乙方未按规定及时通知甲方，甲方寄送的有关文书到达上述通知送达地，即视为送达，由乙方承担后果和相应的法律责任。 第二十三条　双方因履行本合同发生争议，当事人可以向甲方劳动争议调解委员会申请调解；调解不成的，可以向劳动争议仲裁委员会申请仲裁。当事人一方也可以直接向劳动争议仲裁委员会申请仲裁。 第二十四条　本合同一式两份，甲乙双方各执一份。 甲方：　　　　　　　　　　　　乙方： 法定代表人： ______ 年 ____ 月 ____ 日　　　　　　______ 年 ____ 月 ____ 日

（6）工薪收入回单，如图5－79所示。

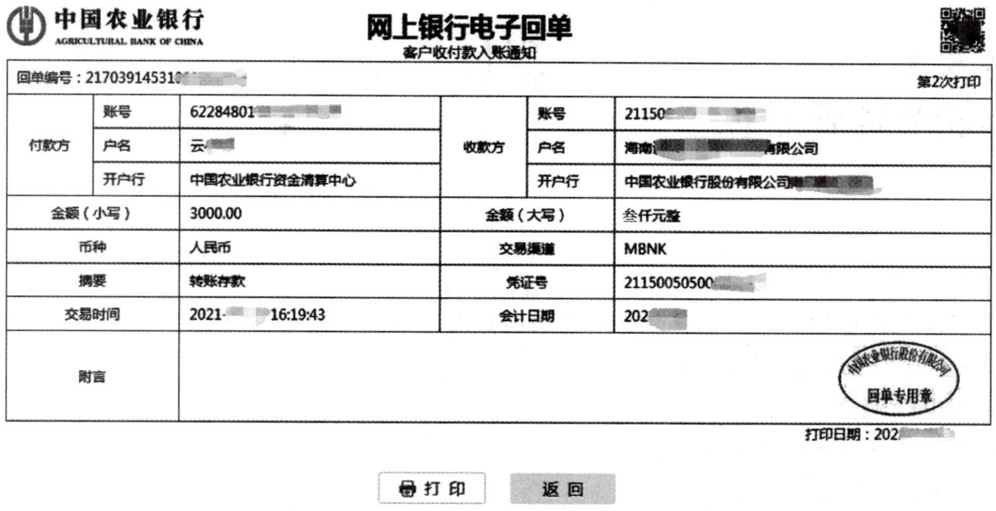

中国农业银行 AGRICULTURAL BANK OF CHINA

网上银行电子回单

客户收付款入账通知

回单编号：2170391453100 第2次打印

付款方	账号	62284801	收款方	账号	21150
	户名	云		户名	海南 有限公司
	开户行	中国农业银行资金清算中心		开户行	中国农业银行股份有限公司
金额（小写）		3000.00	金额（大写）		叁仟元整
币种		人民币	交易渠道		MBNK
摘要		转账存款	凭证号		21150050500
交易时间		2021- 16:19:43	会计日期		202
附言					

图5－79 “工薪收入回单”

活动评价：

结合自己在操作过程中的实际完成情况评分，如表5－33所示。

表5－33 活动评价表

评分项目（10分）		得分
知识评价	1. 是否能够表述公积金补缴的流程（1分）	
	2. 是否能够正确准备公积金补缴的相关资料信息（3分）	
	3. 是否能够了解办理公积金的相关法律法规（1分）	
技能评价	1. 是否会查阅办理公积金的相关网站并搜集资料（1分）	
	2. 是否会咨询公积金管理局工作人员解决问题（1分）	
素养评价	1. 是否具有社会责任感（1分）	
	2. 是否具有政策法规、法律意识（1分）	
	3. 是否具有谨慎细致的工作态度（1分）	
小　计		

活动拓展：

试归纳总结填写公积金补缴申请时有哪些注意事项？

活动升华：

想一想：

除了填写公积金补缴申请表，企业在为职工补缴公积金前还需准备哪些资料？

任务5.3
代办相关资质证书

5.22 代办相关资质证书任务动画

任务情境:

海口博亿代理记账有限公司业务员开展业务过程中，与海南中峰集团有限公司谈成了代办事项业务，由博亿公司为中峰集团提供以下代办服务。

具体委托事项如下：

（1）代办食品经营许可证；

（2）代办烟草许可证；

（3）代办进出口贸易备案；

（4）代办高新技术企业认定。

活动5.3.1 食品经营许可证办理

思政小贴士：

仔细查阅使用规定，要做到合法合规哦！

活动要求:

根据客户经营的范围，收集相关资料信息，办理食品经营许可证。

活动准备:

查看“政务服务网”了解相关办理流程，查看《中华人民共和国食品安全法》《中华人民共和国行政许可法》，了解相关规定。

收集好网上申请时需要提交的相关资料，包括：《食品经营许可证》申请书；营业执照；经营场所平面图（标明设施设备布局）；保证食品安全的规章制度；经营者名称、住所、联系方式、食品经营许可证的公示方法等材料。

5.23 中华人民共和国食品安全法

5.24 中华人民共和国行政许可法

活动实施:

以海南为例，可以在“海南政务服务网”线上申请办理食品经营许可证。首先按照要求准备材料和下载样本，填写和准备完毕后，上传到事项办理当中进行提交申请，申请受理后，主管部门领导会提前通知到现场进行核查，经过现场核查后无需整改等待审批通知，审批通过后到市场监督管理局领取证书。食品经营许可证办理的业务流程如图 5 – 80 所示。

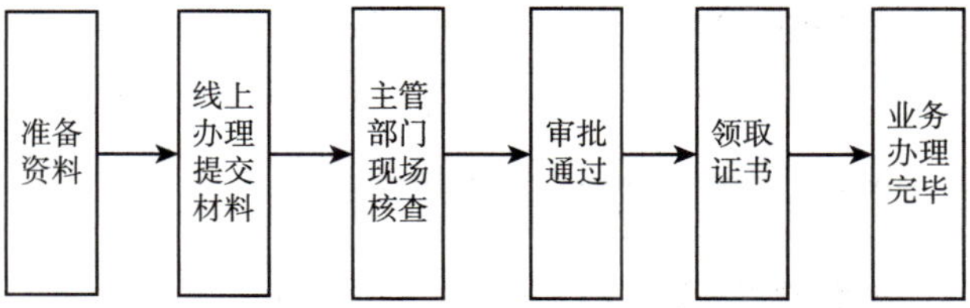

图 5 – 80　食品经营许可证办理的业务流程

线上办理食品经营许可证的操作步骤如下。

第一步：准备资料。打开“海南政务服务网”网页，进入“食品经营许可证首次发放”界面，了解受理条件及办理材料的材料要求和来源渠道，单击“示例样表”即可下载表格，根据样表填写“空白表格”，如图 5 – 81、图 5 – 82、图 5 – 83 所示。

图 5 – 81　办理材料（1）

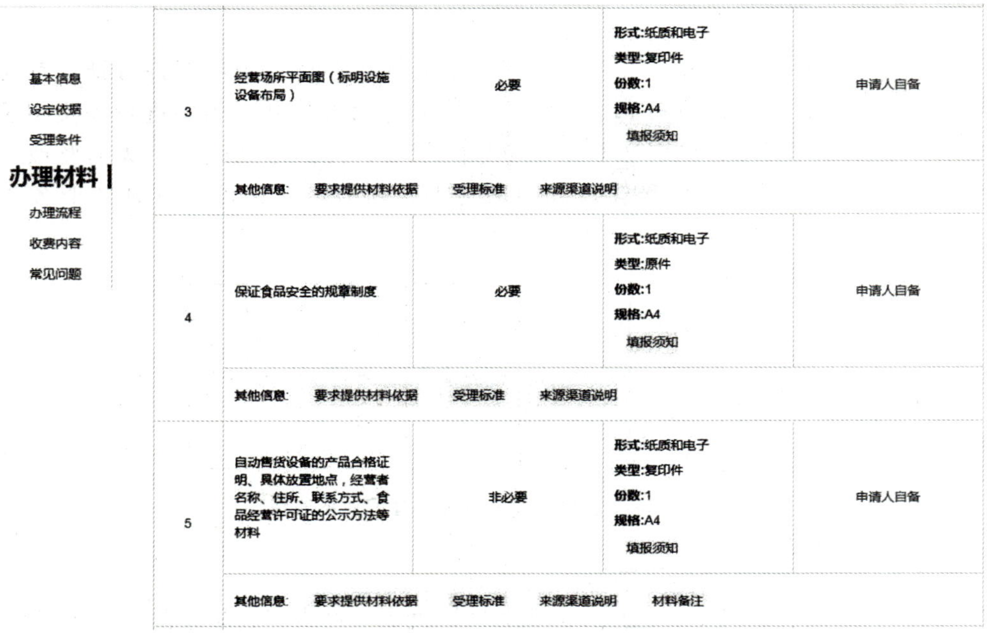
基本信息
设定依据
受理条件
办理材料
办理流程
收费内容
常见问题

3	经营场所平面图（标明设施设备布局）	必要	形式:纸质和电子 类型:复印件 份数:1 规格:A4 填报须知	申请人自备
	其他信息: 要求提供材料依据 受理标准 来源渠道说明			
4	保证食品安全的规章制度	必要	形式:纸质和电子 类型:原件 份数:1 规格:A4 填报须知	申请人自备
	其他信息: 要求提供材料依据 受理标准 来源渠道说明			
5	自动售货设备的产品合格证明、具体放置地点，经营者名称、住所、联系方式、食品经营许可证的公示方法等材料	非必要	形式:纸质和电子 类型:复印件 份数:1 规格:A4 填报须知	申请人自备
	其他信息: 要求提供材料依据 受理标准 来源渠道说明 材料备注			

图 5－82　办理材料（2）

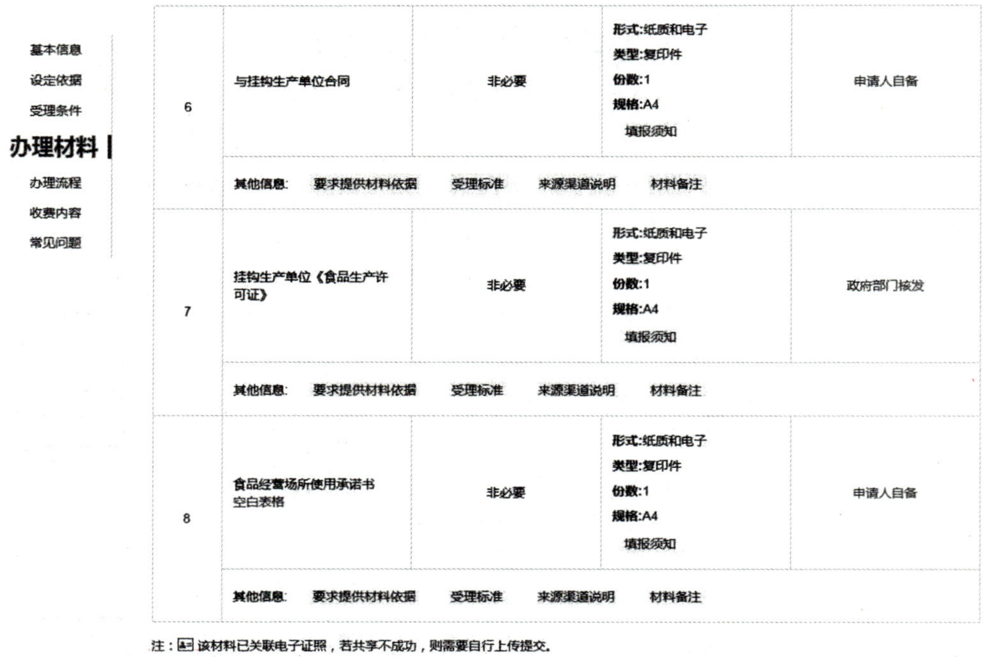
基本信息
设定依据
受理条件
办理材料
办理流程
收费内容
常见问题

6	与挂钩生产单位合同	非必要	形式:纸质和电子 类型:复印件 份数:1 规格:A4 填报须知	申请人自备
	其他信息: 要求提供材料依据 受理标准 来源渠道说明 材料备注			
7	挂钩生产单位《食品生产许可证》	非必要	形式:纸质和电子 类型:复印件 份数:1 规格:A4 填报须知	政府部门核发
	其他信息: 要求提供材料依据 受理标准 来源渠道说明 材料备注			
8	食品经营场所使用承诺书 空白表格	非必要	形式:纸质和电子 类型:复印件 份数:1 规格:A4 填报须知	申请人自备
	其他信息: 要求提供材料依据 受理标准 来源渠道说明 材料备注			

注：该材料已关联电子证照，若共享不成功，则需要自行上传提交。

图 5－83　办理材料（3）

第二步：线上办理，提交资料。准备好资料后，在“基本信息”界面，点击“在线办理”，如图 5－84 所示。

图 5－84　“基本信息”|“在线办理”

第三步：按照要求进行填写，红色带“＊”号的项目为必填项，填写完成后点击“下一步”，如图 5－85 所示。

图 5－85　“基本信息”|“在线办理”

第四步：按照要求进行填写，红色带“＊”号的项目为必填项，填写完成后点击“下一步”，如图 5－86 所示。

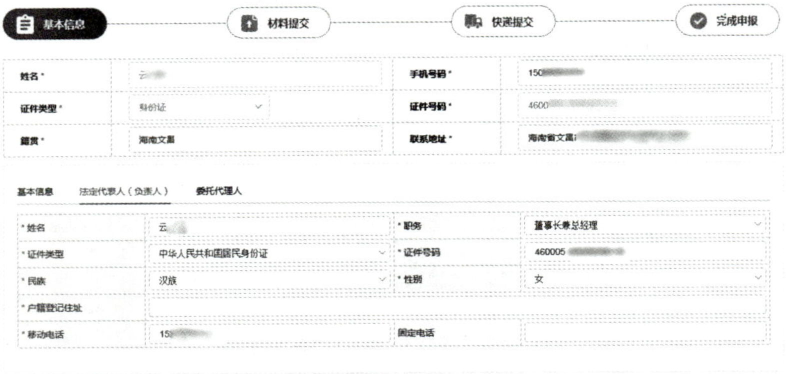

图 5－86 “基本信息”|“在线办理”

第五步：点击“附件上传”，将准备好的材料逐一上传，红色带“＊”号的项目为必填项，未带红色“＊”号的项目为非必填项，上传完成后点击“下一步”，如图 5－87、图 5－88 所示。

图 5－87 “在线办理”|“材料提交”（1）

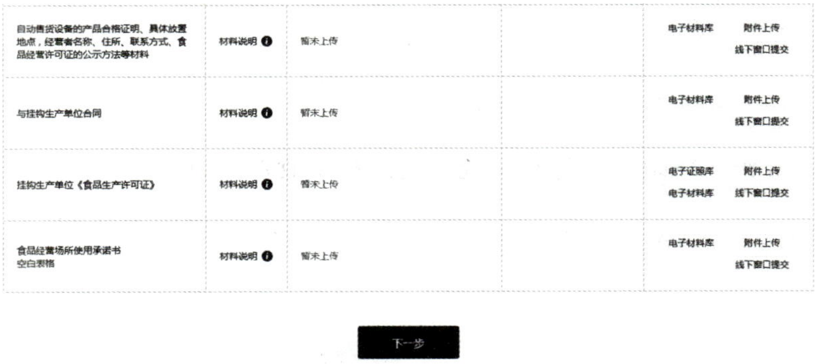

图 5－88 “在线办理”|“材料提交”（2）

第六步：填写收件地址，作为收取通知书之用，填写完成后点击“提交办理”，业务操作结束，如图 5－89 所示。

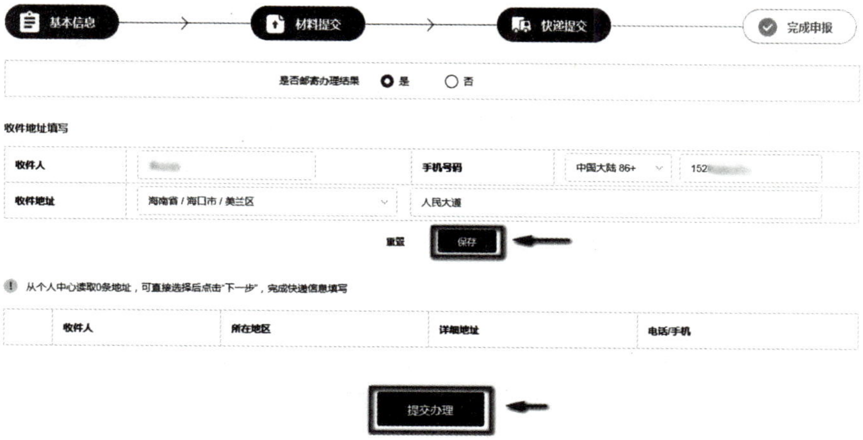

图 5－89　“在线办理”|“快递提交”

活动评价：

结合自己在操作过程中的实际完成情况评分，如表 5－34 所示。

表 5－34　活动评价表

评分项目（10 分）		得分
知识评价	1. 是否能够表述办理食品经营许可证书的流程（1 分）	
	2. 是否能够准备办理食品经营许可证书的资料（1 分）	
	3. 是否能够了解办理食品经营许可证书的相关法律法规（1 分）	
技能评价	1. 是否会查阅相关网站并搜集资料（1 分）	
	2. 是否会填写办理食品经营许可证书的相关表格资料（1 分）	
	3. 是否会咨询市场监督管理局工作人员解决问题（1 分）	
素养评价	1. 是否具有良好的沟通意识（1 分）	
	2. 是否具有良好的责任意识（1 分）	
	3. 是否具有政策法规、法律意识（1 分）	
	4. 是否具有谨慎细致的工作态度（1 分）	
小　计		

活动拓展：

扫描右侧二维码，登录中联仿真系统，完成提交食品经营许可证的申请工作。

5.25　申请食品经营许可证

活动升华：

议一议：

如何办理食品经营许可证的变更？

活动 5.3.2 烟草许可证办理

思政小贴士：

仔细查阅使用规定，要做到合法合规哦！

活动要求：

根据客户经营的范围，收集相关资料信息，办理烟草许可证。

活动准备：

查看“政务服务网”了解相关办理流程，查看《中华人民共和国烟草专卖法》《中华人民共和国烟草专卖法实施条例》《烟草专卖许可证管理办法》《烟草专卖许可证管理办法实施细则》，了解相关规定。

5.26 中华人民共和国烟草专卖法

5.27 中华人民共和国烟草专卖法实施条例

5.28 烟草专卖许可证管理办法

5.29 烟草专卖许可证管理办法实施细则

收集好网上申请时需要提交的相关资料，包括：烟草专卖零售许可证许可类事项申请表；工商营业执照；法人身份证。

活动实施：

以海南为例，可以在“海南政务服务网”线上申请办理烟草许可证。首先按照要求准备材料和下载样本，填写和准备完毕后，上传到事项办理当中进行提交申请，申请受理后，主管部门领导会提前通知到现场进行核查，经过现场核查后无需整改等待审批通知，审批通过后到市场监督管理局领取证书。烟草许可证办理的业务流程如图 5－90 所示。

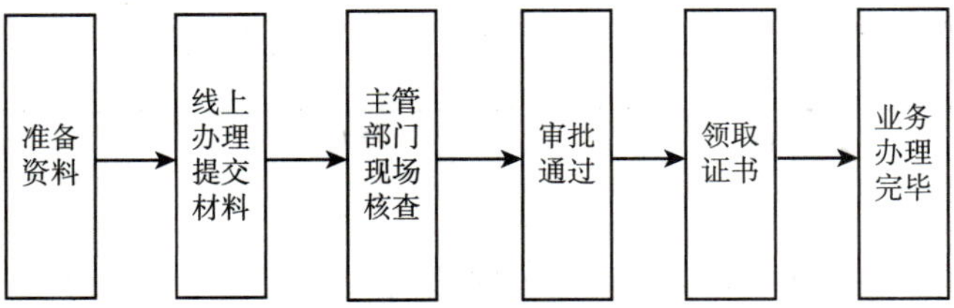

图 5－90 烟草许可证办理的业务流程

线上办理烟草许可证的操作步骤如下。

第一步：准备资料。打开“海南政务服务网”，进入“烟草专卖零售许可证新办办理”界面，了解受理条件及办理材料的材料要求和来源渠道，单击“示例样表”即可下载表格，根据样表填写“空白表格”，如图5－91、图5－92所示。

基本信息
设定依据
受理条件
办理材料
办理流程
收费内容
常见问题

3	提供工商营业执照上的统一社会信用代码或注册号	必要	形式:纸质和电子 类型:原件 份数:1 规格:受理人员需核对工商营业执照信息与烟草专卖零售许可证信息是否一致 填报须知	申请人自备
	其他信息: 受理标准 来源渠道说明			
4	身份证	必要	形式:纸质和电子 类型:原件和复印件 份数:1 规格:纸张统一采用国际标准A4型（210mmx297mm），身份证正反面需复印到一张纸上 填报须知	申请人自备
	其他信息: 要求提供材料依据 受理标准 来源渠道说明			
5	残疾人、优抚对象等证明材料	非必要	形式:纸质和电子 类型:原件和复印件 填报须知	申请人自备
	其他信息: 要求提供材料依据 受理标准			

图5－91 办理材料（1）

国家政务服务平台 海南省人

海南省人民政府 The People's Government of Hainan Province　HAINAN 海南政务服务网 全国一体化在线政务服务平台

受理条件

基本信息
设定依据
受理条件
办理材料
办理流程
收费内容
常见问题

无

办理材料

序号	材料名称	材料必要性	材料要求	来源渠道
1	《烟草专卖零售许可证许可类事项申请表》 示例样表 空白表格	非必要	形式:纸质和电子 类型:原件 份数:1 规格:纸张统一采用国际标准A4型（210mmx297mm），文字从左至右横写、横排，统一使用简化汉字。 填报须知	申请人自备
	其他信息: 要求提供材料依据 受理标准 来源渠道说明			
2	委托代理证明	容缺后补	形式:纸质和电子 类型:原件 份数:1 规格:纸张统一采用国际标准A4型（210mmx297mm），文字从左至右横写、横排，统一使用简化汉字。 填报须知	申请人自备

图5－92 办理材料（2）

第二步：线上办理，提交资料。准备好资料后，在“基本信息”界面，点击“在线办理”，如图 5－93 所示。

图 5－93 “基本信息”|“在线办理”（1）

第三步：在“在线办理”界面，勾选“我已阅读上述要求并自检符合条件，本人对办理该事件所提交的申报材料实质内容的真实性负责”，点击“下一步”，如图 5－94 所示。

图 5－94 “基本信息”|“在线办理”（2）

第四步：界面跳转到“个人办理”界面，点击“同意授权”，如图 5－95 所示。

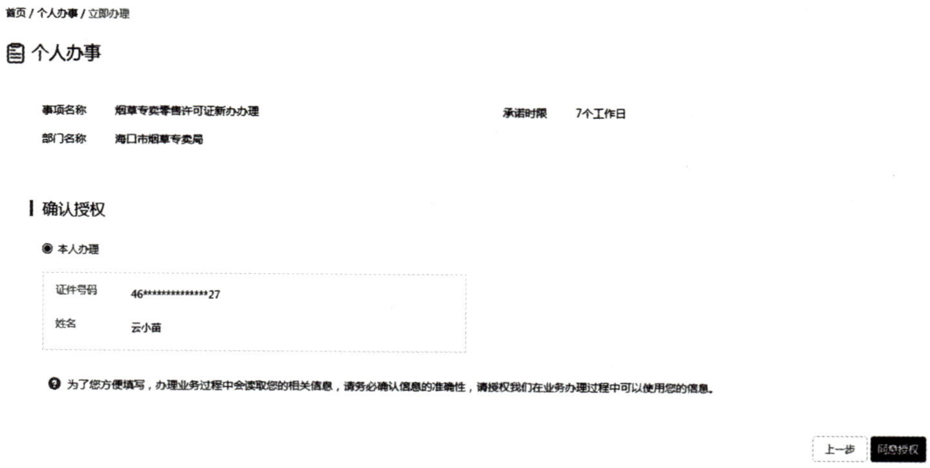

图5－95　“在线办理”|“个人办事”（1）

第五步：按照要求进行填写，红色带“＊”号的项目为必填项，填写完成后点击“下一步”，如图5－96所示。

图5－96　“在线办理”|“个人办事”（2）

第六步：按照要求进行填写，红色带“＊”号的项目为必填项，填写完成后点击“下一步”，如图5－97所示。

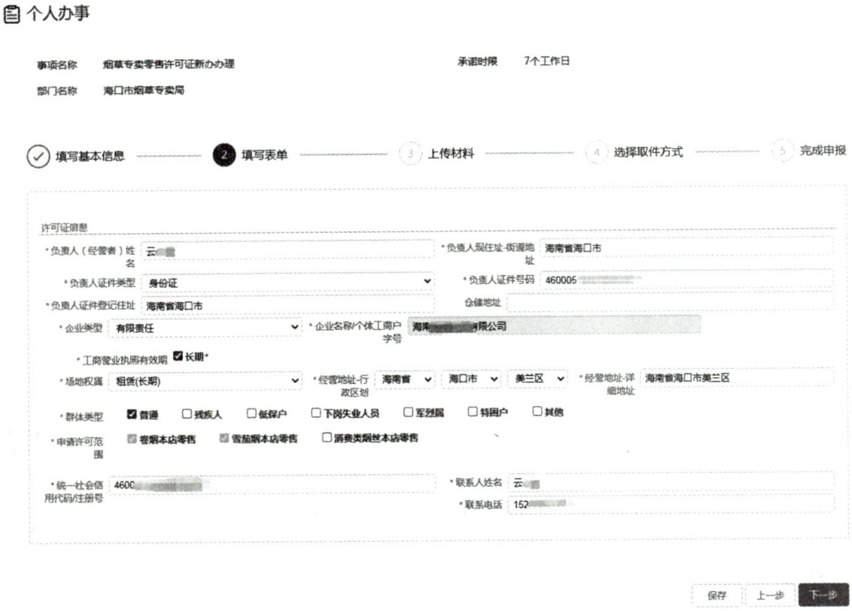

图 5－97 “在线办理”|“个人办事”（3）

第七步：点击“附件上传”，将准备好的材料逐一上传，上传完成后点击“下一步”，如图 5－98 所示。

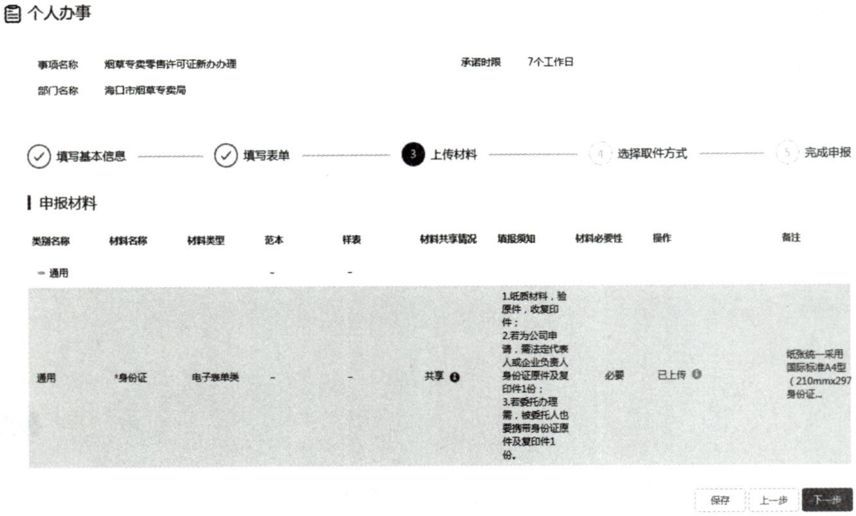

图 5－98 “个人办事”|“上传资料”

第八步：填写收件地址，作为收取通知书之用，填写完成后点击“提交”，业务操作结束，如图 5－99 所示。

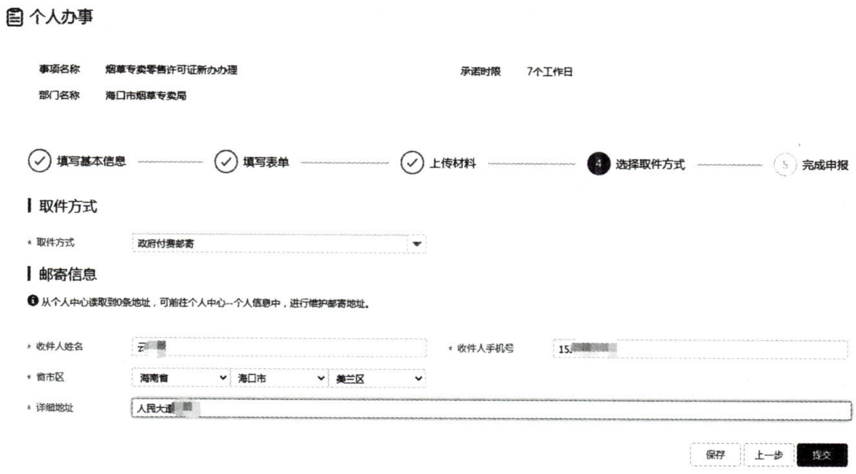

图 5－99　“个人办事”|“选择取件方式”

活动评价：

结合自己在操作过程中的实际完成情况评分，如表 5－35 所示。

表 5－35　　活动评价表

评分项目（10 分）		得分
知识评价	1. 是否能够表述烟草许可证办理的流程（1 分）	
	2. 是否能够准备烟草许可证办理的资料（1 分）	
	3. 是否能够了解烟草许可证办理的相关法律法规（1 分）	
技能评价	1. 是否会查阅相关网站并搜集资料（1 分）	
	2. 是否会填写烟草许可证办理相关表格资料（1 分）	
	3. 是否会咨询工作人员解决问题（1 分）	
素养评价	1. 是否具有良好的沟通意识（1 分）	
	2. 是否具有良好的责任意识（1 分）	
	3. 是否具有政策法规、法律意识（1 分）	
	4. 是否具有谨慎细致的工作态度（1 分）	
小　计		

活动拓展：

通过讨论，归纳总结办理烟草许可证的流程及注意事项。

活动升华：

议一议：

如何办理烟草许可证的注销？

活动 5.3.3 进出口贸易备案（以海南为例）

思政小贴士：

仔细查阅使用规定，要做到合法合规哦！

活动要求：

根据客户经营的范围，收集相关资料信息，完成进出口贸易备案工作。

活动准备：

查看《中华人民共和国海关对报关单位注册登记管理规定》，了解相关办理流程及规定。

5.30 海关对报关单位注册登记管理规定

活动实施：

本案例以海南为例，需要在“中国（海南）国际贸易单一窗口”办理备案登记，按照要求填写相关资料完毕后进行申报即可完成备案。

第一步：打开“中国（海南）国际贸易单一窗口”网站。

第二步：点击“立即注册”，如图 5－100 所示。

图 5－100 “中国（海南）国际贸易单一窗口”|“账号注册”

第三步：选择“企业用户注册”，如图 5－101 所示。

图5-101 “中国（海南）国际贸易单一窗口”|“注册方式选择”

第四步：选择“无卡用户注册”，进入“管理员账号注册”界面，填写企业基本信息，带红色“*”号的项目为必填选项，填写完成后点击“下一步”，如图5-102、图5-103所示。

图5-102 “中国（海南）国际贸易单一窗口”|“企业用户注册”

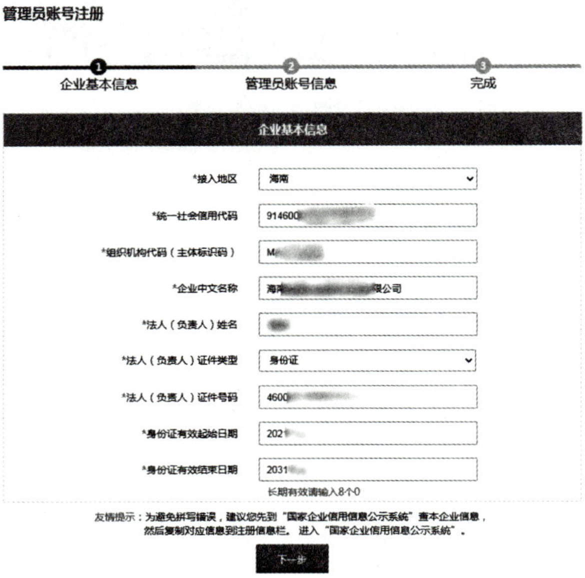

图 5－103　“账号登录”|“管理员账户注册”

第五步：在“管理员账号信息”界面，填写相关信息，带红色“＊”号的项目为必填选项，填写完成后点击“完成”，如图 5－104 所示。

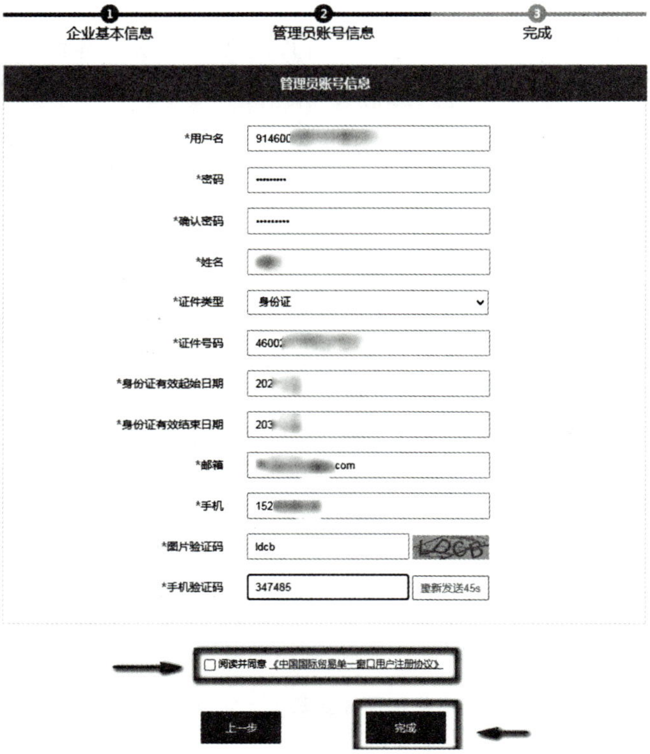

图 5－104　“账号登录”|“管理员账号信息”

第六步：用注册好的管理员账号登录系统，如图5－105所示。

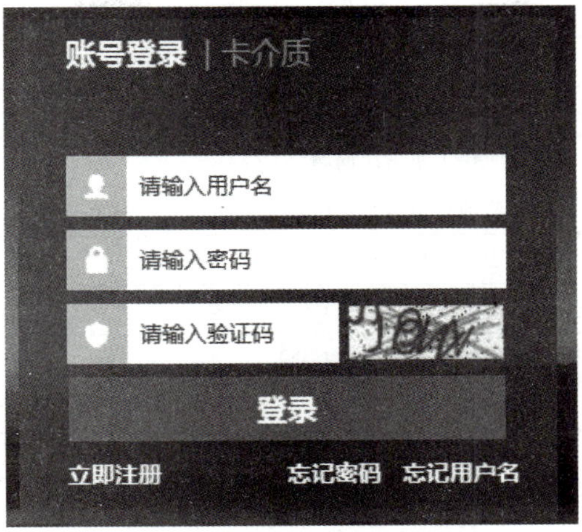

图5－105 “账号登录”|“管理员账号登录”

第七步：在“备案登记”界面，按照要求填写“对外贸易经营者备案”的相关信息，填写完成后点击“申报”，完成备案登记，如图5－106所示。

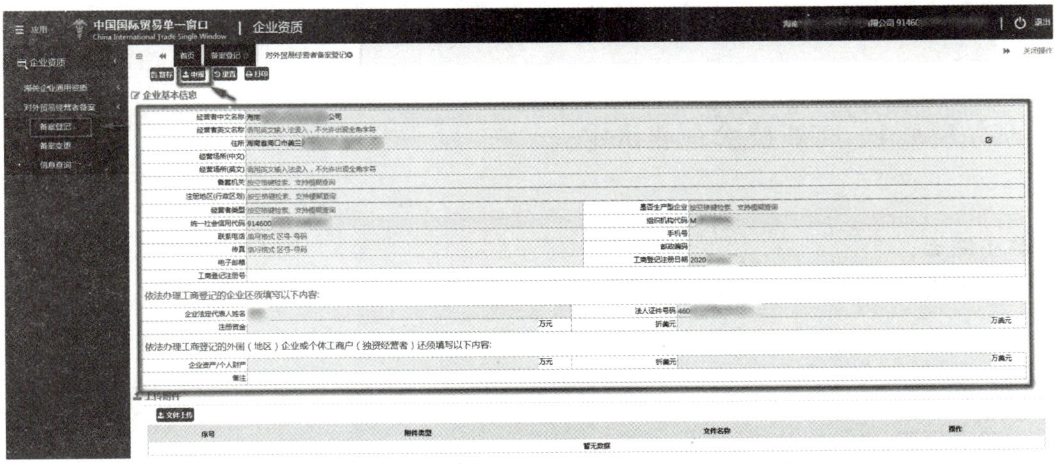

图5－106 “中国（海南）国际贸易单一窗口”|“备案登记”

活动评价：

结合自己在操作过程中的实际完成情况评分，如表5－36所示。

表5－36 活动评价表

评分项目（10分）		得分
知识评价	1. 是否能够表述进出口贸易备案的流程（1分）	
	2. 是否能够准备进出口贸易备案的资料（1分）	
	3. 是否能够了解进出口贸易备案的相关法律法规（1分）	

续表

评分项目（10分）		得分
技能评价	1. 是否会查阅进出口贸易的相关网站并搜集资料（1分）	
	2. 是否会填写进出口贸易备案相关表格资料（1分）	
	3. 是否会咨询海关工作人员解决问题（1分）	
素养评价	1. 是否具有良好的沟通意识（1分）	
	2. 是否具有良好的责任意识（1分）	
	3. 是否具有政策法规、法律意识（1分）	
	4. 是否具有谨慎细致的工作态度（1分）	
小　计		

活动拓展:

扫描右侧二维码，登录中联仿真系统，完成进出口贸易备案的工作。

5.31　进出口贸易备案

活动升华:

议一议：

是否还存在其他方式可以完成进出口贸易的备案呢？

活动 5.3.4　高新技术企业认定

思政小贴士：

仔细查阅使用规定，要做到合法合规哦！

活动要求:

客户达到高新技术企业认定的条件，现委托财务公司为其进行代办申请。

活动准备:

查看《高新技术企业认定管理办法》《高新技术企业认定管理工作指引》，了解相关规定。

5.32　高新技术企业认定管理办法

5.33　高新技术企业认定管理工作指引

在海南政务服务网，完成账号的注册；收集好需要在网站提交的材料，包括：

（1）高新技术企业认定申请书；

（2）证明企业依法成立的相关注册登记证件；

（3）知识产权相关材料、科研项目立项证明、科技成果转化、研究开发的组织管理等相关材料；

（4）企业高新技术产品（服务）的关键技术和技术指标、生产批文、认证认可和相关资质证书、产品质量检验报告等相关材料；

（5）企业职工和科技人员情况说明材料；

（6）经具有资质的中介机构出具的企业近三个会计年度研究开发费用和近一个会计年度高新技术产品（服务）收入专项审计或鉴证报告，并附研究开发活动说明材料；

（7）经具有资质的中介机构鉴证的企业近三个会计年度的财务会计报告（包括会计报表、会计报表附注和财务情况说明书）；

（8）近三个会计年度企业所得税年度纳税申报表。

活动实施：

以海南为例，在“海南政务服务网”网站上办理该业务，按照要求准备材料和样本下载，填写和准备完毕后，上传到事项办理当中进行提交申请。办理高新技术企业认定的业务流程如图5－107所示。

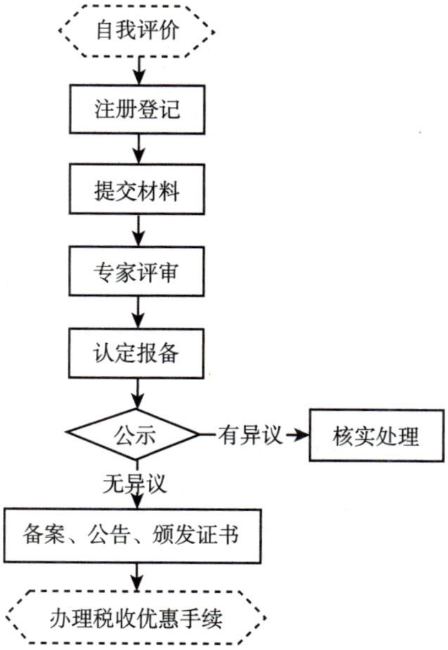

图5－107 高新技术企业认定业务流程图

线上办理高新技术企业认定的操作步骤如下。

第一步：打开“海南政务服务网”，进入“高新技术企业认定”界面，点击“在线办理”，如图5－108所示。

图 5－108 “海南政务服务网”|“在线办理”

第二步：界面跳转到“科学技术部政务服务平台”，进行用户注册，如图 5－109 所示。

图 5－109 “在线办理”|“用户注册”

第三步：注册成功后登录账号，点击“高新技术企业认定”，如图 5－110 所示。

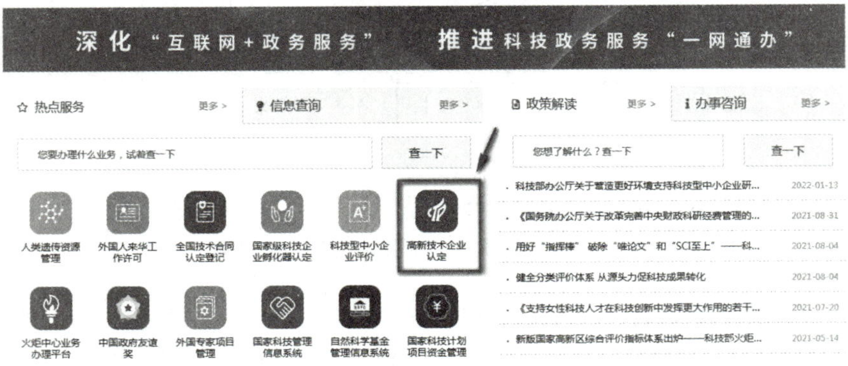

图 5－110 “科学技术部政务服务平台”|“高新技术企业认定”

第四步：在“高新技术企业认定”办理界面，对申请条件、办理流程、事项说明和相关文件等进行了解后，点击“办理入口”进行申请，如图5-111所示。

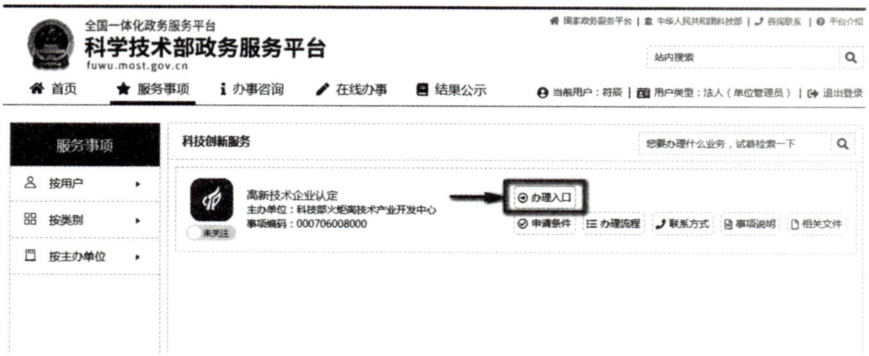

图5-111 “科学技术部政务服务平台”|“高新技术企业认定办理入口”

活动评价：

结合自己在操作过程中的实际完成情况评分，如表5-37所示。

表5-37　　活动评价表

评分项目（10分）		得分
知识评价	1. 是否能够表述高新技术企业认定的流程（1分）	
	2. 是否能够准备高新技术企业认定的资料（1分）	
	3. 是否能够了解高新技术企业认定的相关法律法规（1分）	
技能评价	1. 是否会查阅高新技术企业认定的相关网站并搜集资料（1分）	
	2. 是否会填写高新技术企业认定相关表格资料（1分）	
	3. 是否会咨询工作人员解决问题（1分）	
素养评价	1. 是否具有良好的沟通意识（1分）	
	2. 是否具有良好的责任意识（1分）	
	3. 是否具有政策法规、法律意识（1分）	
	4. 是否具有谨慎细致的工作态度（1分）	
小　计		

活动拓展：

扫描右侧二维码，登录中联仿真系统，完成申请高新技术企业认定的工作。

5.34 申请高新技术企业认定

活动升华：

议一议：

高新技术企业认定成功后，可以享受哪些税收优惠政策？

实战演练

一、单项选择题

1. 企业职工社保缴费基数应在当地劳动行政部门公布的当地上一年职工平均工资（　　）的范围内。

A. 60%～200%　　B. 70%～300%　　C. 60%～300%　　D. 70%～200%

2. 企业要在每月（　　）日前向税务部门发送完成缴费核定。

A. 10　　B. 15　　C. 17　　D. 20

3. 用人单位的社会保险登记事项发生变更或者用人单位依法终止的，应当自变更或者终止之日起（　　）日内，到社会保险经办机构办理变更或者注销社会保险登记。

A. 10　　B. 15　　C. 20　　D. 30

4. 职工个人缴存的住房公积金和职工所在单位为职工缴存的住房公积金，属于（　　）所有。

A. 缴存单位　　B. 住房公积金中心

C. 职工个人　　D. 以上答案都不对

5. 新设立的单位应当自设立之日起（　　）日内向住房公积金管理中心办理住房公积金缴存登记，并自登记之日起20日内，为本单位职工办理住房公积金账户设立手续。

A. 15　　B. 20　　C. 25　　D. 30

二、多项选择题

1. 单位缴纳的社会保险主要有（　　）。

A. 养老保险　　B. 医疗保险　　C. 失业保险　　D. 工伤保险

2. 日常缴纳社保时扣款方式有（　　）。

A. 预约扣款　　B. 手动扣款　　C. 自动扣款　　D. 转账扣款

3. 申请CA证书需要准备的材料有（　　）。

A. 数字证书申请表

B. 加盖公章的营业执照副本复印件

C. 加盖公章的经办人身份证复印件

D. 加盖公章的法定代表人身份证复印件

4. 住房公积金缴存基数不低于养老保险缴存基数，缴存基数上下限严格按照海南省住房公积金管理局当年度公示标准执行，单位和职工分别按照不低于（　　）、不高于（　　）的相同比例缴存。

A. 5% B. 7% C. 15% D. 12%

5. 认定为高新技术企业须同时满足的条件有（ ）。

A. 企业申请认定时须注册成立一年以上

B. 企业通过自主研发、受让、受赠、并购等方式，获得对其主要产品（服务）在技术上发挥核心支持作用的知识产权的所有权

C. 对企业主要产品（服务）发挥核心支持作用的技术属于《国家重点支持的高新技术领域》规定的范围

D. 企业从事研发和相关技术创新活动的科技人员占企业当年职工总数的比例不低于15%

三、判断题

1. 没有市监部门注册过的单位也可以直接办理参保登记。( )
2. 职工参保登记时，提交数据系统自动审批，无需人工干预。( )
3. 单位应当向住房公积金管理中心办理住房公积金缴存登记，并为本单位职工办理住房公积金账户设立手续。( )
4. 每名职工可以有多个住房公积金账户。( )
5. 职工个人缴存的住房公积金，由所在单位每月从其工资中代扣代缴。( )

实战演练答案：

一、单项选择题

1. C 2. C 3. D 4. C 5. D

二、多项选择题

1. ABCD 2. ABC 3. ABCD 4. AD 5. ABC

三、判断题

1. × 2. √ 3. √ 4. × 5. √